# 日本語条件文の諸相

地理的変異と歴史的変遷

［編］有田節子

Aspects of Japanese Conditionals: Geographical Variations and Historical Shifts

© Setsuko ARITA

First published 2017

All rights reserved. No part of this publication may be reproduced,
stored in a retrieval system, or transmitted in any form or by any means,
without the prior permission in writing of Kurosio Publishers.

Kurosio Publishers
3-21-10, Hongo, Bunkyo-ku, Tokyo 113-0033, Japan

ISBN 978-4-87424-746-4
printed in Japan

# 目　次

序―本書が目指すこと― ..................................................... iii

## 第1部　現代日本語共通語・理論篇

### 第1章
日本語の条件文分類と認識的条件文の位置づけ .................. 有田節子　3

### 第2章
準体形式・断定辞の機能と条件文 ................................ 江口　正　33

### 第3章
条件接続形式「くらいなら」と認識的条件文 .................. 前田直子　59

## 第2部　中央語の歴史篇

### 第4章
古典日本語における認識的条件文 ................................ 鈴木　泰　85

### 第5章
中央語におけるナラバ節の用法変化 .............................. 矢島正浩　115

### 第6章
「のなら」の成立 ..................................................... 青木博史　139
―条件節における準体助詞―

## 第3部　地理的変異篇

### 第7章
認識的条件文の地理的変異の類型 ................................ 日高水穂　159

### 第8章
九州・四国方言の認識的条件文 ................................ 三井はるみ　185
―認識的条件文の分化の背景に関する一考察―

### 第9章
東北方言の認識的条件文 ........................................ 竹田晃子　213


事項索引 ........................................ 239

形式索引 ........................................ 243

執筆者紹介 ........................................ 244

# 序―本書が目指すこと―

　本書は「認識的条件文」という条件文の下位カテゴリーから日本語条件表現の諸相をその歴史的変遷、地理的変異も含めて捉え直すことを目的に編まれたものである。

　条件文の言語学的研究では、条件節事態の成立に関して話し手が中立的な立場で述べる場合と否定的な立場で述べる場合とに分けて論じられることが多い。後者は「非現実条件文」あるいは「反事実的条件文」などと称され、条件節事態が蓋然性の低い、あるいは事実に反しているということが、法（mood）や時制操作などによって特別に標示される傾向が通言語的に認められ、その標示のしかたに言語によるバリエーションがあることが指摘されてきた。

　中立的な条件文は決して一通りではない。中立的な立場と言っても、成立・非成立についてまだ定まっていないために誰にとってもそれが不確かな場合と、すでにどちらかに定まっているけれども話し手にとって不確かな（つまり話し手が知らない）場合とがある。

　このうち、すでに真偽が定まっているが話し手が知らずに不確定のものとして述べる条件文を「認識的条件文」と呼び、本書で中心的に扱う。

　認識的条件文は、条件節事態の成立・非成立が「発話の時点ですでに定まっている」という時間に関わる性質（「既定性」）とその定まっている事実を「話し手が知らない」という認識に関わる性質を併せ持つものとして本書では捉えている。

　本書で議論するように、既定性は時制節（定形節）であるかどうかと密接に関わる。日本語では条件節が必ずしも時制節とは限らない。興味深いことに、基本的な条件節形式のうち、断定辞（*-da*）の条件形（*-nara*（*ba*）、*-dattara*）のみが時制節を形成し、それらは準体形式（*-no*）に随意的に接続する。

　現代日本語条件表現の記述的研究では、複数ある基本的な条件節形式（タラ、バ、ト、ナラ）の形式間の用法上の差異を記述することに主眼がおかれ

てきた。

　このような類義表現形式の用法記述は、日本語教育の現場からの要請もあり、発展した。最も用法の広いのがタラ形式、そして他の 3 形式はタラ形式よりも使用できる範囲が狭く、ただし、ナラ形式にはタラ形式にない用法がある、というのが「定説」として確立した。

　しかし、目を地域語に転じると、その状況はかなり異なる。タラ形式の用法の広さは近畿地方では著しいが、それ以外では、述語のバ形式、しかも、いわゆる已然形だけでなく未然形に接続するものも含めそれが広く使用される地域もあれば、ナラ形式の用法が広い地域もある。さらに方言特有の条件形式が広く分布するところもあり、「定説」は必ずしも当てはまらない。

　特に、上述した断定辞の条件形（ナラ、ダッタラ、ダラなど）や、それらにしばしば付随する準体形式の分布的特徴は、「定説」にあるような「タラが使えない場合」というだけでは決して捉えられない。

　地域語も含めた現代日本語におけるこのような複雑な分布状況は歴史的変化の産物でもある。中央語（京阪方言）における変化が地方に伝播したと捉えられる面とそうでない面がある。

　本書は認識的条件文から日本語の条件表現を捉え直す一方で、断定辞の条件形・準体形式の分布的特徴や歴史的変遷から日本語における認識的条件文の発達過程を考察する。この二つの方向はオーバーラップするが、決して同一ではない。現代日本語（共通語）、歴史的変遷、そして地理的変異のそれぞれの立場から論を展開する。

　第 1 部の現代語日本語共通語・理論篇には「日本語の条件文分類と認識的条件文の位置づけ」（有田節子）、「準体形式・断定辞の機能と条件文」（江口正）そして「条件接続形式「くらいなら」と認識的条件文」（前田直子）の 3 編が収められる。

　有田論文では冒頭で述べた条件文の言語学的研究の概観ののち、認識的条件文の意味的性質、すなわち、「既定性」と話し手の認識状態という概念が導入される。現代日本語では時制、または完了性・状態性によって既定性が標示され、断定辞の条件形・準体形式（「の」）が話し手の認識状態に関わることが論じられる。

序―本書が目指すこと―　│　v

　江口論文では断定辞の条件形の地域差を取り上げる。準体形式を伴うこと
ができるかどうかに関しては地域によって違いがあり、それが地域語におけ
る断定辞の主文末位置でのふるまいと密接に関係することが論じられる。

　前田論文では、断定辞の条件形に前接する「の」以外の準体形式として
「くらい」が取り上げられる。クライナラの用法の詳細な記述ののち、クラ
イナラを認識的条件形式として認めるべきかどうか、そのことがクライとい
う形式の持つ文法機能とどう関わるかが述べられる。

　第 2 部の中央語の歴史篇は「古典日本語における認識的条件文」（鈴木
泰）、「中央語におけるナラバ節の用法変化」（矢島正浩）、そして「「のなら」
の成立―条件節における準体助詞―」（青木博史）から構成される。

　鈴木論文は、古典語に認識的条件文が認められるかどうかについて、「今
昔物語集」を中心に調査・分析したものである。解釈によっては認識的条件
文として認められるものも見られるが、中世前期のこの作品には特定の表現
形式に必ずしも偏るとは言えないことが示されている。

　矢島論文では、中世末期から近世後期にかけてのナラバ条件文の発達過程
が取り上げられる。中世末期から近世中期にかけて、ナラバが古代語の姿も
残しつつ、準体句を構成する形式から述語句を構成する形式へと変化してい
き、近世後期にかけて、タルナラバが時制節を構成する形式として成立し、
さらにノナラバが認識的条件文専用形式として発生し定着する過程が詳細に
論じられる。

　一方、青木論文では、準体助詞といえるのは現代共通語では「の」のみで
あることを踏まえた上で、「のなら」の成立は「ので、のに、のだろう」な
どと同列に考えるべきで、その限りにおいて、認識的条件文を持ち出す必然
性はないという立場をとる。むしろ、「の（だ）」が本来持つ既定性と承前性
により認識的条件を表すにいたったと結論づける。

　第 3 部の地理的変異篇には「認識的条件文の地理的変異の類型」（日高水
穂）、「九州・四国方言の認識的条件文―認識的条件文の分化の背景に関する
一考察―」（三井はるみ）そして「東北方言の認識的条件文」（竹田晃子）の 3
編が収められる。

　日高論文は、諸方言の条件表現体系を概観したのち、認識的条件文を表す

形式には断定辞に由来するものとそれ以外にわかれ、後者は地域が限定していて、バ類（*-eba* 形）（高知など）、バ類（*-aba* 形）（岩手など）、カラ類（秋田など）、そしてギー類（佐賀など）があることが示される。その上で、特に、断定辞に由来する形式をとる地域において、共通語の「の」に相当する準体形式を伴うかどうか、伴う場合にはどのような形式が出てくるか、さらに、それが断定辞と共に文末位置に現れた場合に持つ用法との関連について論じられる。

　三井論文では、認識的条件文の専用形式を分化させていない九州西部肥筑方言域と四国方言域、そして、準体形式を伴わない断定辞条件形を認識的条件文の専用形式とする九州南部薩隈方言域を取り上げ、それぞれの地域における条件表現体系のあり方と認識的条件文専用形式の分化の背景について考察している。それぞれの方言における「のだ」に由来する形式の発達過程との関係が論じられる。

　竹田論文では、断定辞に由来しない形式が取り上げられる。中でも、東北地方に主に分布するバ類（*-aba* 形）とカラ類の位置づけとその由来について、個別地点の記述資料と地理的分布資料に基づき、詳細に論じられる。

　本書が編まれるまでの経緯についても触れておきたい。

　きっかけとなったのは、日本語学会 2008 年度春季大会のシンポジウムである。大島資生氏、執筆者の一人でもある前田直子氏、そして矢島正浩氏により「日本語の条件表現—体系と多様性をめぐって—」が企画され、小林賢次氏、坂原茂氏、執筆者の一人でもある三井はるみ氏、そして有田節子が登壇した。本書との関係で言うと、そのシンポジウムで、小林氏が「仮定条件」に認めた「完了性仮定・非完了性仮定」の区別が、有田が条件節事態の意味的性質として提案する「非既定性、既定性」に対応することが議論になった。また、三井氏により方言の条件表現形式について、一部の例外を除いて、形式自体は共通語と一致する場合がほとんどで、共通語との用法上のずれが問題になることなどが指摘されている。

　続いて、2011 年に開催された日本語文法学会の大会シンポジウムで、有田により「複文研究の一視点—時間と様相の相互作用—」が企画され、有田による導入ののち、田窪行則氏、長谷川信子氏、そして鈴木泰氏がパネリス

トとして登壇した。本書の執筆者の一人である鈴木氏は、条件表現の研究が
意味・機能の観点から考察される傾向にあることを指摘し、従属文の述語の
形態論的観点から、古代語から近代語までのムードとテンスの変化の過程を
論じている。

　直接のきっかけとなったのは、2013 年度日本語文法学会でのパネルセッ
ション「認識的条件文の地理的変異と歴史的変化」である。本書の執筆者の
江口正氏が司会をつとめ、同じく日高水穂氏、矢島正浩氏、そして有田節子
が登壇し、本書に収められている各論考の元になる発表と議論を展開した。

　その後、青木博史氏、竹田晃子氏を新たに加え、9 名による論文集が企画
され、そのメンバーによるシンポジウム「日本語条件文の諸相—地理的変異
と歴史的変遷—」が 2015 年 1 月に文京シビックホールで開催された。そこ
での発表と議論を踏まえた上で改稿を重ね、このたび論文集として出版する
にいたった。

　当初の予定よりも 2 年半、出版の時期がずれこみ、執筆者の方々を始め、
各方面に心配をかけることになった。編者として責任を感じている。本書の
企画に理解を示して下さったくろしお出版の池上達昭さん、シンポジウムの
企画をして下さった同社堀池晋平さん、そして、本書の編集担当者として、
原稿が集まるのを辛抱強く待ち、そして、集まるや否や迅速に丁寧にそして
正確に原稿をチェックし、的確な指示を下さった荻原典子さんに心から感謝
もうしあげる。

2017 年　晩秋

有田節子

第1部

現代日本語共通語・理論篇

# 第 1 章

# 日本語の条件文分類と
# 認識的条件文の位置づけ

有田節子

## 1. はじめに

　この章の目的は、日本語の基本的な条件形式で表される条件文を概観した上で、本書を通して中心的に扱う認識的条件文の現代日本語文法における位置づけをすることである。

　本書が「条件文」と呼ぶのは、話し手が真偽を知らない前句事態(「前件」)が成立したと仮定した場合に、後句事態 (「後件」) が成立することを明示的に述べる (1) のような文のことである。

(1)　　明日雨が降れば、試合は中止される。

(1) は後件の成立が前件の成立に依存することを述べる文である。(1) の話し手は「明日雨が降る」という命題を仮定的に自分の信念の貯蔵庫に加え (Ramsey 1929: 155)、それに基づき「試合が中止される」ことを主張している。

　(1) を発話する時点の話者の持つ信念からなる集合を「K」と標示しておこう。(1) の前件「明日雨が降る (p)」が「仮定的に」信念に加えられる際、p と矛盾しないように話し手の信念 K は調整される必要がある。この時、調整された信念を「K*」と表すことにすると、条件文は前件 p と調整済み

4 | 有田節子

の信念 K* をベースに後件 q が引き出されることを明示するものとして捉えられる。

(2)　条件文
　　　K ⇨ K*, p ⇨ K*, p → q

　条件文を (2) のように捉えると、分析する上で特に問題になるのは、A) 話し手の信念 (K) と前件 (p) との関係、B) 前件 (p) と後件 (q) の関係である。
　日本語学の分野では、B) の立場をとる研究が古くから見られる[1]。(2) のように特徴づけられる条件文を表すのに、日本語では (3) (4) に示すように複数の基本的形式が用いられる[2]ことから、これらの形式間の異同を p と q の関係性によって明らかにしようとする立場である。

(3)　　今後景気がこれ以上 {a. 悪くなれば／b. 悪くなると／c. 悪くなったら／d. 悪くなったなら} 日本経済は破綻するでしょう。
(4) a.　基本条件形 (kak-e-ba) (レバ)[3]
　　b.　基本形 (kak-u) + 接続助詞 -to (ト)
　　c.　タ系条件形 (ka-i-tara (-ba)) (タラ)
　　d.　{基本形 kak-u ／タ形 kai-ta} + 断定辞の条件形 (-nara (-ba)) (ナラ)

　その代表的な研究の 1 つである益岡 (2013: 159) では、レバ形式をベースに、タラ・ナラ形式という発展形式が派生・分化したものとして (4) を捉える。その上で、ベースとなるレバ形式が一般的因果関係を表すと共に「事態の未実現性」「仮定性」の意味を未分化に持ち、発展形式であるタラは、「〈因果性は要件とならない〉事態の未実現性」を明示的に表し、そこから派生される「仮定性」を未分化に持ち、ナラは「〈因果性・事態の未実現性は

---

1　日本語条件文研究の変遷については有田 (1993)、前田 (2009) を参照されたい。

2　条件的用法だけでなくそれぞれの形式固有の非条件的用法もある。有田 (1999: 91–101)、前田 (2009: 51–53) などを参照されたい。

3　益岡・田窪 (1992: 23) における活用形の名称に準じる。

要件とならない〉仮定性」を明示的に表すと説明している。ナラが明示するとされる「因果性・事態の未実現性が要件とならない仮定性」とはいったいどのようなものなのかが問題になる。

　「レアリティー」すなわち事実性の観点から分析している前田（2009）は、A）の立場に立った研究と言えよう。前件と後件のレアリティーから、条件的用法を仮定的・非仮定的な用法に分け、仮定的用法をさらに反事実的・仮説的用法に分ける。トは反事実的用法に現れにくいという点で他の3形式とは区別されるが、レバ、タラ、ナラの3形式は仮定的用法に広く分布し、以下のように部分的に重なる。

表1　前田（2009: 40）

| | | | | レアリティー | | | なら | ば | たら | と |
|---|---|---|---|---|---|---|---|---|---|---|
| | | | | 前件 | 後件 | | | | | |
| 条件的用法 | 仮定的 | 反事実 | 事実的 | 事実 | 反事実 | ① | ○ | × | × | × |
| | | | 反事実 | 反事実 | 反事実 | ② | ○ | ◎ | ◎ | ■ |
| | | 仮説 | 仮説 | 仮説 | 仮説 | ③ | ◎ | ◎ | ◎ | ○ |
| | | | 事実的 | 事実 | 仮説 | ④ | ○ | ◎ | ◎ | ○ |
| | 非仮定的 | 多回的 | 一般・恒常 | （不問） | （不問） | ⑤ | × | ◎ | ■ | ◎ |
| | | | 反復・習慣 | | | ⑥ | ○ | ◎ | ■ | ○ |
| | | 一回的 | 様々な状況 連続 | 事実 | 事実 | ⑦ | × | △ | △ | ◎ |
| | | | きっかけ | | | ⑧ | × | ○ | ○ | ◎ |
| | | | 発現 | | | ⑨ | × | △ | ○ | ◎ |
| | | | 発見 | | | ⑩ | × | ○ | ○ | ◎ |

◎ = 使用が十分に可能
○ = 一定の用例があり、使えると判断できる
■ = 不可能ではないが、用例はほとんどない
△ = 近い用例はあるが、制限がある
× = 使えない

　ここで注目したいのは、ナラ形式のみが他の3形式と異なることが多いという点である。さらに、ナラ形式のみが使えるのは表1の①にあたる（5a）のような例だけでなく、③の仮説的条件用法にあたるものの中にもあることが指摘され、「後節が働きかけの文で、前節述語が意志的な動作動詞で、か

6 ｜ 有田節子

つ、前件と後件に前後という関係だけを求めるのでない場合」（前田 2009:
67）にあたる（5bc）や、「せっかく」や「どうせ」のような話者志向の副詞
と共起する[4]（5d）、さらに前件が後件の話者の論理的判断に対する根拠と
なっている用法（5e）がそれにあたる。

(5) a. あなたが来ているなら、借りていた本を持ってきたのに。
　　 b. 国へ帰るなら知らせてね。
　　 c. あなたがどうしてもと言うなら紀彦だけでも戻して欲しい。
　　 d. ｛せっかく／どうせ｝行くなら行ってないところのほうがいいわ。
　　 e. アベックが目撃したという女は、果して事件に関係があるのか？
　　　　 もし関係があるなら、日本人がからんでいることになる。

（前田 2009: 67–68）

　本稿も A）の立場、つまり、話し手の信念と前件との関係から日本語条件
文を分析する。特に、（5a〜e）にあげたナラ形式でしか表せない一連の用法
に着目し、「既定性（settledness）」（有田 2004, 2007）という概念によって捉
え直す。既定性は、次節で詳しく見るが、「発話時点において真偽が定まっ
ている」という意味的特性で、日本語に限らず、条件文の意味分類において
鍵となる概念である。

　次の 2 節では話し手の信念と前件の既定性に基づく日本語の条件文分類
を提示し、本書を通して論じることになる「認識的条件文」の性格づけを
する。続く 3 節で認識的条件文を詳細に分析し、3 タイプあること、そのす
べてにナラ形式が分布し、レバ、タラ形式の分布が制限されることを述べ
る。4 節では、認識的条件文のナラにのみ準体形式「の」を補うことが可能
であることを確認した上で、認識的条件文に専ら分布する「のなら」と「の
（だ）」の関係について論じる。5 節では認識的条件文と条件節の名詞性との
関わりについて述べる。

---

4 「どうせ」の条件節を含む副詞節での分布については、有田（2005, 2006, 2007）、蓮沼
（2014）に、「せっかく」については蓮沼（2014）に詳しい議論がある。

## 2. 日本語条件文の意味分類

### 2.1 中立的スタンス・否定的スタンス

　条件文は、(2)に示したように、条件文が発される時点において前件 p が話し手の信念 K には含まれていない[5]。p が信念に含まれない場合の「話し手のスタンス（Epistemic Stance）」(Fillmore 1990) には 2 つの場合がある。p が成立するか否かについて中立的なスタンスをとる場合と否定的なスタンスをとる場合で、条件文研究においては、それぞれのスタンスをとる条件文がIndicative Conditionals (IC)、Subjunctive Conditionals (SC)等[6]と称されてきた。

(6)　　If Oswald does not kill Kennedy, somebody else will. (Kaufmann 2001: 11)

(7)　　If Oswald had not killed Kennedy, somebody else would have.

(Kaufmann 2001: 11)

(6)は、発話の時点で、話者はオズワルドがケネディを殺すかどうかは知りえず、オズワルドが殺さない場合には、他の誰かが殺すだろうということを予測して述べたものである。一方、(7)の前件は、話し手がケネディ暗殺の犯人をオズワルドだと断定した上で、オズワルドが殺さなかった場合の仮定、つまり、事実に反する仮定として述べたものである。(7)の条件節は発話時以前の事態を表していて、主文であれば過去時制が現れるところだが、if 節には過去完了時制が現れている。このように、ある出来事を指示するのに、通常その出来事を指示するのに使われる動詞形態より以前の出来事の指示に使われる動詞形態が使われることは「時制後退」と呼ばれることがある[7]が、否定的なスタンスは、しばしば時制後退や接続法のような文法操作

---

5　P が K に既に含まれていれば、それは理由文となる。

　　　　K ⇨ K, p ⇨ K, p → q　　（理由文）

6　Indicative/Subjunctive は、条件節が Indicative mood（直説法）をとるか、Subjunctive mood（接続法）をとるかに対応する用語である。そのような法体系を持たない言語では、IC のかわりに Open conditionals と呼ばれることもあるし、SC のかわりに Hypothetical conditionals、あるいは Counterfactual conditionals と呼ばれることもある。

7　条件節における時制後退現象と条件節の意味との関係については、Dancygier (1998) および有田による書評（有田 2003）を参照されたい。

8 ｜ 有田節子

によって標示される。

　なお、2.5 で見ることになるが、現代日本語を見る限り、条件節において IC と SC を区別する接続法や時制後退に相当するような文法操作はなく、どちらのスタンスをとっているかは特定の文法操作によってではなく文脈によって決まる。

## 2.2　既定性という概念

　前件が中立的スタンスをとる条件文は一通りではない[8]。この点について、Kaufmann（2001）に沿って説明する。（8）（＝（6）の再掲）は、先に述べたように、ケネディ大統領暗殺事件が起こる前の時点において、「オズワルドがケネディを暗殺する」ことを 1 つの可能性として述べたものである。

（8）　　If Oswald does not kill Kennedy, somebody else will.　　（＝（6）の再掲）

　一方、これに少し修正を加えた（9）は、ケネディ大統領暗殺事件が起こった後に発話されており、ケネディは何者かによって殺されたのだが、誰がケネディを殺したかがわからないという段階で述べられたものとみなされる。

（9）　　If Oswald did not kill Kennedy, somebody else did.　（Kaufmann 2001: 11）

前件の真偽判断を保留しているという点で、これも中立的スタンスで述べられた条件文と言える。（9）の前件は過去の事態を表しているが、先の（7）のような否定的なスタンスをとる条件文が時制後退を受けているのとは異なり、前件の時制が本来の時間を指示（過去時制が過去時を指示）している。

　話し手が前件の成立に中立的な立場をとるのは、前件の真偽を厳密には知らないからである。話し手が前件の真偽を知らないということには 2 つの場合がある。1 つは、発話の時点で前件が成立するかどうかが誰にとっても

---

8　前件が中立的な立場の条件文が 2 つに分けられることは Dancygier（1998）や Kaufmann（2005）で提案されているが、両者の主張は、本稿が「予測的条件文」と呼ぶタイプの条件文の扱いにおいて違いがある。このあたりの議論については有田（2007: 84）を参照されたい。

知りえないから話し手も知らないという場合である。(6)(＝(8))はこれに該当する。もう1つは、前件が成立しているかどうかは発話時点で決定しているのだが、それを話し手が発話の時点で知らない場合[9]である。(9)は後者に該当する。

　この「前件が成立しているかどうかが発話時点で決定している」という意味的性質を有田(2004, 2007)にならって「既定性(settledness)」(Kaufmann 2001: 71)と呼ぶ。発話の時点を含むインターバルを「発話時」、文に表される事象あるいは状態に内在する時間を「事象時」、AがBに先行することを‘A＜B’、AとBが時間的に重なることを‘A＝B’のように表すことにすると、既定性は以下のように定義することができる。

(10)　ある文に表される事象の事象時と発話時が次のような関係にある場合に、その文は当該事象の成立が発話時において決定している、すなわち、「既定性」を持つ：
　　　事象時＜発話時　　または　　事象時＝発話時

(10)に該当するのは、下記のような過去に成立する出来事や状態、または、現在成立する状態を表す文である。

(11) a.　昨日、映画を見た。　b.　昨日は天気が悪かった。　c.　今忙しい。

　一方、(12)の下線部は、(10)のいずれの関係でもなく、事象時は発話時よりも時間的に後続する(発話時＜事象時)関係を表す。つまり、非既定的である。

(12) a.　<u>もっとまじめに取り組むべきだ。</u>　b.　<u>この荷物を運んで</u>ください。

　ところで、事象時が発話時以降であっても、その成立が発話時において定

---

9 Funk (1985)は、条件節命題の真偽が不確定であることを「非存在による不確定性」と「無知による不確定性」に分けている。

10 | 有田節子

まっていると話し手によってみなされるような場合もある。

(13) a. 次のバスは10分後に来る。　b.　来週東京に出張する。
　　c.　もう6時だから、そろそろ帰ってくる（と思う）。

(13a) はバスの時刻表、(13b) は自分の出張スケジュール、そして (13c) は
すでに6時になっているという現在の状況により、それぞれの事象が未来
に成立するとみなされている。このように、事象が発話時以後に成立するこ
とを決定づけるような何らかの根拠が発話時において成立している場合に
は、有田 (2004, 2007) に沿って、その事象を表現する文は「既定が見込ま
れる」とし、(12ab) のような非既定的な文とは区別することにする。

(14)　ある文に表される事象が発話時以後に成立することを決定づけるよう
　　　な何らかの根拠が発話時において成立している場合、その文の既定が
　　　見込まれるものとする。

　中立的スタンスで述べられる2種類の条件文は、前件が既定的なもの（既
定が見込まれるものも含む）と、非既定的なものに分けることができる。
(9) の if 節の事象時は発話時よりも前（事象時＜発話時）で既定的であり、
また、次のような will を伴う if 節も、その事象が未来時に成立することの
何らかの根拠を持って述べられており、既定が見込まれるものである。

(15) a. If he won't arrive before nine, there's no point in ordering for him.
　　　　　　　　　　　　　　　　　　　　　　　（Dancygier 1998: 118）
　　b. If you will be alone on Christmas Day, let us know now.
　　　　　　　　　　　　　　　　　　　　　　　（Dancygier 1998: 62）

　一方、(8) の if 節（If Oswald does not kill Kennedy）の事象時は発話時よ
りも後（発話時＜事象時）で、しかも、オズワルドが発話時以後にケネディ
を殺さないことを何らかの根拠に基づいて述べているのではなく、場合の1

つとして述べているため、このタイプの中立的条件文の if 節は非既定的であると言える。

## 2.3　予測的条件文

　中立的条件文のうち、前件が非既定的、つまり、事象時が発話時よりも時間的に後で、発話の時点で真とも偽とも決められないタイプの条件文を「予測的条件文（Predictive conditionals）」（Kaufmann 2001: 11–16）と呼ぶことにする。予測的条件文の前件は、発話時において真偽が決定されないので、誰もその真偽を知ることはできない。

　これには冒頭であげた（1）のような条件文の典型例、（8）（=（6））、そして、主文末に各種モダリティ表現が現れる次のような例も含まれる。

（16）　後から来る男はみんな断れ。女が来たらいい顔するんだぞ。

（ふぞろい）

（17）　このまま行けばつきあうかもな。　　　　　　　　　（苦役列車）

（18）　やだ、先に籍入れないと、また逃げられちゃうもん。　　（モテキ）

（19）　親に頼めとか、お前がそこは立ち入ってくんなよ…分かったよ、五万だな、必ず返すと約束するならよ、まあ、一度だけ貸してやってもいいぞ

（苦役列車）

　（16）〜（19）からも明らかなように、基本的な条件形式（ト、レバ、タラ、ナラ）のいずれもが出現するが、タラ、レバで表現される傾向にあるといわれている。（19）のようにナラで表現されることもあるが、この場合のナラは、テンスとしての基本形・タ形の対立はなく、実際、（19）の「約束するなら」は「約束したなら」とタ形で表すことも可能である。

　有田（2004, 2007）にならって、時制形式としての対立がない節を「不完全時制節」と呼ぶと、予測的条件文の前件は不完全時制節ということになる。

## 2.4　認識的条件文

　中立的条件文のうち、前件が既定的なタイプ、つまり発話時点で真か偽か

12 | 有田節子

定まっている（か、定まっていることが見込まれる）タイプを「認識的条件文（Epistemic conditionals）」（Kaufmann2001: 11–16）と呼ぶ。この場合、定まっている真偽を話し手が厳密にはどちらか知らないために中立的な立場をとっている。

(20)　（昨日ガンバ大阪の試合があったけれど、結果はどうだったんだろうか。）もし、ガンバ大阪が勝った（ん）なら、J1 に残留する可能性があるんだが。

(20) の前件は昨日の試合について述べているので、その勝敗（引き分けも含め）は発話時において定まっており既定的だが、この条件文の話し手はその勝敗を知らずに述べている。先の 2.2 であげた (9)(15ab) もここに分類される。このタイプの条件文が本書を通して議論の中心になるので、3 節で詳しく述べることになるが、基本的には、時制形式としての基本形・タ形の対立のある節、すなわち「完全時制節」（有田 2004, 2007）を導くナラが現れる。

## 2.5　反事実的条件文

　話し手が否定的スタンスで、すなわち前件が事実に反していることを知った上での仮定を述べる条件文がある。これを「反事実的条件文（Counterfactual conditionals）」（Kaufmann 2001: 11–16）と呼ぶ。次のような文がこれに該当する。ト以外の基本的な条件形式をとり[10]、状態述語または動態述語の *-tei* 形が現れる傾向にある[11]が、義務的ではない。

---

10　トが反事実的条件を表しにくいという指摘は日本語記述文法研究会編（2008: 105）にもある。

11　高橋（2003: 248）には「過去の反事実の仮定をあらわすときは、『〜して　いれば』『〜して　いたら』のかたちになることがおおい」という指摘があり、田窪（1993: 170）にも「状態を表わす表現が来る」という記述がある。

第 1 章　日本語の条件文分類と認識的条件文の位置づけ　｜ 13

(21)　（昨日の試合にガンバ大阪が負けて、J1 から J2 に降格してしまった。）ガンバ大阪が勝っていたら、J2 に降格することはなかっただろう。

(22)　外務省、法務省、防衛省、警察庁。当時この 4 つの省庁の連絡体制さえ整っていれば、外国人工作員による連続殺人事件という全体像を知ることは容易だったかもしれませんね。　　　　　　　　　（相棒）

(23)　私が親じゃなかったら、こんな目にあわなかったって思ってるのよ。　　　　　　　　　　　　　　　　　　　　　　　（八日目の蝉）

(24)　オレが監督なら、あいつらは使わないね。（桐島、部活やめるってよ）

　これらの前件は、真偽が定まっている、つまり、既定的であるという点が認識的条件文と共通で、異なるのは、前件が偽であることを話し手が知っているという点である。

## 2.6　総称的条件文

　以上の三分類に加え、前件と後件が個別的な関係を超えた習慣的・法則的な関係を表す条件文がある。これを「総称的条件文」と呼ぶ。ト、レバ形式が現れる傾向にあるといわれているが、下記に見るように、ナラも含め基本的な条件形式のいずれもが現れる。ただしこの場合のナラ節は基本形のみをとり、完全時制節とは言えない。したがって総称的条件文の条件節は不完全時制節と言える。

(25)　夜爪を切ると親の死に目に会えない。

(26)　命を奪えば死刑なのに、私たち親子の心を奪い、ズタズタにしても、あの女は死刑になりません。　　　　　　　　　　　　（八日目の蝉）

(27)　だって前のモテキと一緒で女の子が脈ありっぽいことしてきたら誰にでも食いつくってパターンから進化してなくないですかぁ？（モテキ）

(28)　日本が午の刻なら、ここは子の刻だろう。　　　　　　　（天地明察）

(29)　ただし、市販の原稿用紙を使うなら、細かく採寸してワードのページ設定に反映させ、原稿用紙に印字することになります。

（BCCWJ, 『ワード 2000 使えるワザ 124』）

　総称的条件文は、発話時以前に繰り返されてきた事態、あるいは発話時以後も繰り返されると見込まれている事態を表す条件文である。個別の事態が言及されているわけではないので、前件が既定の条件文とは言えないだろう。

## 2.7　事実的条件文

　これまで見てきた 4 分類は日本語だけでなく英語でも認められるものだが、日本語では前件も後件も事実として成立するような関係も条件構文で表す。ここではそれを「事実的条件文」と呼ぶ。

（30）　部屋に入ったら、女性がうずくまっていた。
（31）　わたしは神経内科の医者になって以来この病気の研究を続けてきました。気が付いたら 40 年あまりが過ぎていました。（1 リットルの涙）
（32）　彩海、部屋の中で見ると、みゆきの部屋のドア付近でへたり込んでいる幸世がいる。　　　　　　　　　　　　　　　　　　　　（モテキ）

　これらは、前件が成立した発話時以前のある時点においては成立するかどうか不確定であった後件が、実際は成立していたことを表す文である。後件が発話時に成立している以下のようなものも事実的条件文の一種と捉えられる。

（33）　誰かと思えば君か。
（34）　宮内庁に問い合わせて調べてみたらどうやら "恩賜の品" らしいんですよ。　　　　　　　　　　　　　　　　　　　　　　　　（相棒）

　（30）〜（34）からわかるように、不完全時制節をとるト、タラ、レバが出現可能だが、特に、ト、タラが現れる傾向にあるといわれている。
　事実的条件文は、発話時においては前件も後件も事実であるとわかっている、つまり、どちらも発話時における話し手の信念 K に含まれている事柄

を表している。その点では、理由文と同じと言えるのだが、(30)〜(34)は
明示的に理由を表す「から」や「ので」で表すことはできない。たとえば
(30)を「部屋に{入ったから／入ったので}女性がうずくまっていた」のよ
うに理由節で言い換えると、「(話し手が)部屋に入ったことにより、女性が
うずくまっている状態になった」という奇妙な解釈になり、それは(30)が
意図している内容とは異なる。事実的条件文と理由文の違いはどこにあるの
だろうか。

　事実的条件文は、理由文のように発話時における信念Kに前件が含まれ
ているというのではなく、発話時以前のある時点(「-t」とする)における信
念(「$K_{-t}$」とする)に前件 p が仮定的に追加されていること(「$K_{-t}{}^*, p$」)を表
すとしたらどうか。発話時点においては p も q も K に含まれているのだが、
時点 -t における信念 $K_{-t}$ にそれらは含まれていない。言い換えれば、「$K_{-t}{}^*,$
$p \rightarrow q$」と「K」とは同一ではない。事実的条件文は、条件構文の形をとる
ことにより、前件が成立する時点の前までは、話し手の信念に前件も後件も
含まれていなかったということを明示しているのである。

(35)　事実的条件文
　　　　$K_{-t} \Rightarrow K_{-t}{}^*, p \Rightarrow K_{-t}{}^*, p \rightarrow q$

　このように、事実的条件文の前件は発話時において真として定まっている
という点で、既定的であるが、それが非既定的に捉えられていた時点にさか
のぼって表現されているという二面性を持っていると特徴づけられる[12]。

## 2.8　2節のまとめ

　ここで取り上げた5種類の条件文は前件の既定性、前件の真偽に対する
話し手の認識、前件の時制節性に関して表2のようにまとめられる。
　前件が非既定的、つまり真偽が定まっていない予測的条件文と総称的条件
文の場合、前件に対する話し手の真偽判断を問うことはできない。事実的条

---

12　また有田(1996)および田村(2013)においても、発話時でも主節時でもない第3の基
準時について考察している。

16 | 有田節子

件文も前件が非既定的であった時点にさかのぼって条件的関係を述べたものである。これら非既定的前件は時制の対立のない不完全時制節（バ、タラ、ト節）によって表される。

　反事実的条件文と認識的条件文は共に前件が既定的だが、その定まった真偽を話し手が知っているかどうかで区別される。既定性は過去・非過去時制形態素によって表され、認識的条件文の既定的前件は完全時制節（ナラ節）によって表される。

　反事実的条件文の前件は既定的である一方で、事実的条件文の場合と同様、前件が非既定的であった時点（分岐点）にさかのぼって、（偽の）前件が成立した場合を仮定する。現実世界とパラレルな世界であることが状態述語あるいは動態述語の -tei 形により明示的になる。現実世界の時間関係を表す必要はないので、必ずしも完全時制節をとる必要はない。

表2　既定性・話し手の認識による日本語条件文分類[13]

| 前件の性質 | 予測的条件文 | 総称的条件文 | 事実的条件文 | 反事実的条件文 | 認識的条件文 |
|---|---|---|---|---|---|
| 既定性 | − | | −／＋ | ＋ | ＋ |
| 話し手の真偽に対する認識 | | | 既知 | 既知 | 未知 |
| 時制節性 | 不完全 | 不完全 | 不完全 | 不完全／完全 | 完全 |

　表1（前田 2009）との比較でいうと、仮説的条件用法が、前件の既定性により、予測的条件文と認識的条件文に分けられるということである[14]。

---

13　ここにあげた5つのタイプ以外にも「条件形式による表現」があることは言うまでもない。大野・ジョーンズ（2005）にもあるように、ここで扱わなかった動詞の条件形式の後置詞的用法（高橋 2003: 274–278）が話し言葉に頻繁に出現しており、藤井（2013）でも条件構文の談話標識化として取り上げられている。

14　本書の日高論文の表1も合わせて参照されたい。

## 3. 日本語条件文における認識的条件文の位置づけ

### 3.1 認識的条件文の特徴

　認識的条件文は、前節で見たように、「定まっている（既定的）前件」の真偽を話し手が厳密には知らないという意味特徴によって捉えられるが、それには3つのタイプがある。

　1つめは、前件の真偽が発話時において定まっていることが確実なタイプである。これをタイプAとする。

タイプA

(36)　（昨日ガンバ大阪の試合があったけれど、結果はどうだったんだろうか。）もし、ガンバ大阪が勝った（ん）なら、J1に残留する可能性があるんだが。　　　　　　　　　　　　　　　　　　　　　（＝（20）の再掲）

(37)　彼女が先生の殺害を目的としてボディーガードになったのならば、今までにそのチャンスはいくらでもあったはずです。　　　　　　（相棒）

(38)　催眠術で操られていたなら、別人みたいなことをしても全然おかしくない。　　　　　　　　　　　　　　　　　　　　　　　　　　（キイナ）

(39)　心配なら、一緒に母親やるから。　　　　　　　　　（八日目の蝉）

(40)　ウチに残りたいなら、考え直してもらえないすか？（かまってちゃん）

(41)　帰りたければ帰っていいよ。　　　　　　　　　　　（わが母の記）

　（36）～（38）の前件の事象時は発話時より前であり、（39）～（41）の前件の事象時は発話時に含まれており、いずれも前件が既定的だとみなされる。これらの条件文は、前件が真であるかどうかを話し手は知らない状態で仮定的に発している。

　この時、話し手が厳密には真偽を知らないとは言え、前件の真あるいは偽への偏りが認められる場合もある。たとえば、（37）は最終的に「殺害を目的としてボディーガードになったのではない」という前件とは逆の結論を導きだすために、前件から「そのチャンスはいくらでもあったはず（だが、そうしていない）」という現実とは両立しない後件が引き出されることを明示した上で、前件が偽であることを暗に示そうとしている。一方、（38）は、

前件が真であることを主張するために、現実と両立する「別人みたいなことをしても全然おかしくない」という判断を後件として引き出している。

　次に、前件の事象時は発話時以降ではあるが、何らかの根拠（スケジュール、予定あるいはその意志があることなど）により発話時において真偽が定まっているとみなされる（既定が見込まれる）ものがある。これをタイプ B とする。


タイプ B

(42)　明後日出張する（の／ん）なら今晩準備しないといけない。

(43)　俺と一緒にヨーロッパに行かないか？　ピアノを続けるならウチの学
　　　校より、お前には向こうの方が合ってると思う。　　　　（のだめ）

(44)　大学行かないなら、自分で金稼げ。　　　　　　　　　　　（世之介）

(45)　俺は本気だったんだ、会社がこうなった以上俺は全部捨てて千春と逃
　　　げたいと思ってる、もちろん幸せにする自信は今はないけどそれでも
　　　どうせ不幸になるなら、俺はおまえと一緒にいたいんだ。　（世之介）

(46)　ほかのどの蝉も七日で死んじゃうんなら、べつに寂しくない。

（八日目の蝉）


　（42）のように自分の明後日の予定が発話時点で確認できず、真偽が未確定のままで述べているものや、（43）や（44）のように、相手が発話時点においてそのような意志があるかどうか不確定なまま発言しているものや、その根拠が確固たるものかどうかはともかく、話し手自身が前件の成立を見込んで述べている（45）（46）のような例がこれに含まれる。

　なお、B タイプの前件の既定の見込みと区別する必要がある時には、A タイプの前件の既定を「既定（狭義）」、B タイプを「既定（見込み）」とする。

　さらに、前件の情報の出所が対話の相手にあるようなタイプがある。これをタイプ C と呼ぶ。前件が対話相手の発言などにより対話に導入され、話し手がその真を前提にして後件が成立することを述べるものである。

第1章　日本語の条件文分類と認識的条件文の位置づけ　│　19

タイプ C

(47)　A「今度の日曜日のコンサートに行くことにしたよ。」
　　　　B「そうですか。あなたが行く（の）なら、私も行くことにするわ。」
(48)　「でも世の中にはお総菜とかお弁当とか色々な食べ物があるんだって
　　　　ことは知っといてほしいんです。」「文句があるなら食うな」（のだめ）
(49)　「自分の将来は自分で決めたんだってそう胸を張って大好きな東高か
　　　　ら転校させてやりたいんです。」（…）「そんなにお子さんをここに通
　　　　わせたいならあなたがそばについていればいいじゃないですか。」

（1 リットルの涙）


　　対話相手の発言の内容を前件で承けて述べる (47) は、Akatsuka (1983)
で言及されて以来、多くの研究者によって取り上げられているものであ
る。たとえ、その場で信じたとしても、対話で相手から聞いたばかりの前件
を「あなたが行くから」のように理由節でいうことはできないというのが
Akatsuka の洞察である。(48)(49) についても、対話相手の発言内容の一部
または要約を前件に提示し、それを前提に後件を述べたものである。
　　タイプ A、B と C は、前件の発言内容のソースが対話相手にあるのか話
し手自身にあるのかという違いだが、作例した (47) のように明確に C に分
類できるものだけではない。たとえば、(48) は相手の発言内容を「文句が
あるなら」と要約して前件に取り上げているとみなせば C タイプだが、相
手の発言内容から類推して相手が文句をいっているのではないかと仮定して
述べていると捉えれば、A タイプということになる。逆に、A または B タ
イプと分類されているものも、先行談話に含まれている情報次第では C タ
イプとみなされうる。
　　このようにいずれのタイプになるかは文脈によって定まる面もあるのだ
が、次節で見るように、この点が日本語の基本条件形式の分布を決定づける
ことがある。


## 3.2　認識的条件文と基本条件形式

　　表 2 にまとめたように、認識的条件節を構成するのは原則として完全時

制節の条件節なので、その下位類のいずれにおいても完全時制節を導くナラ形式の分布が優勢である。

Aタイプには状態述語か動態述語の *-tei* 形に続く場合に限って、不完全時制節形式も現れる。

(50)　昨日試合が {なかったなら／なければ／なかったら} 今日あるはずだ。
(36)′　もしガンバ大阪が {勝ったなら／*勝てば／*勝ったら／勝っていれば／勝っていたら}、J1 に残留する可能性があるんだが。

Bタイプの認識的条件節は、レバ、タラで表すことは難しい。たとえば、(42) の条件節は、「明後日出張する（のが予定として定まっている）なら」という意味であり、これを不完全時制節を導くレバ、タラで表すことはできない。

(42)′　明後日出張 {*すれば／*したら} 今晩準備しないといけない。

(42)′ が不自然な理由として、先行研究では、レバ、タラは前件と後件の時間的先後関係が「前件＞後件」の場合には使えないからという説明がされることがある。確かに、(42) は、「前件＞後件」という関係を表していると言えるが、(43) や (44) は必ずしも「前件＞後件」の関係とは言えない。これらをレバ、タラで表現しようとすると不自然になるか、認識的条件節としての解釈が得られない。それぞれ「ピアノを {*続ければ／*続けたら} ウチの学校より、お前には向こうの方が合ってると思う」、「大学 {#行かなければ／#行かなかったら}、自分で金稼げ」のようにすると、元のナラ条件節が表す「予定として決まっている」「意志を持っている」という部分が適切に伝わらない。したがってタイプBにレバやタラが現れないのは、前件と後件の先後関係が決定的なのではない。

では、何が決定的なのか。言うまでもなく、タラ節やバ節も、未来時の事態を表すことはでき、それが予測的条件文である。しかし、既定が見込まれる未来の事態を表すことはできない。発話時において定まっている未来を表

せるのは、基本形とタ形の対立のある（完全時制節の）環境に現れる基本形であり、その環境がナラ節なのである。

　Cタイプにも不完全時制節を導くレバ、タラが現れないことは、先行研究でも指摘されている。

(47)′　A「今度の日曜日のコンサートに行くことにしたよ。」
　　　　B「そうですか。あなたが {*行けば／*行ったら}、私も行くことにするわ。」

　なお、レバ、タラが「のであれば」「のだったら」（あるいはその縮約形の「んであれば」「んだったら」）のように「の（だ）」に続くことにより完全時制節を構成する場合は、A～Cのいずれにも現れる。

(51)　昨日の試合に勝った {のであれば／のだったら}、明日の決勝戦に出場するはずだ。（Aタイプ）
(52)　明後日出張 {するのであれば／するのだったら} 今晩準備しないといけない。（Bタイプ）
(53)　A「今度の日曜日のコンサートに行くことにしたよ。」
　　　　B「そうですか。あなたが {行くのであれば／行くのだったら}、私も行くことにするわ。」（Cタイプ）

　以上のことから、共通語の認識的条件文の条件節は、完全時制節をとるナラ（バ）（及び「の（だ）」の条件形）によって表されると言える。条件節が不完全時制節の場合、状態述語または動態述語の -tei 形をとることにより、Aタイプのみを表しうる。A～Cの分類と条件節の時制節性が対応していることがわかる[15]。

---

15　本書の鈴木論文は今昔物語集の条件表現を調査し、認識的条件文としてみなされる表現が多彩な条件形式によって表されていることを明らかにしている。特筆すべきは、いわゆる確定条件形が用いられるケースで、「条件節のできごとに確定性がありながら、それがあらためて仮定される」という認識的条件文の意味特徴が反映されていることが論じられ

22 │ 有田節子

## 3.3　3 節のまとめ

　この節では、認識的条件文をさらに 3 つの下位タイプに分け、その統語的・意味的特徴について論じてきた。その内容は表 3 のようにまとめられる。（'✓' は出現可能、'*' は出現不可能であることを示す。）

表 3　認識的条件文の 3 タイプ

|  | 認識的条件文 | | |
|---|---|---|---|
|  | A | B | C |
| 既定性 | 既定（狭義） | 既定（見込み） | 既定（狭義・見込み） |
| 情報ソース | 話し手 | 話し手 | 対話相手 |
| 完全時制節形式 | ✓ | ✓ | ✓ |
| 不完全時制節形式 | 状態述語<br>動態述語の -tei 形 | * | * |

## 4.　「の（だ）」の意味と認識的条件文[16]
### 4.1　準体形式「の」の分布

　ナラ条件文はしばしば「の」を伴うことがあるが、常に挿入が可能というわけではない。(54)〜(56) のように認識的条件節のナラには、A〜C のいずれのタイプにおいても「の」を補うことが可能であり、(51)〜(53) で見たように「のだったら」「のであれば」も現れる。

(54)　昨日の試合に勝ったのなら、明日の決勝戦に出場するはずだ。（A タイプ）

(55)　明後日出張するのなら今晩準備しないといけない。（B タイプ）

(56)　A「今度の日曜日のコンサートに行くことにしたよ。」
　　　B「そうですか。あなたが行くのなら、私も行くことにするわ。」（C タイプ）

---

ている。

16　本書の江口論文、日高論文は、ノナラ（相当形式）が認識的条件標識になるかどうかが方言によって異なるという点について詳しく論じている。

第 1 章　日本語の条件文分類と認識的条件文の位置づけ　|　23

　しかし、反事実的条件文のナラの前に「の」を挿入すると、不自然にな
るか、あるいは、条件節事態の真偽が争点になっているような解釈になる。
「のだったら」「のであれば」も出現できない。

(57)　あの時 {a. 注意していたなら／ b.*注意していた {の／ん} なら／ c.*注
　　　意していた {の／ん} だったら／ d.*注意していた {の／ん} であれば}、
　　　あの子が事故にあうことはなかっただろう。

(57bcd) は、注意しなかったことを後悔しているような文脈、つまり、前件
の偽が前提となっているような文脈として解釈することは難しい。
　別の例を見る。(58) の話者は自分が自力ではなく他人の力を借りて問題
を解いたと自覚した上で、「のなら」を用いて表現しており、反事実的前件
に「の」が挿入されている例のように見える。(57bcd) との違いは何か。

(58)　（他人の力を借りて問題を解いた人の発言）自力ですべて解いたのな
　　　ら素直に喜べたんだけど。　　　　　　　　　（矢島正浩氏の指摘による）

(58) にはさらに次のような談話を続けることができることからも明らかな
ように、前件が偽であることは対話相手にとっては必ずしも自明ではない。

(59)　実際には人の力を借りてしまったんで、素直には喜べないんだ。

つまり、(58) は、偽である後件（「素直に喜べた」）を導くことにより、前件
も偽であることを対話相手に伝える (37) のような認識的条件文と同様に扱
うことができるのではないか。条件節事態の偽を前提とする条件文のみを
反事実的条件文とする立場をとると、(58) は反事実的条件文ではない。「の
だったら」「のであれば」にしても同様の解釈になる。
　「の」は (60) からも明らかなように予測的条件文のナラの前にも挿入す
ることはできないし、ナラそのものが出現しない事実的条件文にもノナラは
現れない。また、総称的条件文のナラに「の」を補うと、たとえば、(29)′

24 | 有田節子

のように、総称的というよりも、特定の人（通常は対話相手）の発話時点での意志あるいは予定に基づいて述べたものという解釈になり、総称的とは言えない。「のだったら」「のであれば」でも同様の解釈になる。

(60)　明日雨が {降ったなら／*降ったのなら}、遠足はなくなるだろう。
(29)′ #ただし、市販の原稿用紙を使うんなら、細かく採寸してワードのページ設定に反映させ、原稿用紙に印字することになります（よ）。

　このように認識的条件を表すのに「の」の挿入は義務的ではないが、前件に「の」が挿入された場合、あるいは「のだったら」「のであれば」で表現された場合は、必ず認識的条件文になるということが言える。

## 4.2　対事的ムードとしての「のなら」

　「の（だ）」研究（田野村 1990, 野田 1997 等）において、「のなら」は「のだったら」「のであれば」と同様に、「の（だ）」の条件形として扱われている[17]。ここでもその立場をとり、以後、これら 3 形式をノナラで代表させることにする。認識的条件文を構成するノナラを「の（だ）」の条件形だとすると、「の（だ）」の意味は認識的条件文とどのように関連づけられるだろうか。
　これについて、田野村（1990）は、「の（だ）」は「実情」を表すとし、ナラ条件節が表す「状況仮定」と「実情仮定」のうち、後者にのみ「の（だ）」の条件形であるノナラが分布すると説明している。一方、野田（1997）は、「の（だ）」に「スコープの『のだ』」と「ムードの『のだ』」があるとした上

---

17　藤城・宗意（2000）、中野（2005）も「のなら」の意味・用法を「の（だ）」の意味特性から説明している。中野は「の（だ）」の機能を「既定化」とし、その条件形であるノナラにも「既定化」機能があるとする。中野の「既定化」は本稿の「既定性」とは異なり、「命題が話し手の情報領域にすでに存在している事柄であると、話し手が主観的にみなしている」（中野 2005: 27）というものである。これをノナラにも認め、「ノナラ節の情報は、話し手自身は真であるとみなしている事柄」（中野 2005: 30）としている。中野の「既定化」はノナラが反事実的条件節、予測的条件節に現れないことを説明できる一方、本文で認識的条件文のタイプ A, B として例示した (37)(39)(40)(41)(43) などノナラでも表すことができるが、文脈から話し手が真であるとみなしていないことが明らかであるような現象を適切に説明できない。

で、ノナラはスコープのノダであり、「従属節を名詞あつかいにし、従属節の事態が成立するものと仮定する」(野田 1997: 168)とその意味を記述している。田野村 (1990) のいう「実情仮定」には、「スコープ」以上の含みがある。この点についてさらに考察する。

野田のスコープのノダであるかどうかの基準は以下の 2 点である。

(61) a.　取り立て助詞「は」を含まない。
　　 b.　名詞述語を含まない。　　　　　　　　　　(野田 1997: 149–152)

取り立て助詞「は」を含むかどうかについては、(62a) の「のだから」節が「こっちは」を含むのに対して、(62b) の「そっちは」が「のなら」節に含まれるとは考えにくく、確かに不自然である。

(62) a.　ちゃんと勉強しろ。単位取れてんだろうな?　<u>こっちは</u>色々悩みがあるんだから厄介かけんじゃねえよ。　　　　　　(ふぞろい)
　　 b.　そっち {*は／も} 色々悩みがあるんなら、こっちだって同じだよ。

しかしながら、取り立て助詞「は」が格助詞句に後続する例は、少ないながらも見られる。

(63)　<u>ひとりでは</u>来られねえのなら、おれがむかえに行ってやる。
　　　　　　　　　　　　　　　　　　　　　　　　(BCCWJ,『花樽』)
(64)　海外にも導入失敗事例は多い。これらの事例も参考に、例えば<u>リアル（で）の普及には</u>インフラ作りにコストがかかり過ぎるのなら、バーチャル活用を優先させて確立する等、個人決済インフラの再構築という大仕事を運用主体者はビジョンと責任を持ってプロジェクトを遂行していってほしい。　　　　(BCCWJ,『2000 年日本はこうなる』)

名詞述語を含むかどうかという点についても、確かに、(65b) の「名詞述語＋のなら」は不自然だが、それほど不自然ではない (66ab) も一方で見ら

れる。

(65) a.　日曜日なんだから、来てくれるだろう。

　　 b.　*日曜日なんなら、行くよ。　　　　　　（以上、野田 1997: 149）

(66) a.　二次会の主催者が新郎新婦じゃなくて<u>友人なのならば</u>正した方がい
　　　　　いでしょうけど。それにしても作成し直して刷り直しですか？大変
　　　　　ですね。　　　　　　　　　　　　　　（BCCWJ, Yahoo! 知恵袋）

　　 b.　「名前と顔は知っていました。けど、あの男が車を盗み出した<u>犯人
　　　　　なのなら</u>、知らないと言うほうがいいと思って…」　彼女はそう弁
　　　　　解した。　　　　　　　　　　　　（BCCWJ,『関西国際空港殺人事件』）

　上記の（66ab）のノナラ節の名詞述語は、その主語が顕現化している点
（「二次会の主催者が」、「あの男が」）で、（65b）の場合とは異なるものの、
名詞述語であることは確かで、ノナラ節に出現している。さらに、不自然と
された（65b）も「（君がいっているのが）日曜日なんなら」と補い、いわゆ
る分裂文の焦点部分を表すようにすると、名詞述語をとることができる。こ
れをどのように考えるべきだろうか。

　野田の「対事的ムード」「対人的ムード」というムードのノダの 2 類型
が示唆的である。野田はムードのノダをさらに、「話し手が、それまで認識
していなかった事態 Q を発話時において把握したことを示す」(p. 80) 対事
的ムードのノダと、「聞き手は認識していないが、話し手は認識している既
定の事態 Q を、聞き手に認識させようという話し手の心的態度を表す」(p.
94) 対人的ムードのノダに分けている。

　中田（2012）が提示した以下の 5 つの用法分類に従うと、対事的ムードの
ノダにあたるのが、b, c で、対人的ムードにあたるのが a, d, e である。2 種
類のムードのノダは、話し手の認識の変化を明示するか、聞き手の認識の変
化を話し手が促すことを明示するかの違いとして捉え直すことができる。

(67) a.　さっさと行くんだ。（命令）

　　 b.　へえー、ずいぶん熱心なんだ。（話し手の納得）

c. 私でも、役立っているんだ。(話し手の理解)
d. ごめん、今、会議中なんだ。(聞き手への伝達)
e. だから、前もって調べとけっていってんだ。(聞き手への理解)

「対事的ムードのノ（ダ）」は、条件形をとることにより、「知らない状態から知っている状態に変化した場合」という意味を積極的に示し、その結果、話し手がその真偽を厳密には知らないという認識的条件の明示的な標識になるというのが本章の主張である。

## 4.3　4節のまとめ

本節では、ノナラを「の（だ）」の条件形とした上で、それが認識的条件文に専ら分布するのを「の（だ）」の対事的ムード形式としての性質に帰することができることを論じた[18]。

図1　対事的ムード形式としてのノナラ

「のなら」の認識的条件を標示する機能をスコープのノダではなく対事的ムードのノダに帰する本節の主張は、ノナラを「実情仮定」の形式とする田野村 (1990) の主張とも一致し、ノナラのノに名詞化以上の機能を認めるというものである。次節では、非活用語に接続するナラの分布的特徴からこの主張の妥当性を論じる。

---

18　本書の日高論文では東北南部方言において、認識的モダリティ形式のコトダ類、ヨーダ類が認識的条件節形式として用いられること、竹田論文では東北北部方言において、断定辞条件形とはみなされない形式が認識的条件節形式に用いられることがそれぞれ詳しく論じられている。

## 5. 非活用語＋ナラの分布的特徴

　4節までは活用語に接続するナラ（以後「ナラ1」）について検討してきたが、ナラは活用語以外にも接続する（以後「ナラ2」）。しかも、ナラ2はナラ1と同等の頻度で[19]使用されており、ナラ2の位置づけが問題になる。ナラ2を主題形式の1つとして捉える立場もあるが、本稿は、高梨（1995）と同様、ナラ2もナラ1同様、条件形式として捉えるのが妥当と考える。

　まず、ナラ2は認識的条件文に分布し、しかも、3タイプいずれの認識的条件文にも現れる。

(68)　「お前金持ちだって言ったからよ、だから俺気軽に金借りてたんだ。」
　　　「いいの。」「こんなことをして稼いだ金ならもらうかよ。」（Aタイプ）
　　　　　　　　　　　　　　　　　　　　　　　　　　　　　（ふぞろい）

(69)　大分品薄になっていますので、まだそのマシンを使い続ける予定ならば、二百五十六MBのものを二枚買うといいと思います。（Bタイプ）
　　　　　　　　　　　　　　　　　　　　　　　　　　（Yahoo! 知恵袋）

(70)　「残業していただけませんか？請求したい令状があります。」
　　　「なぜ私に？令状請求なら専門部署があるはずです。」
　　　「三雲判事にお願いしたい令状です。」（Cタイプ）　　　　　（相棒）

　さらに、ナラ2は、準体形式ノをとるナラ1とは違って、総称的、予測的、反事実的条件文にも分布する。

(71)　「普通3000円しか持ってねえのにスシ屋に入るか？」
　　　「回転なら十分なんです。いつもは！」（総称的）　　　　（のだめ）

(72)　古いファイルを開いて確認して、不要なものなら削除することができます。（予測的）（BCCWJ,『よくあるパソコントラブル382解決!!』）

(73)　私にできるお客さんならいいのに。（反事実的）　　　　（ふぞろい）

---

19　BCCWJ（コアデータ）におけるナラの例68606例のうち、名詞（代名詞含む）に接続する例は29715例で全体の43.3%を占める。

第1章　日本語の条件文分類と認識的条件文の位置づけ　│　29

　さらに、ナラ2は主題を提示する用法があり、これはナラ1にはないものである。

(74)　「キイナさん！どこ行くんですか？<u>図書館なら</u>あっち」「本屋さん！」
　　　「本屋？」　　　　　　　　　　　　　　　　　　　　　　　（キイナ）

(75)　どこかに置き忘れたとしても<u>執事の中道さんなら</u>きっと捜しておいて
　　　くれるはずですから。　　　　　　　　　　　　　　　　　　（相棒）

(76)　「仲手川さんが好きですよ」「ふーん」「でもあたしなんか相手にする
　　　わけないでしょ」「<u>俺なら</u>相手するってのか」「そんなこと言ったら失
　　　礼だけど」「失礼だよ　ものすごく失礼だよ」　　　　　（ふぞろい）

これらのナラ2は、提題形式のハによる言い換えも可能で、ナラ2に前接
する名詞句が文の主題として提示されていることがうかがえる[20]。ナラ2の
名詞性によるものと言える。
　以上の分布的特徴は表4のようにまとめられる。
　名詞性を持つナラ節が認識的条件文のみならず、予測的条件文や反事実的
条件文に現れることを考慮すると[21]、ノナラが専ら認識的条件文に現れるこ
とをノの名詞性のみに求めることはできない。ノナラを対事的ムードの「の
（だ）」に求めるゆえんである。

---

20　ハではなくナラがここに現れるのは、それぞれ、「本当に図書館に行こうとしているか
どうかが不確か」、「実際に中道さんが捜してくれるかどうかが不確か」、そして、「実際に
俺のことを相手が言っているのか不確か」、というように、不確かな事柄として提示してい
るからだと考えられる。

21　本書の矢島論文で、古代語の連体形述語をうけるナラバがナラ用法・タラ用法のいず
れにも解釈可能な表現を担っていたのを体言に準ずる準体句をうけていたことから説明し
ている。このことからも、名詞性が認識的条件節と直接結びつかないことがわかる。

表4　ノナラと名詞句＋ナラ

| | 総称的条件文 | 予測的条件文 | 事実的条件文 | 反事実的条件文 | 認識的条件文 | | |
|---|---|---|---|---|---|---|---|
| | | | | | A | B | C |
| ナラ1 | ✓（不完全時制節） | ✓（不完全時制節） | * | ✓ | ✓ | ✓ | ✓ |
| ノ＋ナラ1 | * | * | * | * | ✓ | ✓ | ✓ |
| 名詞句＋ナラ2 | ✓ | ✓ | * | ✓ | ✓ | ✓ | ✓ |

## 6.　おわりに

　この章では、認識的条件文の現代日本語文法における位置づけを行った。日本語の基本的な条件形式による条件的用法と条件文研究の鍵概念を概観した上で、条件節事態の既定性と話し手の事実認識の観点から、日本語の条件文を「予測的条件文」「認識的条件文」「反事実的条件文」「総称的条件文」「事実的条件文」の5つに分類した。

　認識的条件文は、条件節事態が既定、すなわち、発話時点で真偽が定まっていて、かつ、話し手がその真偽を知らないという特徴があり、完全時制節を導く条件形式の分布が優勢であること、準体形式「の」を伴うノナラ、ノダッタラという形式が専ら認識的条件文に分布することを示した。

　さらに、ノナラ・ノダッタラが認識的条件文に専ら分布することを「の（だ）」の「対事的ムード」の機能に求めるべきことを主張した[22]。ナラが名詞句に続く場合、ノナラとは異なる分布を示すことをあげ、ノナラの諸特徴が必ずしも「の」の名詞性のみに求められないことを論じた。

**用例出典**

「ふぞろいの林檎たち」「相棒」「1リットルの涙」「キイナ」「のだめカンタービレ」（以上テレビドラマ）
「横道世之介」（『'13年鑑代表シナリオ集』日本シナリオ作家協会 2014）
「わが母の記」「苦役列車」「天地明察」「桐島、部活やめるってよ」（以上『'12年鑑代表シナリオ集』同上 2013）

---

22　本書の青木論文は、「認識的条件文」というカテゴリに拠らずに「のなら」の成立を説明するという立場をとっている。

「八日目の蟬」「モテキ」「劇場版　神聖かまってちゃん　ロックンロールは鳴りやまないっ」(以上『'11 年鑑代表シナリオ集』同上 2012)
『現代日本語書き言葉均衡コーパス (BCCWJ)』国立国語研究所

## 引用文献

青木博史 (2017)「「のなら」の成立：条件節における準体助詞」本書所収.
有田節子 (1993)「日本語条件文研究の変遷」益岡隆志編『日本語の条件表現』225–278. くろしお出版.
有田節子 (1997)「日本語の従属文の時制」『九大言語学研究室報告』18: 23–32.
有田節子 (1999)「プロトタイプから見た日本語条件文」『言語研究』115: 77–108.
有田節子 (2004)「(不) 完全時制節と日本語条件文」博士論文, 京都大学.
有田節子 (2005)「『どうせ』『いっそ』の分布と既定性」『大阪樟蔭女子大学日本語研究センター報告』13: 1–14.
有田節子 (2006)「『どうせ』の意味と既定性」上田功・野田尚史編『言外と言内の交流分野：小泉保博士傘寿記念論文集』1–14. 大学書林.
有田節子 (2007)『日本語条件文と時制節性』くろしお出版.
江口正 (2017)「準体形式・断定辞の機能と条件文」本書所収.
大野剛・キンベリー ジョーンズ (2005)「文法規則の使用と形式の選択の実際：会話における『条件節』の観察から」南雅彦編『言語学と日本語教育 IV』73–85. くろしお出版.
鈴木泰 (2017)「古典日本語における認識的条件文」本書所収.
高梨信乃 (1995)「非節的 X ナラについて」仁田義雄編『複文の研究 (上)』167–187. くろしお出版.
高橋太郎 (2003)『動詞九章』ひつじ書房.
田窪行則 (1993)「談話管理理論による日本語の反事実的条件文」益岡隆志編『日本語の条件表現』169–183. くろしお出版.
田野村忠温 (1990)『現代日本語の文法 I：「のだ」の意味と用法』和泉書院.
田村早苗 (2013)『認識視点と因果：日本語理由表現と時制の研究』くろしお出版.
中田一志 (2012)「『のだ』の結果用法と過程用法」『日本語・日本文化』38: 19–51.
中野友理 (2005)「ナラとノナラ」『北海道大学留学生センター紀要』9: 22–38.
日本語記述文法研究会編 (2008)『現代日本語文法 6　第 11 部複文』くろしお出版.
野田春美 (1997)『の (だ) の機能』くろしお出版.
蓮沼昭子 (2014)「副詞「せっかく」による構文と意味の統制：コーパスにおける使用実態の観察を通して」益岡隆志・大島資生・橋本修・堀江薫・前田直子・丸山岳彦編『日本語複文構文の研究』427–467. ひつじ書房.
日高水穂 (2017)「認識的条件文の地理的変異の類型」本書所収.
藤井聖子 (2013)「条件構文の談話標識化の諸相」『第 4 回コーパス日本語学ワークショップ予稿集』27–34.
藤城浩子・宗意幸子 (2000)「(ノ) ナラの意味と特徴」『三重大学日本語日本文学』

11: 92–81.

前田直子 (2009)『日本語の複文：条件文と原因・理由文の記述的研究』くろしお出版.

益岡隆志 (2013)『日本語構文意味論』くろしお出版.

益岡隆志・田窪行則 (1992)『基礎日本語文法：改訂版』くろしお出版.

矢島正浩 (2017)「中央語史におけるナラバ節の用法変化」本書所収.

Akatsuka, Noriko (1983) Conditionals. *Papers in Japanese Linguistics*, vol. 9, 1–33.

Dancygier, Barbara (1998) *Conditionals and prediction: Time, knowledge and causation in conditional constructions*. Cambridge: Cambridge University Press.

Fillmore, Charles (1990) Epistemic stance and grammatical form in English conditional sentences. *CLS* 26: 137–162.

Funk, W.-P. (1985) On a semantic typology of conditional sentences. *Folia Linguistics* 19 (3/4): 365–414.

Kaufmann, Stefan (2001) Aspects of the meaning and use of conditionals. Doctoral dissertation, Stanford University.

Kaufmann, Stefan (2005) Conditionals predictions: A probabilistic account. *Linguistics and Philosophy* 28: 181–231.

Ramsey, Frank P. (1929) General propositions and causality. In: D. H. Mellor (ed.) (1990) *Philosophical papers*, 145–163. Cambridge: Cambridge University Press.

## 付記

本章は JSPS 科研 15K02540、24520482 による研究成果の一部である。

第2章

# 準体形式・断定辞の機能と条件文

江口　正

## 1.　はじめに

　現代日本語条件文の研究は、形式の面からいうと次のような点が記述のポイントとなってきた。

(1)　a.　条件形式の選択（レバ／タラ／ナラ／ト…）
　　　b.　条件文（特に前件）のテンス・アスペクト
　　　c.　前件に「ノ」が入るか入らないか（あるいはどのような形式名詞が用いられるか）

　（1a）は言うまでもなく現代日本語条件文研究の中心課題であって、詳細な研究が積み重ねられてきた。（1b）については（1a）の各形式の用法を細かく分析していく過程で重要性が認識され、議論が深められてきている。（1c）は（1ab）に比べると研究の蓄積は少ないが、「ナラ」と「ノナラ」の違いという形で観察が積み重ねられて[1]、有田（2007）で「認識的条件文[2]」という分類との関わりからその観点の重要性が改めて明らかにされたものである。

---

1　鈴木（1993）、藤城・宗意（2000）、名嶋（2000）、中野（2005）など。

2　本書の有田論文も参照。

34 | 江口　正

　本稿はこの (1c) に関して、認識的条件文で「ノナラ」タイプの条件表現を好まない方言が存在するという点と、そういった方言ではノダ文の形式に特徴があることを手掛かりに、認識的条件文とノダ文の関係について理解を深めていこうとするものである。

　具体的には、次のような事実を問題とする。

　福岡市方言は、いわゆる準体の形式名詞が「ト」になる地域である[3]が、認識的条件文の「する（の）なら／書く（の）なら／来る（の）なら／起きる（の）なら」は国立国語研究所編 (1989–2006)『方言文法全国地図』ではそれぞれ「スルナラ／カクナラ／クルナラ／オキルナラ」となっており、一貫して準体形式「ト」が含まれない形になっている[4]。

　一方、同じく形式名詞「ト」を用いる宮崎市方言では、「スットナラ／カクトナラ／クットナラ／オクルトナラ」のように「ト」を含む形である[5]。

　両方言を比べると、どちらも同じ形式名詞トを使う地域であるが、この「ト」の有無の違いは単なる偶然によるものだろうか、それとも理由のあるものであろうか。

　以下の議論では、特にノダ文における断定辞「ダ」の対応形式の有無に注目して考察を進めることとする。福岡市方言のように「ノナラ」でなく「ナラ」に対応する形を選ぶ方言は、断定辞「ダ」に対応する形式が共通語の「学生だ」のような現在肯定終止形で使えない[6]ということが観察されるからである。例えば「食べるのだ」にあたる形式が、福岡市方言では「食べる

---

3　『方言文法全国地図』342 図「私 [の] です」は、福岡市方言・宮崎市方言ともに「の」に対応する形式が「ント（ノ＋ト）」になっている。

4　福岡市方言話者に「スルトナラ／カクトナラ／クルトナラ／オキルトナラ」は使えないかと尋ねると、基本的には「使える」と答え、認識的条件文で OK が出る。共通語からの影響も考えられるが、少なくとも非文にはならないということであり、文法的制約のような強いものではないと考えられる。これはやや詳細に調査をした佐賀市方言も同様であり、「ト」（佐賀市の場合は「～トナイ」）は使えるが、第一の回答にはなりにくかった。本稿は「一貫してトを含む形式が第一の回答にならない」という性質を問題にし、「トナラ」の形式が選ばれにくいことの要因を探ろうとするものである。

5　「クルナラ」「オクレバ」のように「ト」なしの回答もある。

6　白岩ほか (2016) では名詞述語に断定辞がつけられないタイプの方言について幅広く記述され、参考になる。本章で扱った各方言もこのタイプ分けどおりのものと考える。

の」に対応する形でなければならないのに対し、宮崎市方言では「食べるの
だ」の対応形になる。このような断定辞の有無がノダ文にどのような制約を
与え、それが認識的条件文とどのような関係を持つかということをいくつか
の方言の記述をもとに考察していく。

　以下の議論は次のように進める。まず、認識的条件文専用形式について、
現代共通語における形態論的共通性を確認し、方言における認識的条件文に
ついていくつかの方言をピックアップして「ノ」にあたる形式の有無を確認
する。次にノダ文の諸用法のうち、認識的条件文と関わっていると考えられ
る用法を取り上げ、その用法が「～ノ」で終わる形の共通語の文では表せな
いという事実を指摘する。この事実と、方言の「ノダ文」の形式的特徴の相
関関係についていくつかの方言の記述を参照しながら考察を進め、最終的に
はノダ文における断定辞「ダ」の有無と認識的条件文の「ノ」の有無の相関
関係についての仮説を提出する。

## 2. 認識的条件文の形式的特徴―共通語といくつかの方言

　本節では、共通語およびいくつかの方言について、認識的条件文の形式が
どうなっているか確認する。

### 2.1 共通語の認識的条件文

　有田（2007）で示されたとおり、ノナラは認識的条件文には生起するが、
予測的条件文、反事実的条件文など他のタイプの条件文には生起しない。こ
れはノを含む「ノデアレバ／ノダッタラ」も同様である。

(2)　A：昨日金一封が出たよ。
　　　B：そうか。昨日金一封が {出たなら／出たのなら／出たのであれば
　　　　／出たんだったら／*出れば／*出たら／*出ていれば／*出てい
　　　　たら} 明日買い物に行こう。　　　　（有田（2007: 116）の対話相手
　　　　によって導入された事態が前件に表現されている認識的条件文）
(3)　あした雨が {降ったなら／*降ったのなら／*降るのなら／*降るので
　　　あれば／*降ったのであれば／*降ったのだったら／降れば／降った

36 | 江口　正

ら}、試合は中止になるだろう。　　（有田（2007: 102）予測的条件文[7]）

(4)　（私はなぜあの時息子にお金を渡してやらなかったんだろうか。）
　　　あの時お金を {*渡したのなら／*渡していたのなら／*渡していたの
　　　であれば／*渡していたんだったら／渡したなら／渡していたなら／
　　　渡していれば／渡していたら}、息子が万引きをすることはなかった
　　　だろうに。　　　　　　　　（有田（2007: 134–135）反事実的条件文）

　つまり、認識的条件文専用の形式として、「ノナラ」「ノデアレバ」「ノ
ダッタラ」という3種が存在することになる。これらを形態論的に見ると、
以下の共通点が確認できる。

(5)　a.　最初の「ノ」が共通している
　　　b.　断定辞の活用した形である「ナラ」「デ」「ダッ（タ）」を含む

つまり、共通する部分は「ノ」と「断定辞（の活用形）」の2か所というこ
とになる。
　従来の研究では、特に目立つ「ノ」の部分に注目し、認識的条件文専用の
形式をノダ文と結びつけて考察が加えられてきている。しかし上記bの断
定辞部分も共通していることを考えると、断定辞にあたる部分も無視できな
いものと思われる。つまり、認識的条件文と関係づけられる形式について
は、以下の二つの可能性があることになる。

(6)　a.　ノ
　　　b.　ノ＋断定辞[8]

　認識的条件文を共通語のノダ文と結びつけて研究を行う場合、自然とダも

---

7　「降るのなら」は「明日雨が降ることが決まっている」という解釈としてなら OK だが、
この解釈は認識的条件文になる。

8　断定辞単独では「ナラ」と同じになってノナラとの違いがなくなってしまうため、断定
辞が単独で認識的条件文と結びついているとは考えられない。

含めた形で考察を進めることになって（6a）と（6b）の区別はできないが、方言のノダ文では、断定辞ダに対応する形を用いない方言もある。こういった方言については 5 節で述べる。

## 2.2　方言の認識的条件文

　本節では国立国語研究所編（1989–2006）『方言文法全国地図』に示された認識的条件文の形式について、いくつかの方言の例をピックアップする。これらの調査例文は、以下のようなものである。

(7)　a.　さきに起きるなら、飯を作っておいてくれ（第 132 図）
　　　b.　手紙を書くなら、字をきれいに書いてくれ（第 133 図）
　　　c.　家に来るなら、電話をしてから来てくれ（第 134 図）
　　　d.　するなら早くしてくれ（第 135 図）

　取り上げる方言は、福岡市方言、熊本市方言、高知市方言、宮崎市方言、京都市方言、富山県南砺市井波方言である。これらを特にピックアップしたのは、これらの方言のノダ文に相当する形式に関する有用な記述があるからである[9]。
　この中で、認識的条件文で「ノ」に対応する準体形式を使わない形で回答された方言（以下、φナラタイプと表記）は以下のとおりである。

(8)　a.　福岡市方言：オキルナラ、カクナラ、クルナラ、スルナラ（準体形式ト）
　　　b.　熊本市方言：オキン[10]ナラ、カクナラ、クンナラ、スンナラ（準体形式ト）
　　　c.　高知市方言：オキルヤッタラ・オキリャー、カキャー、クルヤッタ

---

9　本章では坪内（1995）、松丸（1999）、井上（2006a）、村田（2003）、児玉（2006）、野間（2013）の記述・分析を参考に議論を進める。
10　熊本市方言は、終止形の「ル」がナラの前で「ン」になる。

ラ・クリャー、スリャー（準体形式ガ）

「ノ」に対応する準体形式を使う（以下、ノナラタイプと表記）形で回答された方言は以下のとおりである。

(9) a.　宮崎市方言：オクン[11] ナラ、カクナラ・カクンナラ、クンナラ・クルトナラ、スンナラ・スルンナラ（準体形式ト／ン）
　　 b.　京都市方言：オキルナラ、カクノヤッタラ、クノヤッタラ、スルネヤッタラ（準体形式ノ／ン／ネ等）
　　 c.　富山県南砺市井波方言：オキルガナラ、カクガナラ、クルガナラ、スルガナラ（準体形式ガ[12]）

　どちらのタイプでも、「ナラ」を使うか「レバ」「タラ」に準じる形を使うかといった違いもあるが、今回は準体形式を含むかどうかという一点に絞って議論を進めることにする[13]。

## 3.　認識的条件文とノダ文の関係

　2.1 (2)〜(4) で示したように、「ノナラ」「ノダッタラ」「ノデアレバ」は(A) 認識的条件文で使われ、かつ (B) 認識的条件文以外の条件文では使えないため、認識的条件文専用の形式ということになる。これらの形が認識的条件文専用であることに説明を与えるためには、以下の二点を明らかにする必要がある。

(10) a.　これらの形式が認識的条件文が持つ性質と関係づけられる性質を持っていること

---

11　宮崎市方言は終止形の「ル」はナラの前で「ン」になる。

12　この方言の準体助詞「ガ」は正確には [ŋa] である。

13　本書の日高論文、三井論文とも深く関係する部分があるが、本稿は断定辞に注目する分析を採っており、出発点が異なる。本稿は扱う方言が少ないため、日高論文、三井論文を部分的に補完するものである。

b.　これらの形式が予測的条件文や反事実的条件文では使えないような
　　性質を持っていること


　この両者の説明ができて初めて認識的条件文専用の形式であることが説明
されたことになるが、本章ではこのうち（10a）の性質について議論していく
ことにする。本章は、認識的条件文で準体形式を用いないφナラタイプの方
言がノダ文形式で特殊な制約があることに注目するものであり、その限りで
は認識的条件文以外の条件文は考察から外されるからである。
　そこで本節では、認識的条件文がノダ文とどのような関係にあるか、先行
研究で示された考え方を整理する。ノダ文と条件形式は、一方は基本的に文
末形式、他方は接続形式と統語論的位置づけの違いがあるため、直接結びつ
けて考えることには注意を払う必要がある。ここでは、統語論的分布の観点
と、意味論的特質の観点の二つの面に分けて考察する。
　まず統語論的分布の面から考えてみよう。条件形式は接続形式であるた
め、文末形式に特有なモダリティに関する性質に制限が加わり、例えば対
人的モダリティを含むことはできないと思われる。これについては、名嶋
（2000: 147）に次のような指摘がある。


（11）　文の階層構造を考えると、ノナラは従属句である条件節の一部である
　　　ため、発話態度を表すモダリティ形式としては機能し得ないと考えら
　　　れる。


　この指摘が正しければ、ノダ文の諸用法のうち、対人的発話態度を表すタ
イプの意味は、ノナラタイプの条件形式とは結びつかないことになる。例え
ば次のような用法のノダ文は対人的発話態度を表している。


（12）a.　僕、明日は来ないよ。用事があるんだ。
　　　b.　このスイッチを押すんだ！

40 | 江口　正

（野田（1997: 67）の（25）（26）、「対人的ムード」[14]）

　次に意味論的特質の面から考える。認識的条件文は有田（2007）によれば（a）発話時点で条件節事態の真偽は定まっており、かつ（b）その真偽を話し手が厳密には知らない条件文である。上で見た対人的発話態度を表すノダ文は、（12a）のように「話し手がその真偽を知っている（伝達）」か、（12b）のように「発話時点で事態の真偽が定まっていない（命令）」タイプのものであり、認識的条件文の意味的特質に合わない。一方、以下のようなノダ文は上記の条件に合うタイプといえる。

(13) a.　山田さんが来ないなあ。きっと用事があるんだ。
　　 b.　そうか、このスイッチを押すんだ。

（野田（1997: 67）の（23）（24）、「対事的ムード」）

　これらは、野田（1997: 67）によれば「話し手が発話時において、それまで認識していなかった事態 Q を把握する場合に用いられ」るものであり、上記の条件に合致するものといえる。
　有田（2013: 48）では、野田（1997）の対事的ムードのノダと認識的条件文の関係について中田（2012）を引きつつ以下のように述べる。

　　「の（だ）」が時制形式に後続して文末に出現する場合、その文は話し手がその事実を発話時点で初めて（あるいは改めて）認識したことを表す。

(14)　そうか、昨日はガンバが勝ったんだ。　　　（有田（2013: 48）の（40））
(15)　それで、あいつ、元気がなかったんだ。　　　　　　　　（同（41））

　「の（だ）」がなければ、話し手が発話時点でその真偽を知っている事態の描写となるが、「の（だ）」があることにより、その真偽を裏付ける背後の

---

14　ノダ文の用法区分には諸説あるが、本稿で引用する方言の記述が野田（1997）を採用しているため、その用法の名称を採用した。

（新たな）事実を知り、その真偽が発話時点で明らかになったことが明示的になる。このような推論プロセスが明示される場合、「の（だ）」の出現が義務的となる。

(16)　道路が濡れている。雨が {降ったんだ／#降った}。

（有田（2013: 48）の（42））

言い換えれば、話し手がその事実を知らない状態から知っている状態への移行期にあることを「の（だ）」が表示しているということになる。

　このような「の（だ）」を条件形にした場合、当該事態の背後にある事情が当該事態の真偽を裏付けること自体を「仮定する」ことになり、それが話し手がその真偽を「厳密には知らない」つまり主観的には非既定ということにつながるのである。

　統語論的には対人的発話態度を表すノダ文は不向きであり、意味論的には対事的発話態度を表すものが認識的条件文の意味的特質に合致していることになる。この関係づけが正しければ、認識的条件文とノダ文の接点は、対事的ムードにあたるノダ文の用法にあるということができる。

## 4.　共通語におけるノダ文とノ文

　本節では、方言におけるノダ文と断定辞の関係について考察する前に、共通語におけるノダ文で「ダ」のない形（以下「ノ文」と表記する）について、その特質を確認する。

　ノ文の「ノ」はノダ文の「ノ」と分布が違うことが知られており、これまでにいくつか分析が加えられてきているが[15]、今回は、ノダ文に関する「ダ」の有無を問題にするため、ノダ文のノと分布の異なるノについては考察の対象にせず、ノダと置き換えができるノ文について考察する。

　野田（1997: 68–69）では、対事的ノダ文と対人的ノダ文の違いとして、ノ

---

15　田野村（1990）、野田（1997）、名嶋（2002）など。

42 ｜ 江口　正

文にできるかどうかという点を挙げている[16]。対人的ノダ文はノ文にすることができる。

(17) a.　僕、明日は来ないよ。用事があるんだ。（伝達＝（12a））
　　 b.　私、明日は来ないわ。用事があるの。
(18) a.　このスイッチを押すんだ！（命令＝（12b））
　　 b.　このスイッチを押すの！

一方、対事的ノダ文はノ文にすると不自然になる。

(19) a.　山田さんが来ないなあ。きっと用事があるんだ。（＝（13a））
　　 b.??山田さんが来ないわねえ。きっと用事があるの。
(20) a.　そうか、このスイッチを押すんだ。（＝（13b））
　　 b.??そう（か）、このスイッチを押すの[17]。

これらの違いについて、野田（1997: 68）では以下のように説明している。

> 対事的「のだ」は「の」「んです」といった形はとりにくい。「の」や「んです」は、聞き手が存在するときに、その聞き手を意識して選ばれる形である。「の」は、女性が同等か目下の聞き手と話すときに用いられ、「んです」は、男女ともに、目上の人やあまり親しくない聞き手に話すときに用いられる。対事的「のだ」は聞き手の存在を前提とせずに用いられるので、このような聞き手を意識した形はとらない。

　以上の観察によれば、ノ文は対人的ノダの用法しか持たず、対事的ノダとして用いるのは不自然になることが明らかである。認識的条件文の前件はノ

---

16　野田（1993）がこの分析のオリジナルである。

17　「あれ、このスイッチを押すの？」のような形で自問するのであればノ文でもよいが、これは疑問文であり、別扱いとする。このような自問は従属節になると間接疑問節になり、条件節にはならない。

ダ文の対事的用法と親和的であったことを考えると、ノ文の用法は認識的条件文とは合わないことになる。

　本節では共通語におけるノ文を観察し、その用法が認識的条件文と合わないものであることを確認した。

## 5.　方言におけるノダ文の諸相

　3 節および 4 節の議論より、認識的条件文には対事的用法のノダ文が親和的である一方で、ダのないノ文はその対事的用法を担えないということが明らかになった。本節では 2.2 で取り上げた各方言について、そのノダ文の性質を考察することにする。

### 5.1　福岡市方言—φナラタイプ

　まず、断定辞の分布の特徴を、坪内（1995）および原田（2009）に従って整理する。「φ」は何もつかないことを示す。

|  | （共通語） | （福岡市方言） |
|---|---|---|
| (21) a. | 太郎は学生だ。 | 太郎は 学生 {*ヤ／φ}。 |
| b. | 太郎は学生じゃない。 | 太郎は学生ヤナイ。 |
| c. | 太郎は学生だった。 | 太郎は学生ヤッタ。 |
| d. | 太郎は学生じゃなかった。 | 太郎は学生ヤナカッタ。 |
| e. | 太郎は学生だと思うよ。 | 太郎は学生 {*ヤ／φ} と思うよ。 |

　上記のように、「ダ」に対応するのは「ヤ」であるものの、名詞述語の現在終止肯定形の場合には「ヤ」は現れない[18]。

　また、ある種の判断や伝達態度を表す「ダ」はφよりも別の文末形式をつけたほうがより適切だという。

(22) a.　あ、わかった。太郎は学生だ！（気づき）

---

18　実際には世代差があるようである。この観察は中年層～高年層に近い直観を持つ坪内氏のもの。

44 | 江口　正

　　　　→あ、わかった。太郎は学生ヤン！

　　b.　人からどう言われようとも、僕は鰻だ。（主張）

　　　　→人からどげん言われたちゃ、僕は鰻ヤン。

（23）　僕がおごってやるんだからつべこべ言うな！お前は素うどんだ。

　　　（相手に有無を言わせないような語気）

　　　　→僕がおごってやるっちゃけん、がたがた言うな！お前は素うどんタ
　　　　イ。


　　この方言の準体形式はトであるため、トが付加されると名詞句になる。
従ってノダ文に対応する現在終止肯定形の文では準体形式「ト」に断定辞ヤ
はつけられない。一方上記（22）（23）に対応するようなニュアンスでは特定
の終助詞的文末詞がつけられる。


（24）a.　明日、福岡に帰るんだ。

　　　　→明日、福岡に帰るト {*ヤ／φ}[19]。

　　b.　（わかった、）あいつ福岡に帰るんだ。

　　　　→あいつ福岡に帰るッチャン。（「ト＋ヤン」→「ッチャン」）

　　c.　（がたがた言うな、）僕は福岡に帰るんだ。

　　　　→僕は福岡に帰るッタイ。（「ト＋タイ」→「ッタイ」）


　　また、名詞述語はノダ文にすることができない。共通語で「ノ」の前に来
る「ナ」にあたる連体的な形式が存在せず、また名詞に直接準体形式「ト」
がつくこともできないからである。結果的に、「名詞＋φ」は名詞述語ノダ
文と中和しているという。


（25）　これは京都で撮った写真なのだ。

　　　　→これは京都で撮った写真 {*ナ／*ヤ} ト。

---

19　疑問の助詞には別に「ヤ」があるが、ここでは肯定断定辞としての判断を示している。

第2章　準体形式・断定辞の機能と条件文　│　45

　→これは京都で撮った写真*ト[20]。
　→これは京都で撮った写真φ。

　福岡市方言は断定辞「ヤ」の形態論的制限によって、「ノダ」に直接対応する形式がないことになる。この制限はノダ文の意味の制限にもつながっている。ここで前節で議論したノ文に生じる制限と福岡市方言のト文を比較すると、同じように不自然になる[21]。

(26) a.　山田さんが来ないなあ。きっと用事があるんだ。
　　b. ??山田さんが来ないわねえ。きっと用事があるの。（共通語）
　　c. ??山田さんの来んねえ。たぶん用事のあるト。（福岡市方言）
　　d.　山田さんの来んねえ。たぶん用事のある {ッタイ／ッチャン}。
(27) a.　そうか、このスイッチを押すんだ。
　　b. ??そう（か）、このスイッチを押すの。（共通語）
　　c. ??そっか、このスイッチば押すト。（福岡市方言[22]）
　　d.　そっか、このスイッチば押す {ッタイ／ッチャン}。

　つまり福岡市方言でノダ文に対応するト文では、対事的用法にならないということである。対事的用法で用いるには（26d）・（27d）に示すように、何らかの終助詞的文末詞が付加されなければならない[23]。
　以上の観察をまとめると次のようになる。φナラタイプの福岡市方言は断定辞をノダ文に付加することができず、ト文のままでは対事的用法になることができない。対事的用法にするにはト文に終助詞的文末詞を付加しなけれ

---

20　名詞および形容動詞に「ト」がつけられず、ノダ文が形成できないのは体系的に問題のあるギャップといえる。そのため、特に疑問文で「名詞／形容動詞＋ト」が使える人が世代を追って増えてきており、すでにかなり広く使われている。この経緯については陣内（1991）を参照。

21　以下の例は福岡市方言話者に直接調査した結果である。

22　「あれ、このスイッチば押すト？」のようにトを上げるイントネーションで言えば適格になるが、共通語の自問と同じものであるため、別のものと考える。

23　共通語でも「押すのね」などと終助詞「ね」などを付加すれば自然になる。

46 | 江口　正

ばならない。共通語との対応関係は次のようになる。

表 1　共通語と福岡市方言

| | 共通語 | 福岡市方言 |
|---|---|---|
| 対人的用法 | ノダ | |
| | ノ | ト |
| 対事的用法 | ノダ | ト＋タイ／ト＋ヤン等 |
| | ?? ノ | ?? ト |

## 5.2　熊本市方言―φナラタイプ

　熊本市方言も準体形式にトを用いる。断定辞については秋山（1983: 224）の熊本県方言の概説で以下のようにまとめられている。

(28) a.　肥筑方言でも熊本方言では、断定終止法（共通語文法でのもの）は存在しないに近い。

　　b.　断定終止法（共通語文法）の欠如に代わる形として、断定辞を零記号にして、タイ・バイ・ナー・ネーなどの終助詞によって終結し、形の上では終助詞が断定終止を受け持つ形をとることが基本の一つになっている。

つまり、次のような分布が基本となる。

(29) a.　*明日休みダ。

　　b.　　明日休みφ。

　　c.　　明日休みバイ。（明日は休みだよ。）

児玉（2006: 77–80）では次のような例を示しつつ、断定辞ダそのものは生起できるが、環境は限定されるとしている。

第 2 章　準体形式・断定辞の機能と条件文 ｜ 47

(30) a.　明日休みバイ。

　　b.　*明日休みダバイ。

　　c.　明日休みタイネ？（明日休みだよね）

　　d.　*明日休みダタイネ。

　　e.　明日休みダケン。（明日休みだから）

　　f.　*明日休みケン。

　　g.　要らんダッタ。（要らなかった）

　この方言も準体形式はト（あるいはツ[24]）であり、名詞文現在肯定終止形には断定辞がつかないため、ノダ文は以下のような形になる。

(31) a.　明日休むト？（明日休むの？）

　　b.　これ好きト[25]。（これ好きなんだ。）

上記のような例は、ノダ文の用法でいえば対人的用法である。

　児玉（2006）をはじめ、いくつかの熊本市方言のノダ文に対応する文の例を見ると、疑問文「〜ト？」以外はほとんどバイなどの終助詞的文末詞を伴った文になっている。

(32) a.　練習すっトバイ。（練習するんだよ）

　　b.　今日は休んだトバイ。（今日は休んだんだよ）

　　c.　今日は休んだッタイ。（今日は休んだんだ。そしたら…）

上記の例は児玉（2006: 85–86）の対人的ノダの例である。次の例は藤本（2002: 239）による熊本県菊池方言の例である。

(33) a.　頭ん熱かけん、熱のあっトバイ。（頭が熱いから、熱があるんだ）

---

24　熊本市方言の準体形式ト／ツの分布には種々の制限がある。坂井（2012）を参照。

25　この方言も形容動詞に直接トがつくようである。

48 │ 江口　正

　　b.　あるが喜んで帰って来たけん、試験に合格したツバイ。（あれが喜
　　　　んで帰って来たから、試験に合格したんだ）

これらの例について、藤本（2002: 239）では、「自己以外の未来や不定の事
象について、バイが用いられると、推量になるが、その際、右の例のように
〜トバイ・〜ツバイの形で現れることがある」と述べており、明らかにこれ
は対事的なノダである。（33ab）のどちらも終助詞的文末詞バイを伴った例
になっている。
　熊本市方言のデータはノダ文の用法の観点からは整理されていないため、
対事的ノダに対応する文がどのような形でなければならないかということに
ついては情報が少ないが、少なくとも、「ト＋終助詞的文末詞」であれば表
現できることがわかる。もしこの方言も福岡市方言のように「ト＋φ」の文
が対人的ノダの用法しか表せないのであれば、認識的条件文に親和的な対事
的ノダ文は終助詞的文末詞を含んだ形でしか表せないことになる。

### 5.3　高知市方言―φナラタイプ
　高知市方言の準体形式と断定辞の関係については、野間（2013: 10）に記
述がある。この方言のノダ文は言い切りでは当方言の準体形式ガに断定辞を
介さずに文末詞ヨを後接させた形が最も自然に用いられる。

（34）a.　病院に行ってきたガヨ。
　　　b.　今日は孫が来とるガヨ。
　　　c.　この人実は先生ナガヨ。
　　　d.　この人は昔から丈夫ナガヨ。

断定辞（コピュラ）との関係については「標準語のようにコピュラを伴った
『ガジャ』という形も使うようだが、『ガヨ』に比べてインフォーマントの内
省がゆれる。これはおそらくノダ文の問題ではなくコピュラの問題だろう」
（野間 2013: 10）として以下の高木（2002: 150）の指摘を引用している。

第2章　準体形式・断定辞の機能と条件文　｜　49

　　高知県幡多方言では、名詞・形容詞語幹に直接文末詞が後接すること
が一般的で、断定辞が間に入ることは（非文ではないまでも）めったに
ないようである。

(35)　A：あれ、ゼミのレポートって、今日提出？
　　　B：そう ｛*ジャφ↑／??ジャヨ↑／φヨ↑｝、知らなかったの？
　　　　　　　　　　　　　　　　　　　　　　　　　　　　　［幡多方言］

　この指摘が高知市方言にも当てはまるのであれば、この方言もノダ文にお
いては断定辞がつかない形が基本であると考えられる[26]。
　また、高知市方言の疑問文では、基本的には「ガ」を用い、Yes-No 疑問
／WH 疑問を問わず断定辞は使わない。Yes-No では「カ」、WH では「ゾ」
が後接することもある（野間 2013: 11）。

(36) a.　体調でも悪いガ ｛φ／カ｝ ？
　　　b.　どこに行くガ ｛φ／ゾ｝ ？

　野間（2013）の記述ではこの方言のノダ文の用法ごとにどういう形になる
かは示されていないが、（A）断定辞は現在肯定終止形では基本的には使わず
（B）ノ文にあたるガ文は基本的には終助詞ヨを伴うということがわかった。
対事的ノダ文がどういう形になるかははっきりしないが、現在肯定終止形の
断定辞は基本的に使わないという点で福岡市方言・熊本市方言と共通性が見
られる。

## 5.4　宮崎市方言―ノナラタイプ

　ノナラタイプの方言である宮崎市方言では、福岡市・熊本市と同様、準体
形式はトであるが、現在肯定終止形の断定辞が使える点で違いがある。村田
（2003）によるとノダ文に相当する文は二つの形がある。トで終わるタイプ

---

26　以下のように否定文になると断定辞ジャは現れる。「来とーて来たガジャナイ」（野間
2013: 10）

と、「ト＋ヤ」と分析できる「チャ」で終わるタイプの2種類である。トとチャの違いはその用法にあり、トは対人的用法、チャは対事的用法に限定される[27]。

(37) a.　私、明日は来ないよ。用事がある {ト／*ッチャ}。（対人的用法）
　　　b.　（アメリカでのホームステイの体験談）
　　　　　朝食にはね、マフィンを焼く {ト／*ッチャ}。そしてそれが何日間かある {ト／*ッチャ}。それを好きな時間に食べていい。（対人的用法）
　　　c.　（高校から大学へエスカレーター式の学校だと聞いて）
　　　　　へえ…。じゃ、三年も遊んでられる {*ト／ッチャ}。（対事的用法）
　　　d.　（友人が運転しているのを見て）
　　　　　あ、あいつ運転する {*ト／ッチャ}。（対事的用法）

この使い分けを見る限りでは[28]、対人的用法は断定辞のない単独のト、対事的用法は断定辞ヤを含むチャという形式が選ばれている。東京方言では、「ノダ」は両用法を担い、「ノ」は対人的用法のみを担っていたが、宮崎市方言では、ノダ文対応形式が対事的用法を、ノ文対応形式が対人的用法を担うという形で分化している。対応関係は両者でずれているが、認識的条件文に関係する対事的用法に限ってみると、断定辞を含む形式が対事的用法を担っているという点では共通語と同様である。宮崎市方言と福岡市方言の違いを対事的用法に限ってみると、断定辞を含む形で表せるか、断定辞が生起できないため終助詞的文末詞を含む形でしか表せないかという違いになる。以下に共通語・福岡市方言と対比した表を示す。

---

27　宮崎市方言の例文は村田（2003）の方針に従い、ト／チャに関わる方言的な要素のみカタカナで示し、それ以外は共通語で記す。

28　村田（2003）では対人的／対事的用法以外にもスコープの用法（野田 1997）についても記述しているが、本稿では触れない。

第 2 章　準体形式・断定辞の機能と条件文　|　51

表 2　共通語、福岡市方言と宮崎市方言

|  | 共通語 | 宮崎市方言 | 福岡市方言 |
|---|---|---|---|
| 対人的用法 | ノダ | | |
| | ノ | ト | ト |
| 対事的用法 | ノダ | チャ（ト＋ヤ） | ト＋タイ／ト＋ヤン |
| | ??ノ | | ??ト |

### 5.5　京都市方言―ノナラタイプ

　京都市方言もノダ文の対人的用法と対事的用法とで形式の区別がある。松丸（1999: 67–69）によると、対人的用法としては「ネン（テン）」と「ノヤ（ンヤ）」の両者が、対事的用法としては「ノヤ」のみが用いられる。

(38) a.　「佐藤さんはいないよ。旅行に行ったんだ」（対人的用法）
　　　　佐藤さん、いーひんで。旅行にいっ {テン[29]／たンヤ}。
　　b.　（母親に向かって）
　　　　「今日は絶対徹夜するんだ」（対人的用法）
　　　　今日は絶対徹夜す {んネン／るンヤ}。
(39) a.　「山田さん、来ないなあ。きっと用事があるんだ」（対事的用法）
　　　　山田さん、来ーへんなあ。きっと用事があ {*ンネン／るンヤ}。
　　b.　（部屋に入ってきて）
　　　　「え、こんなに一杯いるんだ」（対事的用法）
　　　　え、こんなに一杯い {*んネン／るンヤ}。

共通語では、ノ文は対人的用法に限られ、ノダ文は対人的・対事的用法の両方をカバーするため、ノ文とネン、ノダ文とノヤが対応することになる。京都市方言の「ヤ」は断定辞であり、宮崎市方言とは断定辞つきの形式（ノヤ）のカバーする範囲がずれているが、対事的用法に限ってみると、準体形式に断定辞がついた形が用いられており、準体形式に終助詞的文末詞を加えなければならない福岡市方言と異なっていることがわかる。

---

29　共通語の「～たのだ」は「テン」になる。

## 5.6　富山県南砺市井波方言—ノナラタイプ

　井波方言の準体形式は「ガ」であるが、宮崎市方言と対応関係が似ている。井上（2006a）[30]によると、対人的用法[31]（井上（2006a）では「実情説明」）は「ガイ」、対事的用法（井上（2006a）では「実情理解」）は「ガヤ」になる。

(40)　A：ちょっこ飲みにいかんけ？「ちょっと飲みに行かないか？」
　　　B：そんが、今日あんま時間ない {ガイ／\*ガヤ}。「それが、今日はあまり時間がないんだよ。」（対人的用法）

(41)　A：いそがしそーやねー。「忙しそうだねえ」
　　　B：そんな {ガイ／\*ガヤ}。なん休むひまない {ガイ／\*ガヤ}。「うん、そうなんだよ。全然休む暇がないんだよ。」（対人的用法）

(42) a.　A：田中さん、就職決まったガヤと。「田中さん、就職決まったんだって。」
　　　B：あ、そんな {ガヤ／\*ガイ}。就職決まった {ガヤ／\*ガイ}。「あ、そうなんだ。就職が決まったんだ。」（対事的用法）

　　b.　（友人が運転するのを見て）
　　　あ、あいつ運転する {ガヤ／\*ガイ}。「あ、あいつ運転するんだ。」（対事的用法）

井波方言は対人的用法と対事的用法とで2種類のノダ文対応形式を使い分ける点で宮崎市方言と並行している。このうち対事的用法のガヤは断定辞ヤを含んでいる。つまり、この方言も準体形式に断定辞が組み合わさって対事的用法が形成されていることになり、対事的用法に断定辞が含まれるという点で、宮崎市方言、京都市方言と並行した性質を持つ。

---

30　方言におけるノダ文の2種類の区別について、宮崎市方言・京都市方言と富山県南砺市井波方言の並行性を指摘したのは井上（2006b: 151–153）である。本章はその着想に依るものである。

31　ノダ文・ノ文ともに命令の用法があるが、井波方言ではどちらにも命令の用法はない。従ってガイが対人的用法を持つといってもその範囲は共通語と異なる。

## 5.7 その他の方言について

　やや間接的ではあるが、これまでの議論と関係づけられる可能性のある方言についていくつか挙げる。

　舩木（2001: 97）によると、山口市方言では断定辞ジャは「それまで話し手が認識していなかったある事態を、確定した事態として発話時に話し手が新規に導入したことを表す」ものという。そのため、準体形式ノとジャが共起すると、対事的用法になる。

(43) a.　山田さんが来ないなあ。きっと用事があるンジャ。（対事的用法）
　　 b.　そうか、このスイッチを押すンジャ。（対事的用法）

　『方言文法全国地図』によると、山口市方言は認識的条件文で「オキリャー／カキャー／クリャー／スリャー」という準体形式のない形が回答されているため、ここまでの本章の対応関係とは異なるが、山口市の近傍の山口県防府市方言では「オキルンナラ・オキルンジャッタラ／カクンナラ／クルンナラ・クルンジャッタラ」といったノナラタイプの形式が見られる。さらに、山口県下関市方言は準体形式に「ソ」という形式を用いる地域があるが、この地域でも「オキルソナラ／カクソナラ／クルソナラ／スルソナラ」というノナラタイプの形が回答されている。こちらも対事的ノダ文に断定辞を使う地域と考えれば、認識的条件文に準体形式が含まれていることと関係づけられよう。

　長野県松本市方言のノダ文は準体形式ノにあたる形式のない「ダ」だけで表現される地域であり、断定辞ダが活用語に直接後接するとノダ文相当になる。例えば沖（2015: 243）では「共通語の『宿題をするの』『宿題をするのだ』にあたる形式は、松本方面では『宿題スルダ』であり、「どこにあるの？」「どこにあるのだ？」にあたる形式は『ドコニアルダ？』である」と指摘されている[32]。

---

32　松本市方言のノダ文については、筆者も 1998 年頃に若年層話者に対して予備調査を行い、ダ文が共通語のノダ文にほぼ対応するという結果を得ている。しかし、対事的用法と対人的用法の区別などについては詳細に調べていない。

この方言の認識的条件文に関する『方言文法全国地図』での回答は、「オキルダラ／カクダラバ／クルダラバ／シルナラ・シルダラ」である。予測的条件文「起きれば／書けば／来れば／すれば」に対する回答「オキリャー／カキャー／クリャー／シリャー」と比べると、認識的条件文に断定辞「ダ」が含まれていることが明らかである。この方言の認識的条件文を表す「ダラ」という形式は、明示的な準体形式を持たないものの、ノダ文の一種と考えることができると思われる。松本市方言のダ文の用法については推測しかできないが、ダが準体形式と断定辞を兼務するのであれば、共通語や宮崎市方言、京都市方言、富山県南砺市井波方言と同様にこの方言のダ文が対事的用法を持つ可能性も高く、その形式が認識的条件文に現れていることは、ノナラタイプの方言に加えられる可能性がある。

### 5.8　本節の観察のまとめ

本節では、φナラタイプの方言とノナラタイプの方言のそれぞれにおいて断定辞の分布に違いがあり、それに連動する形で対事的用法のノダ文に形式的な違いがあることを確認してきた。個々の方言の結果を表にまとめると以下のようになる。断定辞は□で囲み、認識的条件文の「ノ」にあたる部分に下線を引いている。△はその用法の表現方法がわからないものである。

表3　方言間の対照

|  | 対人的用法 | 対事的用法 | | 認識的条件文 |
|---|---|---|---|---|
| 共通語 | ノ ダ　ノ | ノ ダ | ？？ノ | ノナラ　ナラ |
| 福岡市方言 | ト | ？？ト　ト＋タイ／ト＋ヤン | | ナラ |
| 熊本市方言 | ト（ツ） | ？？ト　トバイ／ツバイ | | ナラ |
| 高知市方言 | ガヨ | △ | | スリャー　カキャー |
| 宮崎市方言 | ト | チ ヤ | | ンナラ トナラ |
| 京都市方言 | ネン ノ ヤ | ノ ヤ | | ｛ノ／ン／ネ｝ヤッタラ |
| 井波方言 | ガイ | ガ ヤ | | ガナラ |

さらにこれらをφナラタイプとノナラタイプに分けて断定辞の有無と関係づけて一般化すると以下のようにまとめられる。

第2章 準体形式・断定辞の機能と条件文 | 55

表4 φナラタイプ・ノナラタイプと断定辞

| 認識的条件文マーカー | 断定辞現在肯定終止形 | 対事的用法のノダ文 |
|---|---|---|
| φナラタイプ | なし | 準体形式＋終助詞的文末詞 |
| ノナラタイプ | あり | 準体形式＋断定辞 |

　福岡市方言・熊本市方言・高知市方言などのφナラタイプの方言では、断定辞が準体形式に後接して現在肯定終止形になることができないという制限があった。そのためノダ文も準体形式に断定辞が後接できず、対事的用法のノダ文は終助詞的文末詞を付加しなければならなかった。一方、宮崎市方言・京都市方言・富山県南砺市井波方言では断定辞が現在肯定終止形で使え、準体形式に断定辞が後接した形がノダ文の対事的用法になっていた。

　次節はこれまでの観察をまとめ、φナラタイプの方言がどうして準体形式を含まない形になっているのか、いくつか仮説を立てて説明を試みることにする。

## 6.　おわりに

　本章で観察してきた内容は、以下のようにまとめることができる。

(44) a.　共通語における認識的条件文専用形式は「準体形式＋断定辞の活用形」である。

　　 b.　方言における認識的条件文の形式には、φナラタイプとノナラタイプがある[33]。

　　 c.　φナラタイプの方言は断定辞が現在肯定終止形で生起しない。ノナラタイプの方言は断定辞が現在肯定終止形で生起する。

　　 d.　φナラタイプの方言の対事的用法のノダ文は「準体形式＋終助詞的文末詞」の形をとる。ノナラタイプの方言の対事的用法のノダ文は「準体形式＋断定辞の活用形」になっている。

---

33　これ以外の形式が存在しないという意味ではなく、この二つを問題にするということである。

56 | 江口　正

この観察は認識的条件文における準体形式の有無に関して、「断定辞」の有無および対事的用法のノダ文における断定辞の有無が相関しているという可能性を示したものである。これらはそもそも相関しなければならないものではないが、以下の仮定を加え、さらに3節で考察した認識的条件文とノダ文の対事的用法との親和性を仮定すればこれらが相関関係にあることが理解可能になると思われる。

(45) a.　断定辞を含むノダ文は対事的用法を担える。
　　　b.　終助詞的文末詞を含む表現は従属節マーカーになることができない。

　(45a)は本章で紹介した方言の範囲で成り立っていた観察的一般化であり、当然他の方言でも検証が行われる必要がある。それと並行して、断定辞の持つ特質が対事的用法とどのような関係にあるかが示されることも課題となる。しかしこの仮説が正しければ、ノダ文の形式と対事的用法の相関関係、ノナラタイプと断定辞の分布の相関関係が説明されることになり、この仮説を軸に複数の文法現象が結びつけられるという大きなメリットがある。またこの仮説が検証されれば、2節で取り上げた「認識的条件文と関係するのは『ノ』なのか『ノ＋断定辞』なのか」という問題について、断定辞にも重要な役割があるかどうかが明らかになる。

　(45b)はいわゆる南(1974)のD類の終助詞類は従属節マーカーになれないということであり、従属節内要素の分布の制約として自然な仮定であろう。ノダ文が断定辞を含むことができない方言では終助詞的文末詞などの別の手段によって対事的用法を示すことになるが、終助詞類が含まれた対事的用法のノダ文はそのままでは従属節になれず、従ってノナラタイプの条件節は生じないとするものである。この仮定を一方に置きながら、方言における認識的条件文マーカーの定着の筋道が資料によって実証されれば、φナラタイプの方言でノナラタイプの表現が使われにくい理由を説明することが可能になると思われる。

　本稿は「断定辞が現在肯定終止形で使えない」という形態論的制約と認識

的条件文の形式とを結びつけて考えようとしたものであり、文法の組織化において一種の「スイッチ」を仮定しようとするものである。これは地理的分布や歴史的変化をその連続性の側面から迫っていく説明法とは別の仮定の立て方であるが、説明の論理としては地理的分布・歴史的変化と矛盾するものではないと思われる。

　各方言における認識的条件形式の分布や用法の事実確認が進められること、方言ノダ文の用法の記述が精緻に行われること、断定辞の分布やその意味論的特質が個々の方言で明らかにされることはそれぞれ個別に価値のあることだが、それらによって本章で仮定した関連づけが何らかの形で（否定されるにしても）確認されれば、それらの研究にささやかながらフィードバックできるところがあると期待するものである。

## 引用文献

秋山正次 (1983)「熊本県の方言」飯豊毅一・日野資純・佐藤亮一編『講座方言学 9 九州地方の方言』207–235. 国書刊行会.

有田節子 (2007)『日本語条件文と時制節性』くろしお出版.

有田節子 (2013)「現代日本語文法における認識的条件文の位置づけ」『日本語文法学会第 14 回大会発表予稿集』42–49.

有田節子 (2017)「現代日本語文法における認識的条件文の位置づけ」本書所収.

井上優 (2006a)「富山県井波方言の『ガヤ』について」益岡隆志・野田尚史・森山卓郎編『日本語文法の新地平 2　文論編』179–192. くろしお出版.

井上優 (2006b)「モダリティ」佐々木冠・渋谷勝己・工藤真由美・井上優・日高水穂『シリーズ方言学 2 方言の文法』137–179. 岩波書店.

沖裕子 (2015)「松本方言終助詞の文法体系：談話研究の基礎」『信州大学人文科学論集』2: 233–250.

国立国語研究所編 (1989–2006)『方言文法全国地図 1–6』財務省印刷局.

児玉望 (2006)「熊本方言の指定助動詞」『ありあけ：熊本大学言語学論集』5: 71–90.

坂井美日 (2012)「現代熊本市方言の準体形式：『ツ』と『ト』の違いについて」『阪大社会言語学研究ノート』10: 30–47.

白岩広之・平塚雄亮・酒井雅史 (2016)「繋辞生起の方言差」『日本語文法』16(2): 94–110.

陣内正敬 (1991)「博多方言文末助詞『－ト』の新用法と語彙拡散」『九大言語学研究室報告』12: 51–59.

鈴木義和 (1993)「ナラ条件文の意味」益岡隆志編『日本語の条件表現』131–148. くろしお出版.

高木千恵 (2002)「大阪方言における断定辞ヤの文末詞的用法について」『阪大社会言語学ノート』4: 143–152.

田野村忠温 (1990)『現代日本語の文法 I :「のだ」の意味と用法』和泉書院.

坪内佐智世 (1995)「福岡市博多方言における『だ』相当助詞に現れるモダリティ」*Kansai Linguistic Society* 15: 25–34.

中田一志 (2012)「『のだ』の結果用法と過程用法」『日本語・日本文化』38: 19–51.

中野友理 (2005)「ナラとノナラ」『北海道大学留学生センター紀要』9: 22–38.

名嶋義直 (2000)「ノナラ・ナラに関する一考察」『言葉と文化』創刊号: 143–162. 名古屋大学大学院 国際言語文化研究科 日本言語文化専攻.

名嶋義直 (2002)「「文末のノ」に関する試案」『ことばの科学』15: 65–88. 名古屋大学言語文化研究会.

野田春美 (1993)「『のだ』と終助詞『の』の境界をめぐって」『日本語学』12(11): 43–50.

野田春美 (1997)『「の (だ)」の機能』くろしお出版.

野間純平 (2013)「高知県四万十市西土佐方言における準体形式」『阪大社会言語学研究ノート』11: 5–14.

原田走一郎 (2009)「九州方言の繋辞動詞」『日本語文法学会第 10 回大会発表予稿集』91–96.

日高水穂 (2017)「認識的条件文の地理的変異の類型」本書所収.

藤城浩子・宗意幸子 (2000)「(ノ) ナラの意味と特徴」『三重大学日本語日本文学』11: 92–81.

藤本憲信 (2002)『熊本県菊池方言の文法』熊本日日新聞.

舩木礼子 (2001)「山口方言の文末に見られるジャについて：断定辞のジャと文末詞のジャ」『阪大社会言語学研究ノート』3: 94–109.

松丸真大 (1999)「京都市方言における『ノヤ』『ネン』の異同」『阪大社会言語学研究ノート』1: 61–73.

三井はるみ (2017)「九州・四国方言の認識的条件文：認識的条件文の分化の背景に関する一考察」本書所収.

南不二男 (1974)『現代日本語の構造』大修館書店.

村田真美 (2003)「宮崎方言の「チャ」と「ト」」『阪大日本語研究』15: 109–129.

# 第3章

## 条件接続形式「くらいなら」と
## 認識的条件文

前田直子

### 1. はじめに

　日本語の条件文として、有田 (2007) は「予測的条件文」「反事実的条件文」「認識的条件文」の3種を立て、「認識的条件文」を表す形式は、「なら」、および状態性述語に続く「ば」「たら」であること、また「なら」には「の」を補うことが可能であることを指摘した (有田 2015)。

(1)　昨日金一封が {出たなら／出たのなら}、今日はみんな飲みに行くだ
　　　ろう。　　　　　　　　　　　　　　　　（有田 2007: 113、例 (5)）

　条件接続形式「なら」は名詞に直接続くことができ、「ば」「たら」「と」とは大きく異なるが、さらに興味深いのは、「なら」の前に形式的な名詞（あるいは準体助詞）「の」が付き、それが認識的条件文の1つのマーカーになるという指摘である。本章は、「の」以外に認識的条件文を表す形式的な名詞が存在するか、という点から「～くらいなら」をその候補として検討する。

(2)　「貴方は運転しないんですか？」と聞いてみた。「ぜったいにしない。
　　　運転するくらいなら歩くよ。」　　　　　（岡本太郎『青春ピカソ』）

60 ｜ 前田直子

　このような「くらいなら」は、どんな意味を表すのか。また「くらいなら」は「認識的条件文」を表す形式と言えるのか。この点について検討する。なお、「くらい」「ぐらい」「位」、および「なら」「ならば」は、意味的・文法的な違いは明確ではないと判断し、区別せずに考察する。

## 2.　「くらいなら」の先行研究
### 2.1　グループ・ジャマシイ編(1998)『教師と学習者のための日本語文型辞典』
　日本語教育のための参考書である同書（以下、『文型辞典』とする）において「くらいなら」は、「くらい」の下位項目として記述されている。以下の4.2でその記述を検討するが、次に見る星野（2015）がクライナラに3タイプを認めているのに対し、『文型辞典』は1つのタイプのみを指摘していることを、まずは確認しておく。


　　d　Vくらいなら
1)　　あいつに助けてもらうくらいなら、死んだほうがましだ。
2)　　あんな大学に行くくらいなら、就職するほうがよほどいい。
3)　　上から紙を貼って訂正するくらいなら、もう一度はじめから書き直したほうがいいと思うよ。
4)　　銀行で借りるくらいなら、私が貸してあげるのに。
5)　　君に迷惑をかけるくらいなら、僕が自分で行くよ。


　「XくらいならYのほうがましだ／ほうがいい／…する」などの形で使われて、「XよりYがよい」ことを表す。Yに極端な例が挙げられて、「…くらい」で表されたことがらに対して、話し手が非常に嫌っている気持ちをあらわしたり、話し手が「Xは望ましくないのでYのほうがよい」と考えている場合に使う。

（グループ・ジャマシイ編 1998: 103–104）


### 2.2　星野（2015）「クライナラ諸形式の整理－クライ補説－」
　星野（2015）は、氏のクライに関する先行研究に続くものであり、クライ

第 3 章　条件接続形式「くらいなら」と認識的条件文　│ 61

との関連からクライナラを論じたものである。氏の研究では、クライは次の
4 種に分類されている（星野 2015: 1）。

A　　最低限の暫定抽出、副助詞、存在（＋）　　「皿ぐらい洗え」
B　　最低限の暫定抽出、文末名詞化辞、存在（－）
　　　「することと言えば、せいぜい皿を洗うぐらいだ。」
C　　単純暫定抽出、文中名詞化辞
　　　「時々皿を洗うぐらいが、{関の山だ／ちょうどいい／最適だ}。」
D　　単純暫定抽出、助動詞　「殊勝な子で、進んで皿を洗うぐらいだ。」

　そして「ナラ」に「接続（仮定条件）」と「題目」の 2 種を認めたうえで、
「クライナラ」にも「題目のクライナラ」（下記 A）と「接続（仮定条件）のク
ライナラ」（下記 B・D）を認めた（星野 2015: 10）。

A　　最低限の暫定抽出、クライ A とナラの複合副詞、存在（＋）
　　　「ドイツ語くらいなら話せます」
　　　「ドイツ語を話すくらいなら山田さんがいいでしょう」
B　　最低限の暫定抽出、文末名詞化辞のクライ B のナラ形、存在（－）
　　　「彼女に嫌われるくらいなら、死んだ方がましだ」
D　　単純暫定抽出、助動詞のクライ D のナラ形
　　　「帽子も羽織も質にいれたくらいなら電車賃がないということも可能
　　　である。」

　クライナラを 3 種類に分けたこと、クライナラをクライとナラの複合と
してとらえていること、また接続（仮定条件）のクライナラをクライとの関
連から 2 種に分けたことが注目されるが、一方で基盤となるクライの分類
の抽象度の高さゆえに、相互の関連がつかみにくいところもあると思われ
る。例えば、クライには C のタイプがあるが、クライナラにはそれがない
ことについては指摘がない。ただ、B のクライナラの意味記述として、単に
「望まない」事態ではなく、「もっとも起こりにくい、もしくは起こるべきで

はないと考える事態が起こることを仮定して……」という用法であるとすることは、『文型辞典』の記述から一歩踏み込んだものであると言えるだろう。

　なお、先の『文型辞典』に記述されているのは、この3分類のうちのBのタイプである。『文型辞典』ではAおよびCのタイプは、「くらいなら」という複合的な形式のみが持つ特殊な意味とはとらえなかった可能性がある。

### 2.3　本章の分類

　本章は、「くらいなら」を大きく2種類ととらえる。1つは、「くらい」が「程度」の意味を持つ場合、もう1つは「くらいなら」が「特殊な条件」を表す場合である。星野（2015）が指摘した「題目」を表す場合は、前者ととらえる。まずは2種類ととらえることを確認するために、「現代日本語書き言葉均衡コーパス（以下 BCCWJ）」から「くらいなら」の前接語を調査し、「特殊な条件」を表す場合は、動詞に続く場合であることを確認する。また「特殊」の内実を細分化するために、主節の述語形態および従属節と主節の関係を考察する。

## 3.　「くらいなら」の前接語調査―BCCWJ

　「くらいなら」は「なら」同様、活用語にも非活用語にも後続できる複合的な条件接続形式であるが、そもそも活用語と非活用語のどちらに多く接続するのだろうか。まずは「くらいなら」の全体像を探るために、BCCWJ を使用し、「くらいなら」の前接語を調査した結果、表1のようになった。

　検索は、検索アプリケーション「中納言」の短単位検索によった。検索条件は、「［語彙素］が［だ］and［活用形］の［大分類］が［仮定形］」とした。その結果、907例を得たが、うち重複1例、「中ぐらいなら」など、本章の対象例とはみなせない用例や解釈不能な例が5例あり、その6例を除いた901例を対象とした。各例を1例（ないし2例）ずつ、以下にあげる。

第 3 章　条件接続形式「くらいなら」と認識的条件文　│ 63

表 1　「くらいなら」の前接語

| | | | 程度表現 | 条件表現 | 後件省略 | 計 |
|---|---|---|---|---|---|---|
| ① | 指示語 | | 104 | | | 104 |
| ② | 数量表現 | | 128 | | | 128 |
| ③ | | ＋接辞[1] | 5 | | | 5 |
| ④ | | 疑問語[2] | 16 | | | 16 |
| ⑤ | 副詞 | 少し | 13 | | | 13 |
| ⑥ | | ちょっと | 8 | | | 8 |
| ⑦ | 名詞 | | 135 | | | 135 |
| ⑧ | | こと | 5 | | | 5 |
| ⑨ | 名詞＋助詞 | | 2 | | | 2 |
| ⑩ | 引用節 | | 1 | | | 1 |
| ⑪ | 疑問節 | | 1 | | | 1 |
| ⑫ | 同じ | | 3 | | | 3 |
| ⑬ | 形容詞 | | 5 | | | 5 |
| ⑭ | 動詞 | する | 65 | 382 | 14 | 461 |
| ⑮ | | した | 3 | 1 | | 4 |
| ⑯ | | しない | 7 | 3 | | 10 |
| ⑰ | | しなかった | 0 | 0 | | 0 |
| | 計 | | 501 | 386 | 14 | 901 |

① 　七プラス三は十。それくらいならわたしだってできますよ

　　　　　　　　（ジョン・ガードナー（著）後藤安彦（訳）『独立戦争ゲーム』）

② 　八十七歳とはいえ、その気になればチンピラ二人くらいなら簡単にね
　　じ伏せられる自信はある。　　　　　　（伊武桃内・恩田礼『鳳凰家の掟』）

③ 　消滅時効が完成していない場合には、一社あたりの債権額が七十万以
　　上くらいなら訴訟を提起され給与債権の差押を受ける可能性がありま
　　す。　　　　　　　　　　　　　　　　　　　　　（Yahoo! 知恵袋）

④ 　また計上出来たとして年に何回ぐらいなら認められますか？

　　　　　　　　　　　　　　　　　　　　　　　　　（Yahoo! 知恵袋）

---

1 「(70 万) 以上・(1 本) 以下・(4 年) 前・(20 代) 後半・(2 日) 目」を接辞とした。

2 「何日・どれ・どの・いくら」など。

⑤　少し<u>くらいなら</u>、酒を飲むのもいいだろう。

（熊谷さとし『哺乳類観察ブック』）

⑥　こういう人たちは禁煙が簡単なものだから、タバコへの恐怖心も失ってしまうのです。「ちょっと<u>ぐらいなら</u>吸っても大丈夫。また戻ってしまっても簡単にやめられるさ」　（アレン・カー（著）阪本章子（訳）

『読むだけで絶対やめられる禁煙セラピー』）

⑦　シャワーの音<u>くらいなら</u>隣に聞こえることは無いので大丈夫です。

（Yahoo! 知恵袋）

⑧　第一ぼくは、本気でローランスと別れたいのではなく、単に彼女を手なずけたいだけなのである。彼女を丸め込むこと<u>ぐらいなら</u>できるだろうと、この時ぼくは確信していた。

（フランソワーズ・サガン著・河野万里子訳『愛は束縛』）

⑨-1　酷い生理痛の時だけ<u>くらいなら</u>、薬飲んでも問題ないですよ。

（Yahoo! 知恵袋）

⑨-2　ないよりはあったほうがいいからねえ、食事の前のちょっとしたおつまみに<u>くらいなら</u>、食ってやってもいいけども。

（栗本薫『ヤーンの朝』）

⑩　何でも分担、分担と言うのは、男ってものをわかっていないなあ、なんて思っちゃいます。「ゴミ出しはご近所の目があって、あなたも恥ずかしいでしょうから、私がやるわ。だったら、人目に触れないお風呂のそうじなら、いいでしょう」<u>くらいなら</u>、いいんですよ。それなのに、ゴミ出しも半分、お風呂掃除も半分などという分担の仕方。

（岡野あつこ『離婚して幸せになる人不幸になる人』）

⑪　オヤジ（三十歳以上）のコロンは大丈夫でしょうか？　おじさんはきつ目につけてしまいがちで、とても不快ですが、ほんのちょっと気づくか気づかないか<u>ぐらいなら</u>大丈夫じゃないでしょうか。

（Yahoo! 知恵袋）

⑫　ガス圧式チェアを購入したいのですが、肘かけは必要ありますか？いらないものですか？—肘掛はあれば重宝します。なにげなしに使っています。私はなければ、ないでそれでいいのですが、値段が同じ<u>くら</u>

第3章　条件接続形式「くらいなら」と認識的条件文　｜65

<u>いなら</u>私ならあるほうを購入します。　　　　　　　　（Yahoo! 知恵袋）

⑬-1　坊主らしきかっこうをするのが恥ずかしい<u>くらいなら</u>、はじめっから坊主になどならなけりゃいい。そう思った。

（武田泰淳『滅亡について』）

⑬-2　キムチは時間が経つとだんだんすっぱくなりますよね〜でも、ダメなときはカビ生えたり、くさくなったりしますから酸っぱい<u>くらいなら</u>、まだ食べられるんじゃないでしょうか　　　　　（Yahoo! 知恵袋）

　表1の①〜⑬までは、「くらい」がすべて「程度」に置き換えられ、本章の対象である「特殊な条件」を表す「くらいなら」とは言えない。「特殊な条件」とは、次の（6）のように、前件（後で謝ること）を望ましくないと評価し、代わりに、あるべき事態として後件を提示するものである。では「程度」と「特殊な条件」の違いはどこにあるのだろうか。

（3）　謝罪<u>なら</u>、メールで十分だ。（条件）

（4）　謝罪<u>くらいなら</u>、メールで十分だ。（程度＋条件）

（5）　謝る<u>くらいなら</u>、メールで十分だ。（程度＋条件）

（6）　後で謝る<u>くらいなら</u>、最初から人の悪口など言うな。（特殊な条件）

　これらの例を見ると、「特殊な条件」とは、前件だけでは表せず、後件の表す意味とその文末形式が重要であり、前件と後件の双方によって決定される。このことを前提として、以下、動詞に続く「くらいなら」について、「程度」を表す場合と後件が省略された場合を除いて考察し、「特殊な条件」と呼ぶものの「特殊」ということの内実を明確にすることを試みたい。

（7）　［程度をあらわす場合］「作家って、儲かりそうじゃん。マンガ家なんて、もっと儲かりそうだけど、あれって、絵がうまくないと無理だしィ…とりあえず、小説って日本語だしィ…文章書く<u>くらいなら</u>何とかなりそうだからァ…　　　　　（丸茂ジュン『耽美小説の書き方』）

（8）　［後件省略］　そして十二月にお見合いの話がきた。仕事は固い公務

員。ってか教師。その頃には弟も結婚していた。初めは、まあ、会ってみる<u>くらいなら</u>・・・って答えてたけど、それから司に出会っていたから、嫌だ！ってはっきり言った。　　　　　　　　（Yahoo! ブログ）

(9)　［後件省略］　でもガンを治療するためには、手術しかない。命を縮める<u>ぐらいなら</u>、と受けるのです。

（土屋繁裕『このガン切るべきか、切らざるべきか』）


## 4.　「〜するくらいなら」の分析
### 4.1　5種類の「〜するくらいなら」

　表1に示された通り、「くらいなら」の使用においては、動詞の非過去形に続く「〜するくらいなら」の「条件」用法が最も多く、これが「くらいなら」の中心的な用法であると言える。その条件用法は、さらに前件と後件の事実関係から、次の5種に分けられる。

表 2　動詞＋「くらいなら」

| | 前件 | 後件 | |
|---|---|---|---|
| A | 仮説（未実現） | 仮説（未実現） | 309 |
| B | 事実 | 仮説（未実現） | 15 |
| C | 事実 | なぜ＋事実 | 12 |
| D | 事実 | 反事実 | 21 |
| E | 反事実 | 反事実 | 25 |
| | 計 | | 382 |

　このような多様なタイプに分けられるのは、「くらいなら」以前に、まずは「なら」が持つ特徴であろう。「くらいなら」では「くらい」を削除することが可能な例が多いのである。「なら」は「ば」「たら」よりも多様な事態を結びつけることができ、特にDやEの組み合わせは、「ば」「たら」にはない「なら」の大きな特徴で、「なら」単独でも「くらいなら」でもそれが可能になっているということだろう。しかしながら、「くらいなら」にこれらの用法が多いことは、その特徴の1つというべきでもあろう。

　以下、A〜Eの順に「くらいなら」の意味を考察していく。

第3章 条件接続形式「くらいなら」と認識的条件文 | 67

## 4.2 （A）［仮説（未実現）］－［仮説（未実現）］タイプ

「くらいなら」のすべての用法の中で最も出現数の多いのが、前件も後件も未実現の仮説的事態を表す「特殊な条件」の場合である。この場合、前件には話し手が「非常に嫌っている」事態（cf.『文型辞典』）あるいは「もっとも起こりにくい、もしくは起こるべきではないと考える事態」（cf. 星野2015）が現れ、後件には、それより望ましい事態や、その望ましい事態に対する評価が表される。

(10)　「帰って、あの常吉の妻になるくらいなら、いっそ喉を突いて死にます」　　　　　　　　　　　　　　　　　　（赤川次郎『逃げこんだ花嫁』）

(11)　かつて日本軍は、敵の捕虜になるくらいなら玉砕しろと国民に教育、命令していた。

　　　　　　　　（浅井隆『小泉首相が死んでも本当の事を言わない理由』）

(12)　ごはんがあるけどおかずがないので親子丼のモトでも買ってこようかと思ったのですが、買いに行くくらいなら作った方が早いですね…。

　　　　　　　　　　　　　　　　　　　　　　　　　　（Yahoo! 知恵袋）

このタイプについては、2.1 で示した通り、『文型辞典』が明快な記述を行い、4 点の特徴を指摘している。それらについて、前節の BCCWJ の調査結果を検討してみよう。

## I　「X くらいなら Y のほうがましだ／ほうがいい／…する」などの形で使われる

この記述は一定程度「正しい」。「〜するくらいなら」の文末表現を見ると、全 309 例の内訳は次表のようになり、「〜ほうがましだ」79 例と「〜ほうがよい」38 例で全体の三分の一を超え、さらに「〜ほうが」「〜ほうを」を含めると半数を超える。この 2 つの文末形式が出現することは「くらいなら」の最も大きな特徴と言えるだろう。

表3 「〜するくらいなら」の文末表現

| | | | | | | |
|---|---|---|---|---|---|---|
| 1 | ほうがまし | 79 | 11 | 命令・依頼・禁止 | 22 |
| 2 | ほうがよい | 38 | 12 | しよう（勧め） | 4 |
| 3 | ほうが | 35 | 13 | 勧誘（しないか） | 1 |
| 4 | ほうを | 2 | 14 | 「勧める」 | 1 |
| 5 | のが A（手っ取り早い） | 1 | 15 | べきだ | 8 |
| 6 | まし（な） | 1 | 16 | すればいい | 8 |
| 7 | 意志（形式なし） | 37 | 17 | てもいい | 6 |
| 8 | 意志（形式あり） | 18 | 18 | たらどうか | 4 |
| 9 | 願望 | 19 | 19 | でいい | 1 |
| 10 | 評価・働きかけ・表出　なし | 23 | 20 | 名詞（大西順子） | 1 |
| | | | | 計 | 309 |

(13) 学問は最悪の道楽である。学問をやる<u>くらいなら</u>、女遊びをしたほう
　　　が家は安泰であるというのは本居宣長の家訓であった。

（嵐山光三郎『徒然草殺しの硯』）

(14) 仲間との絆は心然的に固くなる。仲間を見捨てる<u>くらいなら</u>、バッジ
　　　と銃と大枚七十五ドルの週給を捨てるほうを選ぶ。

（ユージン・イジー（著）安倍昭至（訳）『友はもういない』）

　「…する」という形式は、『文型辞典』の例文4・5のような「意志」の他
に「評価・働きかけ・表出　なし」の場合とがあるが、それも多い。主節末
の文末形式についての『文型辞典』の指摘は的確であると言える。

(15) 狩野介はどなりながら、ふとささらえを殺してしまったかも知れない
　　　と気がついた。「いや、きっともう殺している。このおれに渡す<u>くら</u>
　　　<u>いなら</u>、己の口で食うてしまったに違いない。怪物だ、鬼だ」

（矢代和夫『弓の名人為朝』）

(16) つまりイタリア人は公共サービスというものに対してまったくといっ
　　　ていいくらい幻想を抱いてはいない。そんなものをあてにする<u>くらい</u>
　　　<u>なら</u>、もっと別の方策を考える。　　　　　（村上春樹『遠い太鼓』）

第 3 章　条件接続形式「くらいなら」と認識的条件文　｜ 69

『文型辞典』で指摘のない表現で、BCCWJ にまとまって見られたものに、「命令・依頼・禁止」、および当為表現があるが、いずれも、望ましい行為を提示するものである。

(17)　四百 CC の場合は、車検があるから、2 年に一度 8 万円くらいは必要だし、自賠責も原付にくらべ高くなるし、任意保険も同様だ。金額を心配するくらいなら、自転車に乗っておけ！　　　　　（Yahoo! 知恵袋）

(18)　郷子「謝るのやめてよ、もう。謝るくらいなら帰ってきてよ」将一「…わかった。謝らない」　　　　　　　　　　（岡田惠和「恋文」）

(19)　初級中学を三年まで勉強したところで、私は勉強を続けることができなくなった。実のところ、もう読むべき本もなくなっており、先生も学生も一日中労働をやっていたのだ。父はそんなところでただで労働するくらいなら、家へ帰ってすればよい、と言ったので、私は完全に家に戻ってきた。　　　　　（彭見明（著）大木康（訳）『山の郵便配達』）

(20)　渓流のフライフィッシングでは、キャッチ・アンド・リリースなどといいだした。一体何のことかと思ったら、釣った魚を流れに解放するということなのです。逃がす位なら最初から釣らなければいいのです。　　　　　　　　　　　　　（髙田直樹『なんで山登るねん』）

(21)　現在イラク人質事件で犠牲になった一人の青年の事件で国は同じことをしている、テロに屈するぐらいなら何人犠牲しゃが出てもかまわない、彼は自らの愚かな行動により政府に殺された。　（Yahoo! ブログ）

(22)　「自由時間が減る位なら、収入は現在のままでよい」とする者（51.4%）は「自由時間を減らしても、現在以上の収入を得たい」とする者（24.6%）を大きく上回っている（図 1-11）。（観光白書・昭和 62 年版）

## II　「X より Y がよい」ことを表す

　前件 X と後件 Y を比較し、後件のほうがよいことを表す表現であるという点は、結果的には「正しい」と言えるかもしれない。次例では「くらいなら」の文に続き、「より」が出現し、両者を入れ替えても問題はない。

(23) このカネを目のまえにしたら、たいがいの人間が捨てる<u>くらいなら</u>自分のポケットに捨ててくれっていうんじゃないか。いや、百人が百人ともそうだろう。しかし、おまえさんはそういうタイプじゃない」考えながら、ふたたび腰をおろした。「<u>捨てるより</u>、匿名で赤十字にでも寄付したらどうなんです。　　　　　　（藤原伊織『ひまわりの祝祭』）

　しかし、「より」とは異なり、「くらいなら」は2者を比較することが基本的意味とは言えない。比較の意味は、後件に「ほう」がある場合は確かに明確だが、それは「ほう」によるもので（cf.『文型辞典』の例1〜3）、また比較の意味は「くらい」を伴わない「なら」のみでも可能である。

(24) 娘が結婚した後で、二週間も夫が会社の出張に女をヨーロッパへ同伴していたことを知ったとき、真紀子は「こんな辛い思いをする<u>なら</u>別れたほうがいい」と口走った。（円より子『夫婦が離婚する理由、しない理由―たった一度の人生を後悔しないために』）

　ただし「なら」のみでこのような例はそれほど多くなく、「なら」の場合は、次のように「比較」の意味のない文となる。「くらいなら」が「比較」の文脈で使われることが多いことはその通りであろう。

(25) 真樹が生まれたとき、イギリスのパブリック・スクールに入れる<u>なら</u>、すぐに入学予約をしたほうがいいと教えてくれたイギリス総領事を紹介してくれたのも彼だった。　　　（海老沢泰久『美味礼讃』）

　「くらいなら」には、下のIVで指摘される通り、Xに対して望ましくないとの評価がまずあり、そのXの実現を仮定した場合（=「なら」）、後件Yに、X以前に（=「するなら」であるため）聞き手（『文型辞典』例1〜3）・話し手（例4・5）が行うこと、行うことが望ましいと話し手が評価・判断する行為を提示する。それにより、Xを行う前にYを行う、すなわち、Xを行わないで、Yを行うことが望ましいということが表され、結果的にYの

第 3 章　条件接続形式「くらいなら」と認識的条件文　| 71

ほうが X よりも望ましい行為であることが示されると考えられる。

(26)　留年する<u>くらいなら</u>、{退学しろ／退学すべきだ}。

### III　Y に極端な例が挙げられる

　後件に「死んだ方がましだ」に代表されるような極端な例が現れるのは 1 つの典型であり、BCCWJ の調査でも、「死んだ方がましだ・死んだ方がいい」は 309 例中 31 例と 1 割程度見られ、慣用的・特徴的な表現と言えるかもしれない。また次のような例も同様である。

(27)　ジェイは十六歳の少年の例に洩れず、家族の問題が人目に触れるのを見る<u>くらいなら</u>真っ赤に焼けた石炭の上を歩くほうがよほどましだと考えているにちがいなく、いつもどおり姿を消した。
　　　　　　　　　　（アイリーン・グージ（著）吉浦澄子（訳）『愛と真実の薔薇』）

(28)　「私は禁止令に断固として反対します。この自由貨幣活動を停止する<u>くらいなら</u>、むしろ投獄されたほうがいいくらいです」
　　　　　　　　　　　（森野栄一『エンデの遺言―根源からお金を問うこと』）

　だが一方で、次のように、後件が「極端な例」とは言えない場合もある。

(29)　二次会なしのほうが、披露宴での新鮮な印象が後々まで強く残りました。でも、呼びたい人を呼べなくて後悔する<u>くらいなら絶対二次会やるべき</u>！って私も友人からアドバイスされました。　（Yahoo! 知恵袋）

(30)　日本人の食通は、食べることそのものを楽しむよりも、まず形から入るやり方を好む。たとえば料理や飲み物について、使われている素材や生産地などを微に入り細にわたって解説したり、評価を加えたりする。ところがイタリア人たちは、ジャッジを下すといった発想はあまりしない。蘊蓄を傾ける<u>くらいなら</u>、旬のおいしい素材やワインに舌鼓を打ったほうが人生が豊かになる、それがイタリア人の気質なのだ。
　　　　　　　　　　（宇都宮基子・高橋英子『カルチョの国イタリア人の新・日本観』）

72 ｜ 前田直子

　後件に「極端な例」が来る場合は、前件を否定すること、その点にこそ主眼があるのに対し、そうでない場合は、前件を否定して、その代わりにとるべき別の事態を後件に提示するという2つの意味を表していると言える。ただし、この両者は必ずしも判然と分けられるものではない。

## IV 「…くらい」で表されたことがらに対して、話し手が非常に嫌っている気持ちをあらわしたり、話し手が「Xは望ましくないのでYのほうがよい」と考えている場合に使う

　この第四の指摘が、「くらいなら」の最大の特徴と言えるだろう。すなわち、「くらいなら」では、話し手がXを「嫌っている」「望ましくないと思っている」という評価的な態度が示される。これが「なら」と「くらいなら」の大きな違いと言える。

(31) a.　留学する<u>なら</u>、アジアの国に行きたい。
　　 b.　留学する<u>くらいなら</u>、退学したほうがましだ。

　上の例のように、同じ前件であっても、「くらいなら」にすることにより、前件に対する評価的な意味は低下する。
　ただし、この評価的な意味は、「望ましさ」（が低い）というよりも、星野（2015）の指摘したように「もっとも起こりにくい、もしくは起こるべきではないと考える事態」ととらえるほうが適切である場合もある。

(32)　結局、車輪の他にもスポークとかブレーキとかいろいろ修理・清掃をお願いすることになりました。しめて八千円超の出費となりましたが、買い換えるのに比べれば随分お安く済んだな〜（＾＿＾　しかも、最初に「幾らぐらいかかりますか？」と聞いたのが良かったのか悪かったのか、一部の整備費をまけてくれたよう。自転車屋ってどんどん無くなっているから、まける<u>くらいなら</u>末永く営業してもらいたいな〜。　　　　　　　　　　　　　　　　　　　　（Yahoo! ブログ）
(33)　生島君がそんな理不尽なことをするわけがある？　そんなことをした

第3章　条件接続形式「くらいなら」と認識的条件文　｜73

ら、珊瑚の白化を生島君が促すことになって、自分の理想を裏切るわけだのに」「そんな理想と事実はかみ合わなくて当然さあ。それがかみ合う<u>くらいなら</u>、珊瑚の白化なんか、はじめから起こるはずはないさあ」

(大城立裕『水の盛装』)

　しかしながら、このような例はまれであり、多くの場合「するくらいなら」の前件は「話し手が非常に嫌っている」ものであり、話し手が「望ましくない」と評価しているものである。よって、このような「くらいなら」が表すものを「低評価条件」と呼ぶことにする。

　「くらいなら」が前件の「低評価」を表すのは、星野（2015）の指摘する通り、助詞「くらい」に、何らかの源があるためと考えるのは自然なことであろう。「くらい」には、「概数・程度」に加えて「軽視・軽蔑」の意味があることが指摘されるが（cf.『文型辞典』、『現代日本語文法⑤』など）、「くらいなら」の「低評価」の意味はここに由来するというべきであろう。「くらい」そのものは名詞としての「程度」の意味を表すと考えられるが、「程度」を値踏みすること、値踏みできることは、そもそもそれを高く評価することではないのであろう。

　以上、「くらいなら」の意味を、『文型辞典』をもとに考察した。まとめると次のようになる。

(34)　「XするくらいならY」とは、Xに対して「低評価」、すなわち、望ましくないという評価があり、Yに、Xを行うより前に行うことが相対的に良いと評価できる事態を表したり、それを勧めたり、あるいは自身がそれを望んだりすることを提示する。その場合、結果的にXよりYのほうが良いという比較の意味が表される。

## 4.3　その他のタイプ

　表2の（A）は典型的な「くらいなら」の仮定条件であるが、（B）～（D）はどうだろうか。結論をいえば、これらも低評価条件を表す。

　まず、（B）［事実］－［仮説（未実現）］タイプは、前件がすでに実現してい

る場合であるが、この場合も「くらいなら」は低評価条件を表す。

(35) 「あんた、この間の数学のテストで、いったい何点取ったと思ってる
のよ？　５点よ、５点！　一桁ってどう言うことなの？　こんな半端
な点数取るくらいなら、０点のほうがいっそ潔くてカッコいいくらい
よ」　　　　　　　　　　　　　　　　　（仙道はるか『永遠に見る夢』）

(36) こんなところまで連れて来られて、若い兵隊に怒鳴られながら伐採作
業に従事しているくらいなら、いっそ陸軍に召集されて勇敢に戦った
方がましだと愚痴をこぼす人もいれば、おれたちはアメリカの大統領
のために公園をつくってやっているようなものさ、と自嘲する人もい
ました。　　　　　　　　　　　　　　　（福田定良『現代かたぎ考』）

　次に（C）［事実］－［なぜ＋事実］タイプを見てみよう。（C）では、前件も
後件も実現しているが、ただし後件は、すでに実現している事実について、
その理由を述べる文「なぜ・どうして～？」である。

(37) バカヤロー！　死んでから泣いて謝るくらいなら、なんで生きている
ときにもっと優しくしてやらなかった。　　　　（神谷恵『家郷』）

(38) ほかの女にたやすく気を移すぐらいなら、なぜ結婚して家庭などもっ
たのか。　　　　　　　　　　　　　　　　（小浜逸郎『中年男性論』）

　「Ｘくらいなら、なぜＹか？」という文では、ＸもＹも既実現している事
態である。そして、Ｘが低評価であること、また、主節「なぜＹか？」は
「Ｙすべきではなかった・Ｙしないほうがよかった」という反語的な意味を
持つために「ＸするよりもＹしないほうがよい（よかった）」という比較の
意味が結果的に出てくること、この２点については、典型的な「～するく
らいなら」の場合と同じである。
　次に（D）は［事実］－［反事実］タイプであるが、この場合も「くらいな
ら」は低評価条件を表す。

第3章　条件接続形式「くらいなら」と認識的条件文　|　75

(39)　こんなところに居るくらいなら、掛川城に居た方が、ずっとましだった。　　　　　　　　　　　　　　　　　　（新田次郎『武田信玄（火の巻）』）

(40)　よく「男の子（女の子）が欲しいのですが・・・」という質問がありますが、何故、限定するのでしょう？ワガママだと思いませんか？親を選べずに産まれてくる子供が可哀相に感じます。限定するくらいなら作らなければ良いのに。と思うのですが、どういう心理なのでしょう？産み分けなんて確立されてないのに・・・　　　　（Yahoo! 知恵袋）

　最後に（E）の［反事実］－［反事実］タイプを見てみよう。前件も後件も反事実的な場合であるが、興味深いことに、この場合、「くらいなら」は低評価条件とはやや異なる意味を表すようである。

(41)　「教頭も陰で悪口言ってないで校長と喧嘩したらよかっぺ」「それができるくらいなら苦労しないよ」　　　　　（南沢和『高校教師 a 』）

(42)　金融庁は「金融危機ではない」と言い続け、りそなに対する過剰な経営介入を否定している。自力再生できるくらいなら、りそなは現在の窮地には陥ってはいないはずである。

　　　　　　　　　　　　　　　（『週刊ダイヤモンド』2003 年 5 月 31 日号）

(43)　でもまあ、4 年生くらいになったら、親の出番はないですよ。教えられるくらいなら、学校の先生になってます（笑）。　　（Yahoo! 知恵袋）

　前件・後件の双方ともが反事実的な場合に特徴的なことは、前件の述語に可能述語が多く出現することで（15 例 /25 例）、特に「それができるくらいなら」という表現は定型的である（6 例 /15 例）。可能述語以外の場合は、文脈の中で反事実であることが認められる。

(44)　何が『若者を襲うひきこもり。あなたは大丈夫ですか？』ですか？
　　　お祈りしてひきこもりが治るぐらいなら、これだけ悩むわけがねぇだろうが！　　　　　　　　　　（滝本竜彦『NHK にようこそ！』）

(45)　でもほとんどの日本人は、離婚したら完全に縁は切れてしまうようで

すね。結局、友だちでいられるくらいなら、別れる必要はない、ということです。　　　　　（ジェーン・コンドン（著）石井清子（訳）
『半歩さがって―奇跡の国ニッポン '80 年代日本の女性たち』）

　前件・後件が反事実の場合、可能述語が使われる場合が多いことからもわかる通り、前件に対して「低い」評価というものがない場合も多く、「前件より後件のほうがよい」という「比較」の意味も表されない。ここで表されているのは、（41）では「それができないから苦労している」、（44）では「お祈りでは引きこもりは治らないから、これだけ悩んでいる」ということであり、「X くらいなら Y」は「X でないから Y ではない」という意味を表す。
　しかしこの意味は、反事実条件の「なら」が表す意味であり、「くらい」が表す意味とは、前件 X に対して「そんなことはあり得ない・あるはずがない」という「可能性の否定」と考えられるだろう。X に対する「低評価」ではなく、星野（2015）が指摘したように、X が「もっとも起こりにくい」事態であること、すなわち、X に対する「実現可能性の低さ」を表すものと見ることができる。

### 4.4　「～するくらいなら」のまとめ

　以上、「～するくらいなら」の 5 つのタイプを確認してきた。これらの多くは「前件より後件のほうが望ましい」という「比較」の意味を表す場合が多いが、後件によってはその意味が現れない場合もあり、比較の意味は二次的・語用論的なものと言える。「～するくらいなら」は、低評価の前件、そして低い可能性の前件を条件として提示することを確認した。

## 5.　「～したくらいなら」および「～しないくらいなら」

　「くらいなら」が動詞を受ける場合は、非過去形に続く「～するくらいなら」が最も多かったが、「した」（4 例）「しない」（10 例）に続く例もあり、それぞれ「程度」ではなく「特殊な条件」を表す場合が 1 例・3 例見られた。まず「～したくらいなら」は次の例である。

第3章 条件接続形式「くらいなら」と認識的条件文 | 77

（46） ところで戦争に関して、この頃一般で申すそうだが、この戦争は私が
止めさせたので終った。それが出来た<u>くらいなら</u>、なぜ開戦前に戦争
を阻止しなかったのかという議論であるが、なるほどこの疑問には一
応の筋は立っているようにみえる。

（保阪正康「IN POCKET」月刊『文庫情報誌』）


　この例は、（C）の「［事実］－［なぜ＋事実］」というタイプであり、また
前件述語は過去形でも、後件は前件に先行する事態である。前件「それが出
来たこと」が事実であると認めたうえで、後件「開戦前に戦争を阻止しな
かった」理由を尋ねることによって、「阻止すべきであった」ことを述べる。
　また、「～しないくらいなら」の条件用法は次の例である。


（47） なんでもふりをするだけなんだ。私はあれに凝っていますなんていっ
ても実はちっとも夢中になっていない。そのふりをしているだけなん
だ。それが出来ない<u>くらいなら</u>、死んだ方がましだなんて気迫はまる
でない。　　　　　　　（ビートたけし『やっぱり私は嫌われる』）

（48） キリシタンの名にふさわしく教えを守らぬ<u>くらいなら</u>、洗礼を受けぬ
方がましである」と。　　　　　　（ルイス・フロイス（著）川﨑桃太・
松田毅一（訳）『完訳フロイス日本史　3』）

（49） 俺は決して冒険家でも探検家でもない。バイクで自分を試しているに
すぎない。世界で十三隊目の北極点到達を目指したいのなら、今すぐ
ここにあるスノーモービルに乗ればいい。そうすれば二倍も三倍も早
く極点に到達できるはずだ。幸い今年は上々の天候に恵まれている。
しかし、止めたいと思ったそのとき、バイクで行けない<u>くらいなら</u>、
全部止める、と思った。

（風間深志『地平線への旅―バイクでやったぜ北極点』）


　（47）・（48）は（A）タイプ、（49）は（B）タイプで、いずれも前件の「低評
価」を表し、後件は前件よりも望ましいという「比較」の意味も表される。
「～したくらいなら」「～しないくらいなら」の場合も、「～するくらいな

78 ｜ 前田直子

ら」同様に低評価条件を表すことを見たが、表1に示されている通り、この両者では「程度」用法のほうが多い。その点は「〜するくらいなら」との大きな違いであると言えるだろう。

## 6. 「くらいなら」と認識的条件文

　本章の目的は「〜するくらいなら」の記述を行うと同時に、この複合的な条件形式が、有田（2007）のいう「認識的条件文」を表す形式であるかを検討することである。よって、まずは「認識的条件文」の定義を、改めて確認しておきたい。有田（2007）によれば「認識的条件文」とは、「前件の言明が既定的であり、かつ、話し手が当該命題の真偽を知らない」条件文である。

(50)　If she is in the lobby, the plane arrived early.　（有田 2007: 111、例（1））
(51)　If Mary said she liked the movie, she was just showing off.　（同、例（2））
(52)　昨日金一封が {出たなら／出たのなら}、今日はみんな飲みに行くだろう。　　　　　　　　　　　　　　　　　　　　（有田 2007: 113、例（6））
(53)　そこに {いるなら／いるのなら}、早く出てこい。　　　（同、例（7））

　「認識的条件文」は、前件の性質により3分類されている。第一は、例(54)(55)のように、「発話時の時点で成立・非成立が確定している前件」である場合、第二は(56)のように、「発話時以降に成立することが発話時に見込まれる前件」の場合、そして第三は、(57)のように、対話相手の発言などにより導入された前件の場合である。

(54)　もし昨日金一封が {出たなら／出たのなら}、今日はみんな飲みに行くだろう。　　　　　　　　　　　　　　　　（有田 2007: 113、例（10））
(55)　昨日金一封が {出ていれば／出ていたら}、今日はみんな飲みに行くだろう。　　　　　　　　　　　　　　　　　　（同：114、例（17））
(56)　もし来週の水曜日に出張する {なら／のなら}、今週中に書類を準備しておかなければならない。　　　　　　　（同：117、例（38））

第 3 章　条件接続形式「くらいなら」と認識的条件文　｜ 79

(57)　A：昨日金一封が出たよ。

　　　B：そうか。(*もし) 昨日金一封が {出たなら／出たのなら}、明日買
　　　　　い物に行こう。　　　　　　　　　　　　　　（同：114、例 (15)）

　そして、上例のように、この「認識的条件文」では「なら」に「の（ん）」
を補うことが可能であり、その理由について、本書の有田論文では、「認識
的条件を表すのに「の」の挿入は義務的ではないが、前件に「の」が挿入さ
れた場合、あるいは「のだったら」「のであれば」で表現された場合は、必
ず認識的条件文になる」(p. 24) こと、そしてこの「の」は「対事的ムード
のノ（ダ）」に由来し、それが「条件形をとることにより、「知らない状態か
ら知っている状態に変化した場合」という意味を積極的に示し、その結果、
話し手がその真偽を厳密には知らないという認識的条件の明示的な標識にな
る」(p. 27) ことが指摘されている。

　日本語の形式的な名詞は判定詞「だ」を伴って述語となり、「よう・そ
う・はず・わけ＋だ」は、認識的・評価的（当為）モダリティ形式とされる
など、話し手の何らかの認識や評価を示す述語形式となる場合も多い (cf.
新屋 1989, 2003、角田 2011, 2012)。その条件形態「形式名詞＋なら」も、
何らかの話し手の認識や評価が付加された条件表現となっている可能性は十
分にあり、「形式名詞＋なら」の体系的な記述は今後の大きな課題である。

　一方で「くらいなら」は「のなら」とは異なり、認識的条件を表す専用形
式ではないが、「なら」「のなら」と同様に、「くらいなら」も認識的条件文
の条件の一部、すなわち「前件が既定的」を満たす例は多く見られる。

(58)　お金の無い人が「生活苦しいから毎日コンビニ弁当」とぬかします。
　　　それって余計に無駄だと思いませんか？　　五百円ぐらいのコンビニ弁
　　　当買うぐらいならもっといろんな食材が買えると思うのですが…
　　　　　　　　　　　　　　　　　　　　　　　　　　　　（Yahoo! 知恵袋）

(59)　まったくこんなところにいるくらいなら、結婚相手を取っ替え引っ替
　　　えしている依頼人の弁護をしているほうがまだましだ。
　　　　　　　　（パメラ・ロス（著）中村美秀（訳）『ロマンチックが好き』）

（60）　とにかく女医になるということは一旦あきらめてはいかがかな」
　　　「諦める<u>くらいなら</u>死んだ方がましです。　　　（渡辺淳一『花埋み』）[3]

　だが、「くらいなら」は、望ましくない・起こるべきではないという認識、すなわち「低評価」の前件を条件として提示するものであった。この「低評価」という意味は「くらい」が持つ意味から生じていると考えられるが、前件に対して話し手が「低評価」という評価を行うためには、まずその事態が、その評価より先行して存在する（あるいは成立が明らかに見込める）ことが自然だからであろう。この点が「くらいなら」と認識的条件文との接点であると考えられるのではないだろうか。

## 7.　おわりに

　「くらいなら」という複合的な条件接続形式において、「くらい」は、「程度」を表す場合と、「特殊な条件」、すなわち「低評価条件」を表す場合があり、また反事実の場合は「実現可能性の低い条件」を表す場合がある。「低評価条件」を表す場合は、後件に、前件より前に行う事態を、相対的に高く評価したり、その事態の実行を表出したり勧めたりする表現が来て、その結果、前件よりも後件のほうが望ましいという比較の意味が生じる。

（61）　中古品を買う<u>くらいなら</u>、費用は何とか用意できる。［程度］
（62）　中古品を買う<u>くらいなら</u>、買わない方がましだ。［低評価］
（63）　中古品を買う<u>くらいなら</u>、自分で {作る／作ろう}。［低評価］
（64）　中古品を買う<u>くらいなら</u>、買わないで済ませろ。［低評価］

　前件事態に対して低評価を与える前提として、前件事態がすでに文脈上に出現しているという既定性が認められる場合も多く、その点では認識的条件文の性質と重なるところがあるが、「くらいなら」は「のなら」とは異なり、認識的条件文を表す専用形式とは言えない。「くらいなら」は、「くらい」の

---

3　この例は BCCWJ の例ではない。

持つ「軽蔑・軽視」の意味から、前件に低評価、あるいは実現可能性が低いと判断する事態を提示し、後件には、それより望ましい事態を提示することによって、「前件よりも後件のほうが望ましい」という「比較」の意味を生じさせるところに、その特徴があると言える。

## 引用文献

有田節子（2007）『日本語条件文と時制節性』くろしお出版.
有田節子（2017）「現代日本語文法における認識的条件文の位置づけ」本書所収.
グループ・ジャマシイ編（1998）『教師と学習者のための日本語文型辞典』くろしお出版.
新屋映子（1989）「"文末名詞"について」『国語学』159: 88–75.
新屋映子（2003）「日本語の述部における名詞機能 」『Journal CAJLE』5: 131–147.
角田太作（2011）「人魚構文：日本語学から一般言語学への貢献」『国立国語研究所論集』1: 53–75.
角田太作（2012）「人魚構文と名詞の文法化」『国語研プロジェクトレビュー』7: 3–11.
日本語記述文法研究会編（2009）『現代日本語文法5　第9部主題　第10部とりたて』くろしお出版.
星野佳之（2015）「クライナラ諸形式の整理」『ノートルダム清心女子大学紀要　日本語・日本文学編』39(1): 1–11.

第 2 部

中央語の歴史篇

# 第4章

## 古典日本語における認識的条件文

鈴木　泰

## 1.　はじめに

　有田（2015）では、次のような、前件が既定的で、話し手がその真偽をし
らない条件文を認識的条件文という。

　　　・（昨日日本代表の試合があったけれど、結果はどうだったんだろう
　　　か。）
　　　もし、日本が勝った（ん）なら、決勝リーグに進む可能性が残されて
　　　いるんだが。

　このような表現が可能なのは、前田（2009: 54）によれば、「未実現の事態
ではなく、話者が未確認の事態を取り上げることができる」という、「なら」
条件文の特殊な性質によるものとされる。
　うえの例においては、話し手がある情報をうけとったことを証拠として、
条件節のできごとをすでに決定した内容であるかのようにあつかっており、
条件節の内容と帰結節の内容とのあいだに因果関係があるという解釈が可能
である。このようなものがその典型であるとすると、認識的条件文とは、文
としては条件文であるが、内容的には原因をあらわしているようにみえるも
のということになる。これは、以下の高橋太郎のいうところを参照するな

86 │ 鈴木　泰

ら、ブラックボックスのそとの関係としては、条件帰結関係であるが、ブラックボックスのなかの関係である原因結果関係がつよく表面にあらわれているものといってよいだろう。

> 「A という条件があれば、α ということが成立する」というばあい、条件（A）と帰結（α）の関係はブラックボックスのそとの関係であって、α が成立するための原因や理由というかたちではのべられていない。「ブラックボックスのそとの関係」というのは、ハコのなかがどんなしかけになっているのかわからなくても、タマが P というアナにはいればでてこなくなり、Q というアナにはいれば、チンジャラジャラと音がして、十倍になって、かえってくるということがわかっているようなばあいに、その〈こうすれば（こうなれば）、こうなる〉、〈ああすれば（ああなれば）、ああなる〉という関係をいうのである。
> 　・いなかへ　いけば、あいつに　あえる。
> 　ブラックボックスのなかの関係、つまり、原因や理由としてのべるためには、条件・譲歩句節の述語のかたちを次のようにかえなければならない。
> 　・いなかへ　いくから、あいつに　あえる。
> 　また、条件・譲歩句節のある文は、原因・理由をのべる、つきそい句節によって、さらに拡大して、ブラックボックスのなかの関係をつけくわえることができる。
> 　・あいつは　いつも　いなかに　いるから、いなかへ　いけば、あいつに　あえる。　　　　（高橋（2003: 244–245）。用例は適宜省略した）

　高橋のかんがえは、阪倉篤義が、古代の確定条件をあらわす形式が現代において仮定条件をあらわすようになった経緯をふまえ、条件表現を以下のように規定するのと通ずるものである。

> 　近代語における仮定条件の表現といふのは、現に問題とする一つの事態の背景に、つねに一般性をもつた因果性を予想するといふ発想の形式を

とるにいたつたといふことである。　　　　　　　　　（阪倉 1958: 112）

　高橋のこうしたかんがえかたは、特に古典語において認識的条件文をみとめるうえで有効である。その点については、本章の 3 節でふれることにする。

　ここで有田のかんがえにもどれば、有田（2015）（用例は適宜省略する）は、日本語の認識的条件文は、前件のちがいによって、次の三種類にわかれるとする。

（A）　発話時の時点で成立・非成立が決定している前件
　　　・彼女が先生の殺害を目的としてボディーガードになったのならば、今までにそのチャンスはいくらでもあったはずです。
　　　・催眠術で操られていたなら、別人みたいなことをしても全然おかしくない。
（B）　発話時以降に成立することが発話時に見込まれる前件
　　　・客に媚売るなら、それ相応の覚悟がなくちゃいけねえ。
　　　・俺は本気だったんだ、会社がこうなった以上俺は全部捨てて千春と逃げたいと思ってる、もちろん幸せにする自信は今はないけどそれでもどうせ不幸になるなら、俺はおまえと一緒にいたいんだ。
（C）　対話相手の発言などにより導入された前件
　　　・「本当に申し訳ありませんでした。」「謝るくらいなら、あんな遅くまで、連れ回すなよ。」
　　　・常南大で診てもらったんなら間違いないと思いますが。

　最初にあげた決勝リーグ出場をめぐる例はこの（A）にあたる用法である。これは、「もし、日本が勝った（ん）なら、」という前提のもとで、「決勝リーグに進む可能性が」うまれることを叙述したものである。前提たる日本の勝利は、他者の発話によってあたえられたものではなく、話し手の知識のなかからえらばれたものの一つであろう。同様に、（A）の第二例の「催眠術で操

られていたなら、」という条件の内容も、話し手の知識のなかからさがしだされた前提であるとかんがえることができる。しかし、これらといえども、聞き手への確認によってあたえられた「話の現場で話し手の受け取ったばかりの情報」（日本語記述文法研究会編 2008: 103）とみることもできる。

　一方、（C）の用法は、聞き手の発言によって触発された題材を、話し手が自らの話題としてひきとったもので、最初の例のように、「本当に申し訳ありませんでした。」のような聞き手の発話なしには成立しないものである。二番目の例でも、聞き手が常南大で診てもらっているのだと発言したことをうけていることはまちがいない。しかし、これも話し手の知識のなかにあった、二流の病院ではない、一流の「常南大」で診てもらったということを前提として、安心であることを表明しようとしたとかんがえるなら、（A）の用法とかわらなくなる。しかし、具体的な文脈のなかでは、それぞれの例は（A）か（C）かのどちらかであろうから、外からはどちらか区別できなくとも、（A）と（C）を別にたてておく必要はある。（A）であれば、条件の内容を発話の時点において決定的なものとして判断しているという傾向がつよくみられるのにたいして、（C）のばあいは聞き手のもちだした内容をそのまま前提としてひきとるという性格がつよい。

　発話時以降に成立が見込まれる条件として有田のあげる（B）の第二例の「どうせ不幸になるなら、俺はおまえと一緒にいたいんだ」は、会社がうまくいかなくなったという文脈によって不幸になることが決定的であることはうらづけられているから、不幸になることは、具体的にまだ生起していないが、未来においてほぼ確実に成立する事態といってもよいだろう。

　しかし、（B）にははばがあって、第一例の「客に媚売るなら、それ相応の覚悟がなくちゃいけねえ。」は、ポテンシャルな条件であり、実現する可能性も、実現しない可能性も両方もっている。そのような意味で、その内容は発話時以降に成立することが見込まれはするが、その見込みの確率はちいさいといわなければならない。

　第一例にすでに明確に看取できるのであるが、「客に媚売る」というできごとは、先行する聞き手の発話に触発されたものであるばあいも、そうでないばあいもありうる。すなわち（B）のばあいの条件節も、（A）と同様に帰

結節の叙述の妥当する前提としての役割をもつこともあろうし、（C）と同様に聞き手の発言に触発され話題としてひきうけられるばあいもあろう。しかし、その区別はこのばあいはさほど重要でなく、重要なのは、発話時にしろ発話時以降にしろ、それが確実に成立することなのか、ポテンシャルにしか成立しないことなのかということであろう。後者であれば、これは以下の高梨（1995）のいう総称的条件文にちかづいてくる。そのばあいには、これは任意の一つの行為の実現可能性を例示的にのべるだけで、単に一般的な注意をのべているものにとどまることになる。

　高梨（1995: 173）は、Xナラを、

のようにわけている。

　このシェーマとの関連でいえば、有田のいう（A）と（C）は条件節が一回的な「個別的事態を表わす場合」に該当する。また、（B）のなかでポテンシャルなものは「総称的な事態のタイプを表わす場合」にちかく、ポテンシャルではない「発話時以降に成立することが発話時に見込まれる」ものは、おおよそ「個別的な事態を表わす場合」にはいる。ただし、後者はポテンシャルな性格もいくらかのこしているので、「総称的な事態のタイプを表わす場合」との中間に位置づけられるといえそうである。

## 2.　古典語の認識的条件文の機能

　古典語においても、現代語と同様の機能の三種類の認識的条件文が存在するかどうかを今昔物語集を中心にみてみたい。以下に、古典語の認識的条件文とみなされるもので、有田のいう（A）（B）（C）に該当するものについて、形式にかかわらず、その特徴について検討していく。

## 2.1 （A）発話時の時点で成立・非成立が決定している前件

以下にかかげる例は、第一義的には（C）とは解釈されないものをあげたものである。そのおおくは、仮定条件形（未然形＋バ）である。

第一の例は、地の文の説明によって雑色の強奪が完成していることがしめされていて、評者はそれを確実なことと仮定して、批評している。

(1)　今昔、物詣破無ク好ケル、人ノ妻有ケリ。…参着テ居タル程ニ、少シ送レテ、鑭ラカナル雑色男一人亦詣デタリ。此ノ雑色男、寺ノ内ニテ此ノ共ニ有ル女ノ童ヲ引手触ル。…女ノ童音モ不為デ、衣ヲ只脱ニ脱テ棄テツ。男其レヲ取テ、亦、主ヲ引手触ル。主実ニ奇異ク怖シク思ユレドモ、更ニ術無シ。…男起テ、主ノ衣ヲ引剥テ、「糸惜ケレバ袴ハ許ス」ト云テ、主従二人ガ着物ヲ提テ、東ノ山ニ走リ入ニケリ。…然レバ心幼キ女ノ行キハ可止キ也。此ク怖シキ事有リ。其ノ男、主ト親ク成ナバ、衣ヲバ不取デ去ネカシ。　　　（今昔 29 巻 22 話）

〔今は昔、やたら物詣での好きな人妻がおった。…寺に行き着いてお参りをしていると、少し遅れて屈強なからだつきの雑色男一人がまたお参りに来た。ところが、突然、この雑色男が寺の中で、この人妻の供の女童の手をつかんで引き寄せた。…女童は声も出ず、着ている着物を次々と脱ぎ捨てた。男はそれを奪い取り、今度は主の女を引き寄せる。女は言いようもなく恐ろしいが、まったくどうするすべもない。…女の着物をはぎ取って、「かわいそうだから下着だけは許してやる」と言って、女と女童の着ていた着物を引っ提げ、東の山の中に走り入った。…されば、分別の浅い女の出歩きはやめるべきである。こんな恐ろしいことがあるのだ。その男も、主の女とからだの関係までもったのなら、着物だけはとらずに行けばよいものを。〕

問題の部分は、評者の立場からのべられたところであるから、当然、話の内容はすでに完成したものと仮定されていることはあきらかである。したがって、前提性と同時に、「親密になったのだから、衣服まで奪ってはならない」という因果関係の意味がつよくおしだされている。

第4章　古典日本語における認識的条件文 ｜ 91

　次の例は、盗賊に衣装箱を奪われた弁が盗賊のあとを追わせず、かわりに
従者に命じて、盗賊にたいして引用部のようによびかけさせたところであ
る。

(2)　「汝ヂ馳セ行テ、箭ゴロヲ去テ、盗人ニ云ヒ懸テ返リ可来シ。其ノ云
　　　ハム様ハ、『盗人モ人ノ物ヲ責テ欲クスレバ、者ノ心ハ知タラム。公
　　　ケノ御言ヲ奉テ、御祈ノ使トシテ、日来薬師寺ノ大会行ヒテ、今日内
　　　ヘ返リ参リ給フ公ノ御使ノ衣櫃取テハ、汝等ハ吉キ事有テムヤ。其ノ
　　　心ヲ得テ汝等可取キ也』ト峰ニ登テ叫ビ懸ヨ」ト。（今昔 19 巻 35 話）
　　　〔「お前は盗人を追いかけて行き、矢の届かぬあたりから盗人にこう声
　　　をかけてすぐ帰ってこい。その言葉というのは、『盗人も人の物をそ
　　　れほどにほしがるところから察すると、物の道理はよく知っているだ
　　　ろう。勅命を承り、ご祈祷の使いとして数日間、薬師寺の大法会を執
　　　り行い、今日内裏へ帰参なさる勅使の衣装櫃をとったなら、お前たち
　　　はろくな目に遭わないぞ。このことをよく心得た上でとりたければ
　　　とってゆけ』このように峰に登って大声で呼ばれ」と言った。〕

　衣装箱を盗賊がうばったことは、地の文の説明にあり、すでに完成してい
るので、意味としては「勅使の衣装箱を奪ったのだから、ひどいめにあう
ぞ」という因果的意味をつよくにおわせたものである。原文の形式が仮定条
件形ではなく、中止法の提示形であることのなかに、この条件節が理由より
むしろ前提であることが表現されている。

　次は源氏物語の雨夜の品定めのところで、女の従順さを利用して、その嫉
妬深さをしずめようと、あえて冷たくしてみたという、左馬頭の話である。

(3)　　そのかみ思ひはべりしやう、かうあながちに従ひ怖ぢたる人なめりい
　　　かで懲るばかりのわざして、おどして、この方もすこしよろしくもな
　　　り、さがなさもやめむと思ひて、まことにうしなども思ひて絶えぬべ
　　　き気色ならば、かばかり我に従ふ心ならば、思ひ懲りなむと思うたま

へえて、　　　　　　　　　　　　　　　　　　　（源氏・帚木 8 段）

〔その当時思いましたことには、こうしてむやみに私の言いなりに
なってびくびくしている女のようだ、何とかして懲りるくらいの目に
あわせて、おどかして、この嫉妬のほうも少しましになり、口やかま
しい性質も直してやろうと思って、心底からいやになって、縁を切っ
てしまいそうなそぶりを見せてやれば、これほど私に従順な気持なの
だったら、きっと懲り懲りするだろうと考えつきまして、〕

　この女の従順さは左馬頭自らの体験として語られており、それを「かばか
り」と指示していることから、従順であることをまちがいないこととして前
提にしているといえる。そこには、主節とのあいだに、「こんなに従順なの
だから、今度は懲りるだろう」という原因理由関係もみえすいている。その
点から認識的条件文としてよいとかんがえられる。

(4)　二条院は近ければ、まだ明うもならぬほどにおはして、西の対に御車
　　寄せて下りたまふ。若君をば、いと軽らかにかき抱きて下ろしたま
　　ふ。少納言、「なほいと夢の心地しはべるを、いかにしはべるべきこ
　　とにか」とやすらへば、「そは心ななり。御みづから渡したてまつり
　　つれば、帰りなむとあらば、送りせむかし」とのたまふに、笑ひて下
　　りぬ。　　　　　　　　　　　　　　　　　　　（源氏・若紫 23 段）

　　〔二条院は近いので、まだ明るくならないうちにお着きになり、西の
　　対にお車を寄せてお降りになる。姫君を、じつに軽々とお抱きになっ
　　てお降ろしになる。少納言が、「やはり、まるで夢を見ているような
　　気がいたしますが、どういたしましたらよろしいのでしょう」とため
　　らっていると、君は、「それはそなたの気持しだいだろうよ。当のご
　　本人を、もうここにお連れ申したのだから、そなたが帰りたいという
　　のならば、送ってあげようよ」とおっしゃるので、苦笑して車を降り
　　た。〕

　しかし、うえの源氏の例は、話し手は聞き手の「やすらへば」というそぶ

りから聞き手のかえりたいという意向の存在を推測しているとみるなら、単なる仮定的条件文である可能性も排除できない。一般に、心理的状態は、通常は外部にあらわれた態度・言動などから、想像するより他ないので、単純な仮定の意味になりやすいからである。

　他方、「いかにしはべるべきことにか」という発言は、かえりたいとのべているのと同じだとすると、聞き手の発言をうけて、それをひきとって前提としたのだとかんがえることができる。だとすれば、これは、認識的条件文ではあるが、（A）でなく（C）であることになる。

　次は、源氏が参内して自分が皇子とそっくりであることをおもいしり、自分の身をいましめているところである。ナラではなく、タラで現代語訳されている例なので、現代語訳からでは、それが認識的条件文であるとはかんがえにくいが、意味的にはそうかんがえてよい例だとおもわれる。

(5)　例の、中将の君、こなたにて御遊びなどしたまふに、抱き出でたてまつらせたまひて、「皇子たちあまたあれど、そこをのみなむかかるほどより明け暮れ見し。されば思ひわたさるるにやあらむ、いとよくこそおぼえたれ。いと小さきほどは、みなかくのみあるわざにやあらむ」とて、いみじくうつくしと思ひきこえさせたまへり。中将の君、面の色かはる心地して、恐ろしうも、かたじけなくも、うれしくも、あはれにも、かたがたうつろふ心地して、涙落ちぬべし。物語などして、うち笑みたまへるが、いとゆゆしううつくしきに、わが身ながらこれに似たらむは、いみじういたはしうおぼえたまふぞあながちなるや。
　　　　　　　　　　　　　　　　　　　　　　　（源氏・紅葉賀９段）
　　〔例によって中将の君が藤壺の御殿で管絃のお遊びなどに加わっていらっしゃると、帝が若宮をお抱き申してお出ましになり、「皇子たちは大勢いるけれども、ただそなただけを、こういう幼い時分から朝晩見ていたものだ。そのために、しぜんそのころが思い出されるせいか、じつにそなたによく似ている。小さいうちは、ただみなこうしたものだろうか」とおっしゃって、たまらなくかわいいとお思い申し

94 ｜ 鈴木　泰

ておいでになる。中将の君は、顔色の変る心地がして、恐ろしくも、もったいなくも、うれしくも、いたわしくも、さまざまに感情の揺れ動く思いで、涙がこぼれ落ちそうになる。若宮が何か声をあげたりしてお笑いになっているのが、まったくそら恐ろしいほどにかわいらしいので、君は、自分がそのままこの若宮に似ているのだとしたら、この身をよほど大事にいたわらねば、というお気持になられるが、それは身勝手に過ぎるというものだろう。〕

　本例も、一方では、自分の直接の観察を根拠として、よく似ていると源氏が判断したのだとかんがえられる。ただ、このようにかんがえるならば、「だとしたら」という現代語訳からしても単なる仮定的条件文である可能性は排除できない。が、他方で、桐壺帝の「いとよくこそおほえたれ」という発言をうけて、それをひきうけて、似ているということを前提としたとみるなら、（C）であることになる。
　なお、この例は、古典語では、仮定条件形ではなく、「似たらむ」という〜ムの形の推量法の準体形が「は」によってとりたてられているという特別な形である。さしだされているのが、直説法（断定）の準体形ではなく、推量法の準体形であるということによって、この提示に仮定性が生じているのだとかんがえられる。

## 2.2　（B）発話時以降に成立することが発話時に見込まれる前件

　有田のあげる、現代語の例においてもそうだったが、古典語においても発話時以降に成立が見込まれる条件というのは、総称的（一般的な）条件文と区別のむずかしいものがおおい。

　次の話は飢えにせまられて、猪の足だと思って僧が食べたものが、あとで近隣の人たちによって、観音像の足であったことがあきらかにされるという話である。

（6）　鍋ニ檜ノ木ヲ切リ入レテ、煮テ食ヒ散シタリ。人々此レヲ見テ云ク、

第4章　古典日本語における認識的条件文 | 95

「聖リ、食ニ飢タリト云ヒ乍ラ、何ナル人カ木ヲバ煮食フ」ト云テ哀
レガル程ニ、此ノ人々仏ヲ見奉レバ、仏ノ左右ノ御䏶(もも)ヲ新切リ取タ
リ。「此レハ、僧ノ切リ食ヒタル也ケリ」ト、奇異ク思テ云ク、「聖
リ、同ジ木ヲ食ナラバ、寺ノ柱ヲモ切食ム。何ゾ仏ノ御身ヲ壊(やぶ)リ奉
ル」ト云フニ、　　　　　　　　　　　　　　　　　　（今昔 16 巻 4 話）
〔鍋の中に檜(ひのき)を刻み込んで煮て食べ散らした跡がある。人々はこれを
見つけて、「お坊様、いくら食物に飢えたといって、木を煮て食べる
人がありますか」と言って哀れがっていたが、ふと仏像を見ると、そ
の仏の左右の股の所があざやかに切り取られている。「さてはこれを
僧が切って食べたにちがいない」とあきれる思いがして、「お坊様、
どうせ木を食べるなら、寺の柱でも切って食べなされ。なんでまた仏
様の御身を傷つけ申すようなことをするのです」と言う。〕

　これは、食べるものがない状態において、同じ木を食べるにしても、一般
的には仏像の足ではなく、何か他の木を食べるべきだといっているのであ
る。しかし、飢えて木を食べるなどということはめったにおこるとはおもわ
れないことだから、ここでの食べるという行為も、未来に確実に実現する個
別的行為である可能性はおおきくはない。むしろ、任意のばあいを例として
とりあげて注意しているだけであろう。つまりこの例は、場面にのこされた
証拠にもとづいているものの、有田のあげた第一例の「客に媚売るなら」と
よく似ている。
　よりはっきり、未来において確実におこる個別的な行為をとりあげている
とかんがえられるのは、次の例である。

(7)　其時ニ、大臣蘇我ノ馬子ノ宿禰ト云人、此ノ来レル使ヲ受テ、家ノ東
　　ニ寺ヲ造リ、此ヲ居ヘテ養フ。大臣、此寺ニ塔ヲ起ムト為ルニ、太子
　　ノ宣ハク、「塔ヲ起テバ、必ズ仏ノ舎利ヲ籠メ奉ルナリ」。舎利一粒
　　ヲ得、即チ瑠璃ノ壺ニ入テ塔ニ安置シテ、礼奉ル。（今昔 11 巻 1 話）
　　〔すると蘇我馬子宿禰という大臣が、渡来した使者を迎え、自分の家
　　の東に寺を建て、そこに住わせて丁重にもてなした。大臣はこの寺に

塔を建てようとしたが、太子が、「塔を建てるなら、中にはどうして
も仏の舎利をお入れしなければならない」とおっしゃって舎利一粒を
手に入れ、それを瑠璃の壺に入れて塔に安置して礼拝し奉った。〕

　本例では、塔をたてるという目論見は、「大臣、此寺ニ塔ヲ起ムト為ル」
という説明にもとづいてとりあげられているとかんがえられる。相手の発言
をうけたものとはことなり、地の文の説明を根拠としているので、これは
（A）と同様のエヴィデンシャルな性格をもつものといえる。しかし、一方
で、これは有田の第一例「客に媚売るなら…」にちかい面もないとはいえな
い。「たてる」ということは未実現であり、完全にその行為を未来に具体化
するものとみなしているわけではない。このばあいも、その行為をおこなう
ことがきまっていることを前提としながらも、一般的にもっともよいやり方
を指示、ないしは提案している文であるとかんがえることもできる。現代語
の、「北京へ行くなら陳先生に会うといいよ」のような「ある目的に対して
適切な手段を述べる慣用的な表現」（蓮沼 1985: 71、前田 2009: 54）とかんが
えてもいいだろう。こうした点では、総称性もあるが、これもひろい意味で
（B）類にいれておきたいとおもう。

　運動の実現の未来性がより明確になってくるのは、現代語訳で「どうせ死
ぬなら」と訳されるような例においてである。次の例は、瀕死の師を救うた
めに弟子の一人がみがわりを申しでた話である。

(8)　年来其ノ事トモ無クシテ相ヒ副ル弟子有リ。師モ此レヲ懃ニモ不思ネ
　　バ、身貧クシテ壺屋住ニテ有ル者有ケリ。此ノ事ヲ聞テ云ク、「己レ
　　年既ニ半バニ過ヌ。生タラム事今幾ニ非ズ。亦身貧クシテ、此ヨリ
　　後善根ヲ修セムニ不堪ズ。然レバ、『同ク死タラム事ヲ、今師ニ替テ
　　死ナム』ト思フ也。速ニ己ヲ彼ノ祭ノ都状ニ注セ」ト。

（今昔 19 巻 24 話）

〔ここに、長年どうということなく平々凡々に仕えていた弟子があっ
た。「わたしは、もうとうに人生の半ばを過ぎてしまいました。残り

第4章　古典日本語における認識的条件文　｜ 97

の命はどれほどもありませんし、貧乏でもありますので、これから
先、善根を積むことも不可能です。ですから、『どうせ死ぬなら、い
ま師の命に代って死のう』と思います。すぐにわたしの名をその祭り
の都状に記してください」と申し出た。〕

　本例の条件文は、死を、現在はまだ実現していないが、人の定めとしてさ
けられないものとみこしていることをしめすものである。死がさけられない
ことを一般的なこととしてみとめ、人間一般に死がさけられないということ
が真実なら、自分も人間の一人である以上、自分の死もさけられないから、
いっそこの際死をえらぼうといっているのである。
　なお、この例は機能的には、述語節ではなく、「事」を修飾する連体節で
あるが、推量法の準体形と同じ価値をもつものである。また、接続助辞なら
ヲは一般に逆接関係を構成するが、ここでは一旦「死タラム事」を「死ぬ」
の同族的な目的語として提示しており、それが「どうせ死は避けられないの
だから、この際すすんでひきうけよう」という順接的な関係に理解されるの
である。
　構文のもっと熟したものが、「同じ死にを」というかたちで、連用形名詞
句だけに省略された慣用的な表現であり、今昔におおい。
　次は、墓穴のなかからでてきた鬼をみて、男が自分の死をさとったという
ところである。

(9)　其ノ時ニ、男ノ思ハク、「葬送ノ所ニハ必ズ鬼有ナリ。其ノ鬼ノ我レ
　　ヲ噉ハムトテ来ニコソ有ケレ。何様ニテモ、我ガ身ハ今ハ限リ也ケ
　　リ」ト思フニ、「同死ニヲ、此ノ奄（いほり）ハ狭ケレバ入ナバ悪カリナム、不
　　入ヌ前ニ鬼ニ走リ向テ切テム」ト思テ、大刀ヲ抜テ奄ヨリ踊出テ、鬼
　　ニ走リ向テ、鬼ヲフット切ツレバ、鬼被切テ逆様ニ倒レヌ。

（今昔 27 巻 36 話）

〔その時、男は思った、「人を葬る場所には必ず鬼がいるという。その
鬼がおれを食おうとしてやってくるにちがいない。どのみち、もうこ
れでおしまいだ」。こう思うと、「どうせ死ぬなら、この小屋はせまい

から、中に入れたらまずい、入らぬ先に飛び出して行き、切りつけてやろう」と決心し、太刀を抜いて小屋から躍り出し、鬼に走り向い、ずばりと切りつけると、鬼は切られてあおのけざまに倒れた。〕

　まえの例と同じように、死がさけられないことが人の運命（真実）なら、自分の死もさけられないから、いっそ飛びだして戦ってやろうといっているのである。ここでは「死」はいつか現実になることはきまっているので、自分が死ぬということについては「発話時以降に成立することが発話時に見込まれる前件」として、設定されているといえる。
　（B）にはいる典型的なものは、将来確実に実現が予定されている個別的事態を条件とするものであるが、そのようなものでも、多少なりとも任意の一つをとりあげているというポテンシャルな意味をもつともかんがえられるばあいがあり、総称的条件文に通ずるという点で、（B）は（A）や（C）とはことなる性質があるといえる。

　なお、清盛が、仏御前を召し置くために、祇王を退出させることをきめた、次の平家の例なども、その条件の実現が絶対的な命令によって確実に見込まれているので、「発話時以降に成立することが発話時に見込まれる前件」をあらわす例にいれることができるのではないかとかんがえられる。このように、絶対的な命令でおこなわれることも、したがわざるをえないものであり、まだ成立してはいないが、未来に成立が確実に予定されている条件ということになるのではないかとかんがえられる。

(10)　入道、「すべてその儀あるまじ。但し祇王があるをはばかるか。その儀ならば祇王をこそ出さめ」とぞ宣ひける。仏御前、「それ又、いかでかさる御事さぶらふべき。諸共に召しおかれんだにも、心ううさぶらふべきに、まして祇王御前を出させ給ひて、わらはを一人召しおかれなば、祇王御前の心のうち、はづかしうさぶらふべし。おのづから後まで忘れぬ御事ならば、召されて又は参るとも、今日は暇を給はらむ」とぞ申しける。
　　　　　　　　　　　　　　　　　　（平家物語・一巻・祇王）

第4章　古典日本語における認識的条件文 | 99

　〔入道は、「全然そういう事はしてはならない。ただし祇王が居るから遠慮するのか。それなら、祇王を追い出そう」と言われた。仏御前は、「それはまたどうして、そんな御事があってよいでしょう。祇王御前と一緒に召し置かれることでさえも、心苦しゅうございますのに、まして祇王御前をお出しになって、私一人をお召し置きになるなら、祇王御前の気持に対して、気恥ずかしゅうございます。もしも後々まで私をお忘れにならぬのなら、召されてまた参る事がありましても、今日はお暇をいただきましょう」と申した。〕

　具体的な説明をくわえるなら、絶対的な権力者の命令であるので、自分だけ清盛のもとにとどめられるということは疑うことのできない真実であり、それがたがうことを想定することはできない。条件形をとっているが、ほとんど仮定性はなく、私一人だけを召し置くのでは、祇王にたいして申し訳ないという前提関係をあらわしているといえる。なお、このばあいでも「私一人を召し置く」という前提は私と祇王との対比からとりあげられているのだとすると、命令にもとづくというより、自らの知識のなかからとりだされたことであるともかんがえられる。

## 2.3　（C）対話相手の発言などにより導入された前件

　この種の条件文の主節では、「話の現場で相手から受け取ったばかりの情報に基づいたその場での話し手の判断・態度が述べられる」（日本語記述文法研究会編 2008: 103）とされる。

　次は、旅の途中で行きずりになった男を殺してその身ぐるみを奪い取った僧侶がたまたまその男の妻のところにとまったため、男の妻に奪った夫の着物をきているのを見つけられるという話である。

(11)　然レバ、家女、此ノ法師ニ向テ見ルニ、法師ノ着タル衣ノ袖口急ト見ユ。其レニ、我ガ夫ノ着テ行ニシ布衣ノ袖ニ色革ヲ縫合タリケルニ似タリ。女、思ヒモ不寄ネバ、然モ心モ不得デ有ルニ、家女、尚此ノ袖

口ノ極ク怪ク思エケレバ、然ル気無キ様ニテ見ルニ、只其レニテ有
リ。

　其ノ時ニ、家女驚キ怪ムデ、隣ニ行テ、蜜ニ、「此ル事ナム有ル。
何ナル事ニカ有ラム」ト云ケレバ、隣ノ人、「其レハ極テ怪キ事ニコ
ソ有ナレ。若シ盗タルニヤ有ラム。極ク不審キ事也。実ニ一定其ノ衣
ト見給ハヾ、聖ヲ捕ヘテ可問キニコソ有ナレ」ト云ケレバ、

（今昔 29 巻 9 話）

〔それは自分の夫の着ていった普段着の、染め皮を縫い合せた袖に似
ている。女は思いもよらぬことなので、まさかそんなことがあったと
は気がつかなかったが、どうにもこの袖口が気になってならず、さり
げないふりをしてよく見ると、まさに夫のものだ。とたんに、女は驚
き怪しみ、隣の家に行って、ひそかに、「こういうことがあります。
いったいどうしたことでしょう」と耳打ちすると、隣の人は、「それ
はじつに怪しい。もしかしたら盗んだのかもしれぬ。なんとも怪しい
ことだ。本当に疑いなくご主人の着物だと見きわめられたのなら、そ
の聖を捕えて問いただすべきです」と言う。〕


　当時の物語の語り口のつねで、読者にわかっているすでに語られた内容は
直接引用であっても指示語でしめすだけであるが、妻が「此ル事ナム有ル」
と隣人にうちあけたことをひきとって、その隣人がその言葉を真であるもの
として仮定しているのだから、「見給ハヾ」は (C) の認識的条件文である。
このばあいでも、条件節と帰結節のあいだには、「ご主人の着物であること
がはっきりしたのだから、その聖を問いただすべきだ」という因果関係があ
らわされているといえる。しかし、「実ニ一定」（本当に疑いなく）とあるこ
とは、この条件の成立が確実であるかどうかは完全には定まらないというこ
とであり、これがまだ仮定的な条件文としての性格をのこしていることをし
めしている。
　このような例は平安時代の資料におおくみられ、認識的条件文の中心的な
タイプである。

第 4 章　古典日本語における認識的条件文 ｜ 101

　次は、寂心が陰陽師の冠をかぶっておはらいをしている僧を見つけて、僧
の身でなぜ陰陽師の姿をしているかを尋ねると、生活が苦しくて仕方なくそ
うしていると聞いたところである。

(12)　　見レバ、川原ニ法師陰陽師ノ有テ、紙冠ヲシテ祓ヲス。〔寂心〕此レ
　　　ヲ見テ、馬ヨリ忩ギ下テ、陰陽師ノ許ニ寄テ云ク、「此レハ何態シ給
　　　フ御房ゾ」ト。陰陽師答ヘテ云ク、「祓シ侍ル也。…世ヲ過ス事ノ難
　　　有ケレバ、陰陽ノ道ヲ習テ此クシ侍ル也。不然ズシテハ何態ヲシテカ
　　　妻子ヲモ養ヒ、我ガ命ヲモ助ケ侍ラム。…」ト。〔寂心〕云フ、「…貧
　　　サニ不堪シテ<u>此クシ給ハヾ</u>、我ガ此ノ知識ニ曳キ集タル物共ヲ皆其ニ
　　　進ナム。…」ト云テ、　　　　　　　　　　　　　　　（今昔 19 巻 3 話）
　　　〔見れば川原に僧形の陰陽師がいて、紙の宝冠をかぶって祓いをして
　　　いる。〔寂心〕はこれを見て急いで馬から降り、陰陽師のそばに寄り、
　　　「貴僧はいったい何をしておられるのです」と言った。すると陰陽師
　　　は、「祓いをしているのです。…僧だけではどうにも生きてゆけない
　　　ので、陰陽道を習ってこういうことをしているのです。こうでもしな
　　　ければ、どうして妻子を養い、自分の命を保つことができましょう。
　　　…」と言う。〔寂心〕は、「…貧しさに堪えられずこういうことを<u>なさ
　　　るのでしたら</u>、わたしが募った喜捨の品々をみなあなたにさしあげま
　　　しょう。…」という〕

　これは、寂心が陰陽師の姿の僧を実際にみて「此ク」といっていることか
ら、見聞のすべてを証拠として、僧の説明を真実だと判断しているともみら
れるが、しかし貧しさにたえかねてこうしているということは、一方で僧の
発言のなかにはっきり表明されているので、相手の発言によって導入された
条件であるともかんがえられる。その結果、「あなたは生活が苦しいのだか
ら、私の喜捨の品物をやろう」というブラックボックスのなかの因果関係が
さしだされている。ただし、タラ条件文で現代語訳されているところから
は、多少単純な仮定の意味ものこしているとかんがえられる。

102 ｜ 鈴木　泰

　また、次のように気持や意向を条件としてさしだすばあいがある。次の例は猿が法華経の書写を希望したという話である。

（13）　而ル間、二ノ猿出来テ堂ノ前ニ有ル木ニ居テ、此ノ僧ノ法花経読誦スルヲ聞ク。朝ニハ来テタニハ去ル。如此ク為ル事、既ニ三月許ニ成ヌルニ、毎日ニ不闕ズシテ同様ナル、居テ聞ク。僧此ノ事ヲ怪ミ思テ、猿ノ許ニ近ク行テ、猿ニ向テ云ク、「汝ヂ猿ハ月来如此ク来テ、此ノ木ニ居テ経ヲ読誦スルヲ聞ク。若シ法花経ヲ読誦セムト思フカ」ト。猿僧ニ向テ頭ヲ振テ、不受気色也。僧亦云ク、「若シ経ヲ書写セムト思フカ」ト。其ノ時ニ、猿喜ベル気色ニテ、僧此レヲ見テ云ク、「汝ヂ、若シ経ヲ書写セムト思ハヾ、我レ汝等ガ為ニ経ヲ書写セム」ト。
　　　　　　　　　　　　　　　　　　　　　　　　　（今昔 14 巻 6 話）
　　　〔さていつごろからか、二匹の猿がやって来て堂の前の木に登り、この僧が『法華経』を読誦するのを聞いている。朝来ては夕方には帰っていく。このようにしていつしか三か月ほどになったが、毎日かかさず同じような様子で木に登って聞いている。僧はこれを不思議に思い、猿の所に近づいていって猿に向って言った。「お前は『法華経』を読誦したいと思っているのかね」。こう言うと、猿は僧に向い頭を横にふって、そうではないというそぶりをする。そこで僧がまた言った。「では、お経を書写したいと思うのかね」。すると猿は喜ぶ様子を見せたので、これを見た僧は、「お前がお経を書写したいのなら、このわしがお前のためにお経を書写してやろう」と言う。〕

　本例は、質問にたいして猿がうなずいたということを言語活動であるとみて、書写したいと希望をのべたのと同じだと解釈するなら、その希望を前提とする認識的条件文である。しかし、相手は猿であるから、言葉は発していないので、「喜ベル気色」というその様子から、そのような希望が存在するものと推測しただけなのかもしれない。本当に書写の希望が存在するかどうかは、疑おうとすれば疑えるとかんがえるなら、これは単なる仮定条件文であるとした方がいいかもしれない。つまり、さしだされる条件が心理内容で

第4章　古典日本語における認識的条件文　| 103

あるようなばあいは一般に仮定的な条件文との区別がむずかしいということをこれはしめしている。

（14）「まだしきに暑さ所せき年かな。なにしに常に召すらん」と、つぶやきたまふを、母宮聞きたまひて、「苦しうなど思されんには、何かは参りたまふ。団扇などせさせて、心安くものしたまへかし」と心苦しげに、見送らせたまふ。　　　　　　　　　（狭衣物語・巻1・12段）
〔君が、「まだ真夏にもならないというのに、暑苦しい年ですね。いったい帝はどんなおつもりで、いつもわたしをお召しになるのでしょう」とつぶやいておられるのを、母宮がお聞きになって、「辛いとお思いになるのでしたら、どうして参内なさることがありましょうか。お側の者に団扇などで扇がせて、のんびりとなさっていればよいのに」と、心配そうにお見送りなさる。〕

　このばあいは、君の「なにしに常に召すらん」という発言がはっきりと苦しいという意志表示の発言と解することができるなら、それを前提とする認識的条件文とかんがえられるが、そう解釈するのはむずかしい。そのようにいわせる心理状態を「なにしに常に召すらん」というつぶやきから推測しているのであるとすると、「辛い」という気持は単に仮定されているだけである。その限りで、本例は、単純な仮定的な条件文にとどまっているとかんがえるべきであろう。
　そしてこれが単なる仮定条件であることは、「動詞の推量法準体形＋助辞ニ」という接続形式が「ハ」によってとりたてられるというこの構文のうちにあらわれている。もし、あとにかかげる（17）のように、準体形が推量法でなく、動詞の断定形、すなわち直説法であれば、文法的にも因果性は明確であり、認識的条件文とすることもできるのとは、これはことなっている。なお、これが単純な仮定条件文であることは、現代語訳がタラ条件形をとっていることにもあらわれているとかんがえられる。

　なお、次の「さらば」のような動詞の条件形だけが孤立的にもちいられる

ばあいは、あきらかに相手の発言や前文脈をうけていて、具体的内容をおぎなえば従属節とかんがえることができるので、認識的条件文にいれることも可能である。

(15)　人知れぬ音をのみ泣きて、思ひ嘆きたるけしきのいとほしきを見るに、「<u>さらば</u>、何か下らせたまふ。京にも頼りなく、一人留らせたまはんこそうしろめたうはべらめ、…」など、あるべきことをば言ひながら、　　　　　　　　　　　　　　　　　　　　（狭衣物語・巻1・52段）
　　〔女君は声を忍んで泣いてばかりで、その嘆き悲しんでいる様子の不<ruby>憫<rt>びん</rt></ruby>さを見て、乳母は、「<u>そんなにお嘆きになるのなら</u>、どうして東国にお下りになることがありましょうか。…」などと、もっともらしいことを言うのだが、〕

　しかし、「さらば」「されば」の類は、「さりとも」「されども」などと対立して、話し手の発言と、聞き手の発言や前文脈との関係をあらわす、接続詞としての性格の方がつよいので、条件節相当であるが、ここでは、認識的条件文にはいれないことにする。

## 3.　古典語の認識的条件文の形式

　現代日本語では認識的条件文といえるばあいは、その条件に確実性があると同時に「ナラ」という形式をとる。これにたいして古典語では認識的条件文とみとめられるうえで、条件の確実性は共通するが、一定の形式は必要とされない。それがなぜ現代標準語においては「ナラ」という形式に収斂してきたかは説明される必要がある。

　三上章は現代語の「ナラ」を「ハ」と比較して、「条件法から提示法に高まる心理を反映する表現」（三上1953: 187）であるとし、
　Ｘハ─すっかり話し手のものになっている題目
であるのに対して、
　Ｘナラ─相手の発言が話し手に移りつつある題目　　　（三上1960: 165）
としている。

ナラによる条件複文は、相手によってあたえられた材料について、新たに話し手が判断をくわえるということだから、条件節は既定的な題目に相当し、帰結節は新たな説明という役割をおうということになる。古代語においては、はっきりした形式をもたなかった認識的条件文が、現代語においては、こうした特徴をもつ「ナラ」の形に固定することになるのは、その基本的用法が相手の発言をうけて、話し手が自らの前提としてそれをとりあげ、一定の叙述をつけくわえるものだからであろう。

古典語においては、認識的条件文とみなされる形式は実にさまざまであって、一つの傾向をみいだすのはむずかしい。しかもそのおおくは仮定的な条件文と共通である。今昔物語集の本朝世俗部をざっと一覧し、現代語訳でナラに訳されている条件文のなかで、仮定的条件文と認識的条件文がそれぞれどれくらいみいだされるかを以下にしめす。他に、ここにのせきれなかった形式もいくらかあり、みおとし等もあるかとおもうが、みいだされた認識的条件文と仮定的条件文の有力な形式の使用度数はだいたい以下のようであった。

## 表　仮定条件・認識的条件形式一覧

| 条件形式 | 該当例文番号 | 仮定的条件文数 | 認識的条件文数 |
|---|---|---|---|
| 動詞未然形＋バ | 1, 4, 7, 10, 11, 13 | 137 | 18 |
| 名詞・動詞なら＋バ | 6 | 14 | 6 |
| 動詞たら＋バ | | 24 | 1 |
| 活用語已然形＋バ | 16 | 0 | 2 |
| 形容詞連用形＋ハ | | 50 | 4 |
| 活用語テ形＋ハ | 2 | 15 | 1 |
| ましかば | | 35 | 0 |
| 接続助辞＋（ハ） | 17, 20 | 22 | 4 |
| 準体形・名詞＋（ハ・ヲ） | 8, 9 | 37 | 2 |
| 全体計 | | 334 | 38 |

表で、「形容詞連用形＋ハ」には、打消の助動詞の「〜ずは」や同じく否定の「〜では」などもはいる。なお、それぞれの条件形式が具体的にどのよ

うなものであるかをしめすために、本章の引用例文中にそれに該当する例が
あれば、各型式の欄にその用例番号をしるした。ただし、具体例として提示
された例が今昔本朝世俗部以外からのものであるばあいは、ここでの調査の
数にははいっていない。また、ついでに付言しておけば、本朝部のなかで仏
法部と世俗部を比較しても、両者の間におおきな傾向の差はみいだされな
かった。

　この結果をみると、認識的条件文は、条件形のなかでは古典語でも未然形
＋バについでナラ条件形に 14 例とわりにおおくみいだされる。また、条件
形以外では、係助辞「は」を有するものがおおく、そのばあいにはそのまえ
に推量の「む」がしばしばあらわれる。これは、古典語においても認識的条
件文が提示性と仮定性にわたることをしめすもので、「は」を有することに
よって、題目として提示するが、「む」が介在することによって、その題目
は完全には話し手のものとなっていないというニュアンスが表されているの
ではないかと想像される。


　古典語では、現代日本語で認識的条件文をあらわすナラという形がまだ十
分に条件形として発達していないので、認識的条件文であるかどうかは、そ
の意味からかんがえざるをえない。したがって、認識的条件文をみいだすに
際しても、現代語訳にたよらざるをえない。そうすると、現代語訳からは認
識的条件文とかんがえられるのに、古典原文はそうとはかんがえられないも
のにでくわす。それは、以下のように、古典原文が確定条件形であるもので
ある。

(16)　其ノ後、此ノ盗人、深ク道心ヲ発シテ、忽ニ髻ヲ切テ法師ト成ヌ。日
　　　夜ニ弥陀ノ念仏ヲ唱テ、懃ニ極楽ニ生レムト願ヒケル程ニ、雲林院ニ
　　　住シテ此ノ菩提講ヲ始メ置ケル也。遂ニ命終ル時ニ臨デ、実ニ相叶ヒ
　　　テ極テ貴クテゾ失ニケル。「年来悪ヲ好ムト云ヘドモ、思ヒ返テ善ニ
　　　<u>趣キヌレバ</u>、此ク往生スル也ケリ」ト云テ、人皆貴合ケリ。

　　　　　　　　　　　　　　　　　　　　　　　　　　　（今昔 15 巻 22 話）
　　〔その後、この盗人は強く道心を起し、すぐさま髻を切って法師と

なった。そして、日夜、弥陀の念仏を唱え、心から極楽に往生したい
と願っていたが、雲林院に住むようになってこの菩提講をここで営み
はじめることになった。ついに命終る時に際し、まことに人相見の
言ったとおりに非常に尊い姿で息絶えた。「長年悪を好んでやってい
ても、心を改めて善に向ったなら、このように往生するものだ」と
言って、人々はみな尊び合った。〕

「趣キヌレバ」は已然形にバのついた確定条件形であるにもかかわらず、
現代語訳では仮定である。古典原文を通説どおりに訳せば、これは、「心を
改めて善に向ったから、このように往生したのだ」という因果関係に解釈さ
れるところであろう。それが現代語訳で仮定的に訳されているのは、心を改
めて善に向うということが、主節のできごとの成立の理由ではなく、前提と
解釈されているからだとかんがえられる。古典語の確定条件文がこのような
解釈を許すのは、古典語条件表現は条件帰結関係と因果関係を一体的に混沌
とあらわすものであって、条件帰結表現のなかに原因理由関係のような接続
的関係が潜在的にうめこまれているものだからである。これは、古典語の確
定条件文が、認識的条件文と同じ価値をもつということである。確定条件文
と認識的条件文とのちがいは、前者の方がより強く因果関係を前面におしだ
そうとしているにすぎない。
　一般に、条件法における古典語と現代語のちがいは、古典語は条件文のな
かに因果関係をうめこみそれを独立させなかったのであるが、現代語は条件
帰結関係から原因結果関係を文として独立させたものである（工藤浩「「つ
なぎ」の近代性」）。ということは、条件文のなかにあえて因果関係があるこ
とを強調した現代語の認識的条件文は、条件法と因果法がわかれた現代語の
なかでは、あえて先祖がえりしたものということができるかもしれないので
ある。
　さて、（14）のように、推量法の準体形に接続助辞がついたばあいも、認
識的条件文として解釈されることはすでにみたとおりであるが、それからす
れば、直説法の準体形に接続助辞がついたばあいは、認識的条件関係ではな
く、原因理由の接続関係をあらわしそうなものとかんがえられる。ところ

が、次の（17）は、そうであるにもかかわらず、現代語訳で仮定形で訳されている。

　これは、講師の説明を聞いて無法者の源太夫が発心し、仏に帰依する話で、古典原文においては、はっきりと因果関係をあらわし、原因理由の接続関係を構成しているとかんがえてもよい例である。

（17）　講師、…答ヘテ云ク、「此ヨリ西ニ、多ノ世界ヲ過テ、仏ケ在マス。阿弥陀仏ト申ス。其ノ仏、心広クシテ、年来罪ヲ造リ積タル人ナレドモ、思ヒ返シテ一度、『阿弥陀仏』ト申シツレバ、必ズ其ノ人ヲ迎テ、楽ク微妙キ国ニ思ヒト思フ事叶フ身ト生レテ、遂ニハ仏トナム成ル」ト。五位此ヲ聞テ云ク、「其ノ仏ハ人ヲ哀ビ給ニテハ、我ヲモ悪ミ不給ジナム」。講師ノ云ク、「然也」ト。五位ノ云ク、「然ラバ我レ其ノ仏ノ名ヲ呼ビ奉ラムニ、答ヘ給ヒナムヤ」ト。　（今昔 19 巻 14 話）
〔講師は、…「ここから西の方、多くの世界を過ぎていった所に一人の仏様がおられます。それを阿弥陀仏と申し上げます。その仏様はお心が広く、長年罪をつくり重ねた人であっても、後悔して、一度でも『阿弥陀仏』と唱えれば、仏様は必ずその人を楽しくすばらしい国にお迎えくださいます。そしてその人は願い事がことごとくかなう身に生れ変り、最後には仏となるのです」と言う。源大夫はこれを聞き、「その仏は人を哀れみなさるということなら、このおれをもお憎みにはならんであろうな」と言うと、〕

　源太夫の発言はあきらかに講師の発言をうけているので、（C）に属しているが、講師の発言は仏の約束であるから、不成立ということは想定されていないものとかんがえられるので、内容的には（A）に属するともいえる。つまり、「仏は人をあわれまれるから、自分もあわれまれるはずだ」という意味をあらわしているとかんがえられる。本例は認識的条件文であるということは動かないが、その構造には、いわゆる条件形のばあいにはない透明性がある。つまり、「あはれびたまふにては」という述語は、「は」がない「あはれびたまふにて」なら、因果関係しかあらわさないところを、「は」によっ

第4章 古典日本語における認識的条件文 | 109

て提示されることによって、仮定条件性が生ずるという構造にある。つまり、もとは因果関係にあるものを、条件性によってつつみこんだということができよう。ここでは、仮定性はあとからつけくわえられたものであり、条件をあらわすことが前もってきまっている確定条件形とは構造的にことなるが、結果として認識的条件文と意味的にはちがわないということである。かくして、古典語では認識的条件文は、仮定条件形、確定条件形だけではなく、このような準体句の提示形によってもあらわされるということになる。

　こうしたひろがりがあることによって次にしめすような一つの文脈が仮定条件にも確定条件にもよめるという現象が生ずることも説明することができる。次の（18）と（19）はともに認識的条件文であるとおもわれるが、岩波旧大系では仮定条件形に、小学館新編全集と岩波新大系では確定条件形によまれている。

　つまり（18）については、「被行バ」の部分について、

　「おこなはれば」（旧大系）、「おこなはるれば」（新編全集、新大系）、

　（19）については、「召シ被合レバ」の部分について、

　「めしあはされば」（旧大系）、「めしあはさるれば」（新編全集、新大系）

　という、底本によるちがいがみられる。

（18）　亦、此ノ后ハ、毎年ニ二度定マレル事ニテ、季ノ御読経ヲナム行ヒ給ケル。后ノ宮ニハ必ズ不被行ヌ事（ナ）レドモ、此ノ宮ニハ此ク被行ケル也。…少モ不浄ヌ事ナド有ケル人ハ、必ズ現ハニ悪キ事ナム見ケレバ、宮ノ内ノ女房・男、凡下部・女官ニ至マデ、極テ潔斉シテ慎テナム有ケル。然レドモ人ノ云ケルハ、「何ニモ此クニ被行バ、験ハ貴ク掲焉ニ可有キニ、露此クハ無ケレバ、験モ無ニコソ有ヌレ」ト讃申ケル。　　　　　　　　　　　　　　　　　　　　（今昔19巻18話）

　〔またこの皇后は、毎年二回定例として季の御読経を営みなさった。皇后の宮では必ずしも営まれることではないが、この宮ではこのように営まれたのである。…少しでも不浄の行為のある者は必ずはっきりと悪報があったので、宮の内の女房も男も、およそ下部・女官にいた

るまで、能う限り精進潔斎してつつしんでいた。だが、「まったくの
ところ、このようにしてまで営まれているのなら、霊験はもっと尊く
いちじるしくあってしかるべきだが、少しもこのようなことはないと
すると、さして効験などもないのであろう」と、こう非難する者も
あった。〕

　本例では、読経がどんなに厳しく潔斎されておこなわれていたかが、省略
した語り手による地の文の説明に書かれている。それを登場人物が自らの体
験として「此ク」といってうけているのだから、これもうけ手発言ではな
い。読経が厳しく潔斎されておこなわれていたということを、確実なことと
仮定しつつ、主節とのあいだの、「これだけ厳しく潔斎されておこなわれて
いるのだから、もっと霊験があってしかるべきだ」というブラックボックス
のなかの因果関係がつよくさしだされている。

(19)　而ルニ、抜手ノ日、左ノ最手真髪ノ成村、右ノ最手海ノ常世、召之被
　　　合ル。……今日召シ被合レバ、二人乍ラ心悪クテ久ク成リタル者共ナ
　　　レバ、勝負ノ間、誰ガ為ニモ極ク糸惜カリヌベシ。(今昔23巻25話)
　　　〔さて、選抜試合の当日、左の最手である真髪成村と右の最手である
　　　海恒世が呼び出されて取り組むことになった。…今日、取り組まされ
　　　たなら、二人とも長い間互いに好敵手をもって任じている者同士であ
　　　るから、この勝負は両者いずれにとっても非常に気の毒な結果をもた
　　　らすにちがいない。〕

　本例の、「召シ被合レバ」という条件節の、取組が実現する時間は未来に
設定されているので、(B)の例とかんがえてよいだろう。公の命令でおこな
われることも、したがわざるをえないものであり、まだ成立してはいない
が、未来に成立が確実に予定されていることになる。相撲取りとして第一の
名のある二人がとりくまされるのだから双方にとって不幸な結果になるにち
がいないという、ブラックボックスのなかの因果関係が表現されていること
は、ややみえにくいとしても確かである。

第4章　古典日本語における認識的条件文　|　111

　さて、以上の二例をくらべたとき、仮定条件形とよむ底本は、これらを認識的条件文として解釈したということであり、確定条件形とよむ底本は理由節として解釈したということになるかというとそう簡単でもない。

　現代語訳は、新旧大系にはなく、新編全集にしかないので、大系が条件節の意味をどのように解しているかはわからない。そして、新編全集では本文はいずれも確定条件としてよんでおり、現代語訳としては認識的条件文として解釈している。つまり、新編全集における古典原文と現代語訳の関係のパターンとしては、(18)と(19)は同じである。つまり原文は確定条件をあらわしているが、解釈は仮定条件であるということである。
　これはどのようなことを意味するかをかんがえてみよう。すると、(18)は(A)のすでに実現したできごとを、(19)は(B)の今後確実に実現するできごとをあらわしており、ともに条件節のできごとは確定的であることはかわらない。
　現代語訳がないので、本当のことはわからないが、にもかかわらず、旧大系がわざわざこれを仮定条件によんだということは、それが因果関係をあらわすものとはかんがえなかったということになるのではないだろうか。そうだとすれば、旧大系も認識的条件文の解釈をしようとしたと想像することも可能である。
　このようなよみのゆれがでるということは、これらの条件帰結関係がふつうの仮定条件とはことなり、条件節のできごとに確定性がありながら、それがあらためて真実と仮定されるという、認識的条件文に特有の意味的特殊性があるからだとかんがえられる。このようなことから、本章では現代語訳を手がかりとしてかんがえてきたけれども、そうしなくとも、確定条件形をじっくりみていけば、そのなかには認識的条件文と解釈できる例がかなりみいだされるのではないかという気もする。さきの形式一覧にも見た、ふつうには因果関係の表現とみられる接続形式のニ条件文などにも認識的条件文のよみが可能な次のような例があることからも、丹念にさがしていけば、そうしたなかにも認識的条件文の解釈が可能な例がさらにみいだされるのではないかとおもわれる。

112 ｜ 鈴木　泰

（20）　暫計有テ見レバ、国ヲ守ニ□□ノ□ト云フ人、年極テ老タレバ、郎等
　　　共ニ抱キ被下テ、郎等ニ懸テ来ヌ。

　　　　板敷ニ上テ、中ノ間ニ居テ云ク、「『貴キ仏事修ス』ト聞ツレバ、
　　　『結縁セム』ト思テ来ツル也」トテ、手ヲ押シ摺テ、講師ニ向テ、「疾
　　　ク申シ上ゲ給ヘ」ト、勧レバ、講師、「無下ノ国人ノ限リ聞ツレバ、
　　　暗ノ夜ナドノ様ニ思エツレルニ、此ノ年老タレバ、昔ノ観経共ヲモ吉
　　　ク聞キ集メタラム。又才モ只今ノ極メタル者ナレバ、可然キ因縁譬喩
　　　モ聞キ知タラム。然レバ、此レガ聞クニ、才施シテ令聞」ト思テ、

　　　　　　　　　　　　　　　　　　　　　　　　　　（今昔 20 巻 36 話）
　　　〔やがて、国司の□□の□という人が、えらい年寄りで郎等どもに馬
　　　から抱き降され、背負われてやってくる。

　　　　縁側にあがって、中央部の部屋にすわり、「『ここで尊い仏事が行わ
　　　れる』と聞いて、『結縁しよう』とやってきたのだ」と言って手をす
　　　り合せ、講師に、「早く表白をお唱えください」とすすめた。講師は
　　　心中、「たわいもない田舎者ばかりが聴聞しているので、闇夜の説法
　　　かと落胆していたが、この国司は老齢者ゆえ、昔の高僧たちの観経の
　　　様子などもよく聞き集めているだろう。また、学才の点でも当代一流
　　　の者だから、しかるべき因縁・譬喩の話も聞き知っていよう。この男
　　　が聴聞するなら、大いに学を傾けて聞かせてやろう」と思い、〕

　これなどは、単純な接続関係のなかにも認識的条件文に相当する関係が存
在することをしめしている。つまり、古典語においては、認識的条件文は、
条件法にとどまらず、ひろく接続関係一般にみいだされるということであ
る。これは、おそらく古典語においては、条件関係と因果的接続関係が明確
に区別されず混沌と一体的であったという歴史性によるものであろう。


## 4.　おわりに

　最後に検討の結果を有田の分類に即して概観しておけば次のようになるで
あろう。

（A）　発話時の時点で成立・非成立が決定している前件

は古典語にはみいだしにくい。みいだされても地の文の説明などにもとづいて、条件節の確定性が保障されるようばあいがほとんどである。また、条件が心理状態におよぶばあいは、単純な仮定条件という解釈も排除できない。

（B）　発話時以降に成立することが発話時に見込まれる前件

も古典語にはみいだしにくい。「どうせ死ぬなら」という意味をあらわす慣用句にみいだせるものがほとんどである。その他は、ポテンシャルな意味になることがおおく、総称的な条件文にちかいものと解されるものがおおい。

（C）　対話相手の発言などにより導入された前件

は、古典語の認識的条件文とかんがえられるものの大半をしめている。しかし、聞き手の発言をうけているようにみえても心理状態などをあらわすときは単なる仮定条件とみなさざるをえないこともしばしばある。


## 資料

　古典本文、および現代語訳はすべて、新編日本古典文学全集（小学館）によるが、改変したところもある。出典の作品には、巻数、帖名、新全集の段落を付した。

## 引用文献

有田節子（2007）『日本語条件文と時制節性』くろしお出版.

有田節子（2015）「日本語条件文における認識的条件文の位置づけ」公開シンポジウム「日本語条件文の諸相―地理的変異と歴史的変遷―」

工藤浩「「つなぎ」の近代性」三鷹日本語研究所「文法研究ノート抄　その3」http://www.ab.cyberhome.ne.jp/~kudohiro/modal_types.html（2017年9月5日確認）

小林賢次（1996）『日本語条件表現の研究』ひつじ書房.

阪倉篤義（1958）「条件表現の変遷」『国語学』33［『日本語表現の流れ』1993, 岩波書店所収］

高梨信乃（1995）「非節的なXナラについて」仁田義雄編『複文の研究（上）』167–183.

くろしお出版.

高橋太郎（2003）『動詞九章』ひつじ書房.

高山善行（2014）「条件表現とモダリティ表現の接点：「む」の仮定用法をめぐって」益岡隆志・大島資生・橋本修・堀江薫・前田直子・丸山岳彦編『日本語複文構文の研究』279–297. ひつじ書房.

日本語記述文法研究会編（2008）『現代日本語文法 6　第 11 部複文』くろしお出版.

蓮沼昭子（1985）「「ナラ」と「トスレバ」」『日本語教育』56: 65–78.

前田直子（2009）『日本語の複文：条件文と原因・理由文の記述的研究』くろしお出版.

三上章（1953）『現代語法序説』刀江書院.

三上章（1960）『象は鼻が長い』刀江書院.

矢島正浩（2014）「【テーマ解説】条件表現」青木博史・小柳智一・高山善行編『日本語文法史研究 2』235–238. ひつじ書房.

山口堯二（1980）『古代接続法の研究』明治書院.

パリハワダナ , ルチラ（2016）「条件表現を用いた主題表示及びとりたてを巡って：日本語の「なら」とシンハラ語の *nam* の比較」白馬日本語研究会発表.

# 第5章

# 中央語におけるナラバ節の用法変化

矢島正浩

## 1. はじめに

### 1.1 問題の所在

古代語の条件表現については、小林 (1996) に詳細な観察記述がある。そこでは、歴史的な変遷の相を効果的に記述するために、大きくは現代標準語のタラバの用法と重なる完了性、ナラバと重なる非完了性の用法を次のように定義する。

完了性仮定条件…未来時において、動作・作用の完了した場合を仮定するもの。
非完了性仮定条件…現在の事実に関する仮定や、現在あるいは過去の事実に反する仮定 (反実仮想) など、完了性以外の一切の仮定をさす。

「飲んだら乗るな」は発話時以降に前件「飲む」が成立した場合を述べ、「乗るなら飲むな」は「乗る」という事実が成立する場合を仮定する。おおむね、「〜たら」が「未来時」に個別動作が成り立つ時が来ることを仮定するのに対して、「〜なら」はそうではなく、「車を運転する」という「事実」の存在を仮定することに広く対応する。動きや変化が、未来の特定時に成り

立つという「点」的な時間をイメージできるもの（完了性）と、それ以外（非完了性）とを分けると言い換えることもできる。

　このように完了性を限定的に設定することで、現代語の「～たら」との対応が濃厚な領域を抽出することができるため、内省の利かない古代語の仮定条件領域の分析に成果をあげる方法として広く受け入れられてきた。それによって、中世期以前の資料中で、現代語であれば非完了性の「～なら」が対応しそうなところでタラバが用いられたり、逆に完了性の「～たら」が妥当と思われるところでナラバが用いられたりする例の存在が明らかになる。

(1)　　而ルニ、彼ノ忠恒ガ栖ハ内海ニ遥ニ入タル向ヒニ有ル也。然レバ、責ニ寄ルニ、此ノ入海ヲ廻テ寄ナラバ、七日許可廻シ。直グニ海ヲ渡ラバ、今日ノ内ニ被責ヌベケレバ、

（今昔物語集・二五・九）（小林 1996: 20、例⑦）

(2)　　（主→太郎冠者）／やいこひ、水なりとのませたらハとりかへせ

（虎明本・今参、一 323）（小林 1996: 165、例⑰）

　（1）は「入海を廻って寄るとしたら、そのときは～」の意で完了性と捉えられる。（2）は、当該箇所の頭部書き入れに「／ナンゾクワセタカ　／イヤナニモクワセハイタサヌ　／ミヅヲノマセテゴザル　／水ヲノマセタラハトリカヘシテイナセイ（一 323）」とある。このことから、「のませたらハ」は未来時の動作の完了を想定するのではなく、「水を飲ませたのなら～」という訳に対応する、いわゆる非完了性仮定の用法であることがわかる。

　小林（1996）は、現代とは異なったこのような仮定条件の用法が中世前後に展開することに注目し、次のことを指摘する。

・「活用語＋ナラバ」は非完了性仮定、「タラバ」は完了性仮定がそれぞれ本来の性質である。（p. 44）
・中世にはナラバが「完了性仮定の表現に大きく進出」する。（p. 124）
・ナラバは「室町時代以降、完了性仮定の表現形式「タラバ」が発達するとともに、次第に完了性仮定としての用法を失いだし、本来の非完了性の表現形式として」用いられる。（p. 126）

第 5 章 中央語におけるナラバ節の用法変化 | 117

・「近世以降においては、「ナラバ」の完了性仮定としての用法は、〈完了
　＋仮定〉という構成をとる「タナラバ」にもっぱら託されるようになる。
　（p.126）

　つまり、大きくは、ナラバもタラバも歴史を通じて現代語における用法と
本質的にはそれぞれ変わっておらず、中世期にはその使い分けに、一部混乱
を生じたが、近世以降、本来的な用法に落ち着くという変化があったとして
いる。詳細な用例観察に基づく指摘であり、特にこのことについての異論は
管見に入っていない。

　ただ、この推移がそのとおりであるとすると、なぜそのようなことが起き
たのかという大きな難問が残る。本来的な用法が時代を超えて認識されてい
たとすれば、上に指摘するような中世期の“混乱”ぶりは、異常と言うほか
はない。小林（1996）においても、特になぜこのようなナラバとタラバの“混
乱”状況が起きていたのか、説明はない。

　本章は、この状況を理解するには、異なった説明が必要なのではないかと
いう疑念を出発点としている。このように古代語のナラバは、なぜ現代標
準語と異なって「～たら」と訳せる完了性の用法も表せたのか、また、い
つ、どのような過程を経て現代標準語の「～なら」vs.「～たら」という住
み分けを完成させるのかということについて、小林（1996）とは異なったア
プローチによって説明を試みてみたい[1]。

　なお、この問題には、①時制の助動詞タリ・キ・ヌ・ツ類をはじめとする
活用語による未然形＋バの推移、②モノナラバをはじめとする体言類＋ナラ
バの推移、③未然形＋バ以外の形式も含めた条件表現全体の推移なども、大
きく関わっているところがある。これらのすべてを視野に収めた全体の中で
こそ正確に位置づくものではある[2]が、1点ずつ、丁寧に論じた上で、はじ

---

1　以下、本章を論じるにあたって、接続辞部分の形式に着目する場合はナラバ・タラバ・
スルナラバ・タルナラバなどとし、実際の例にバがある場合もそうでない場合も表記を統
一する。スルナラバは助動詞タリ以外の活用語ル形＋ナラバを指す。タルナラバは「る」
を脱落させた「たならば」となってから用法も変わる（3.2参照）がタルナラバで表記を統
一する。条件句単位を問題とする際はナラバ節・タルナラバ節などと記し、用法について
はナラ用法・タラ用法、口語訳類は「～なら」「～たら」などとそれぞれ表記を区別する。
2　本文で課題としてあげる①～③のうちの①については、鈴木（2012）が対象とするもの

めて可能になる議論でもある。そこで、①〜③を絡めた歴史把握については機会を分けて論じる方針とし、本稿では上記の問いに論点を集中させることとしたい。

## 1.2　前件の時間性を問うこと

完了性・非完了性の区別については、これまでも批判的な議論があった。中でも大きな問題につながっているのが、完了性の方は、前件が「未来時」に完了するという明瞭なカテゴリー設定であるのに対して、非完了性にはさまざまなものが混在することである。確かに、已然形＋バが完了性仮定に関与するに至る変化などを捉える際には際立った効果を発揮する一方で、非完了性が問題となるナラバ節に起きた変化を説明することには十分ではない面を含む。

例えば、次の (3) は前件では「未来時」に成立する出来事が描かれるわけではない、いわゆる非完了性の例である。

(3)　　昨日にも着く<u>ならば</u>せめて死に目にあはふもの。

（近松・万年草・下・⑤ 730）

実際は起きなかった出来事を発話時以前に成立することを仮定する、いわゆる反事実的用法である。小林 (1996) の定義に従えば (3) のナラバは非完了性仮定であり、その点では、現代標準語「〜なら」の特徴そのものを持っていることとなり、何ら問題ないはずである。ところが、実際には、(3) は継承されていない言い方である。なぜ、かつてはこの言い方が可能だったのであろうか。完了性 vs. 非完了性という二分法では、この種の問題を取り扱うことができない。

ちなみに (3) はスルナラバの形を取りながら、発話時以前の出来事と対

---

であり、「条件文の表す出来事の時間性」からの観察・分析を行っている。従属節の、各形式の典型的用法を見定めて歴史を捉え、大きく「古代語のムードにおける確定・仮定の対立は弱まり、その代わりにテンスにおける先行性・非先行性の対立が強まった」とされている。

応している。現代標準語であれば、「昨日にも着い（てい）たなら〜」のような「〜たなら」の形式で表されよう。そうすると、（3）がなぜ現代語にはないのかを解くためには、かつては存在しなかったスル形とタ形による時制の対立がなぜ現代にはあるのかについて検討する必要があることになる。それはつまり、ナラバ節の変化を捉えるためには、ナラバ節が担う時間性を明らかにする必要があるということである。

　ここで言うナラバ節の時間性とは、「発話時において、前件の出来事が、いつ成立することとして描かれているものであるか」という観点から特定されるものである。

（4）　身分証を持っている<u>なら</u>、買うことができるよ。（作例）

　（4）は、不特定者の非特定時の動作を想定して、ことがらとして述べるものとした場合は、時間性が問えない「非特定時」の例となる。一方、「購入の可不可がわからずにいる相手」への発話であれば、その前件では発話時から見た「現在」という特定時の事情が問われていることになる。このように、各例ごと、どのような状況に対し、どの時点の成立を問題として仮定しているかによって、前件の時間性は区別されるものである。この観点から、以下、用例を弁別していく。

## 1.3　接続辞のナラ用法・タラ用法を弁別してみること

　もちろん、ナラバ節は、前節に見るような時間性を問うだけで、用法の特質が押さえられるわけではない。

（5）　飲ん<u>だら</u>乗るな、乗る<u>なら</u>飲むな。

　（5）のナラバ節の「乗る」は発話時以降に成立する動作として仮定するものである。その点では「飲んだら乗るな」などの「〜たら」の用法と同じである。しかし、前件と後件の生起関係にタラバ節にはない特徴がある。まず、タラバは前件に引き続いて後件が継起的に起こることを表すが、ナラバ

節では後件「飲む」よりあとに予定される動作としての前件「乗る」であり、時間の前後関係は逆である。そして、ナラバ節を何よりも特徴付けるのは、「乗る」という前件に示す動作が事実として成立することを仮定することにある。そうすると、次の (5)′ のような、未然形＋バなどによる条件句がナラバ節、タラバ節の特性を持っているか否かを問うためには、結局のところ、「〜なら」で訳せるような事実としての仮定を表しているのか、あるいは「〜たら」で訳せるような継起的な関係における仮定を表しているのかについての検討をしなければならないということである。

(5)′　飲まば乗るな、乗らば飲むな。

　古代語の場合、当時の実際の運用に照らせない以上、厳密な区別は困難な面がある。ただ、一つの尺度として、そのコンテクストに置いたとき、現代語の口語訳として「〜なら」が自然か、「〜たら」が自然かの検討は可能である。この方法も「現代語の方法と明らかに違いを示す例の存在を指摘する」ことに目標を絞るのであれば、十分に意味のあることだと考える。以下、この方針の下、それぞれ「「〜なら」と訳すことができ、事実としての仮定を表すと見られるものをナラ用法」、「「〜たら」と訳すことができ、継起的関係における仮定を表すと見られるものをタラ用法」とすることによって、適宜、その区別を施しながら検討をしていく。

## 2.　スルナラバの用法変化
　最初に、スルナラバが中古から近世中期に至るまでその用法を大きくは変えていないこと、近世後期に現代標準語の方法に大きく近づくことなどを見ていく。

### 2.1　中古〜中世前期
　タリを除いた活用語に続くナラバ条件句（以下、スルナラバ）は、古代語ではナラ用法・タラ用法の別なく用いられている。そして、結論を先取りして言えば、それは、スルナラバが体言相当の準体句を受けていたことによっ

て起きていたものと考える。以下、そのことについて見ていく。

　中古和文には、スルナラバの使用例がそもそも少ない（「日本語歴史コーパス」の検索によると平安和文中で5例）。その例のうち、ナラ用法が濃厚なものから示してみる。

(6)　　心の通ふならば、いかにながめの空ももの忘れしはべらむなど、こまやかになりにけり。　　　　（源氏・賢木・②128）〈未来・ナラ用法〉
　　　→互いに心が通う（という事実が成立する）のなら、たとえ時雨が降り続こうともどんなにか、長雨の空を眺めての物思いも忘れることでしょうになどと、お返事には綿々と思いのたけが込められるのであった。

　前件の命題「お互いに心が通う」ことは、〈未来〉である。条件節は、実現の可能性が低い事態に対して、かすかな望みをかけて成立を仮定する文脈であると読み込むことによって、ナラ用法としての解釈の妥当性が高まる。ただし、ことがらに距離をおいて客観視する立場から成り立ちを仮定する文脈と取れば「もしも、お互いに心が通い合ったら、（そのときは）たとえ時雨が降り続こうとも〜」となり、タラ用法の解釈も生じてくる。このように、現代の語感でナラ用法の可能性が高いことを論じることはできても、その感覚を根拠に、この期の仮定条件の理解として、タラ用法の可能性はないとまでは言えないことは確認しておかなければならない。

　次の例は逆に、タラ用法の可能性が高いと思われる例である。

(7)　　なほこの源氏の君、まことに犯しなきにてかく沈むならば、かならずこの報いありなんとなむおぼえはべる。いまはなほもとの位をも賜ひてむ。　　　　（源氏・明石・②252）〈現在・タラ用法〉
　　　→やはりあの源氏の君が無実の罪でこうして逆境に沈んでいるとあっては（沈んでいると）、必ずその報いがあるにちがいないと思われます。

　この例は、源氏の政敵である弘徽殿女御が、謀略で須磨から明石へと源氏

を追放させた事実に対応している。「無実の罪で逆境に沈んでいる」という
〈現在〉の状況は確定事態であり、あえて事実を仮定する必要がある場面で
はない。すなわち、「無実の罪で逆境に沈んでいるということであるのなら
〜」というナラ用法の解釈は該当しない。前件が確定事態と対応している
ことを重視すれば「〜沈んでいると／沈んでいたら」という事実的用法（つま
り〈過去・タラ用法〉）の解釈さえ可能なコンテクストである。ナラバという
未然形＋バの条件句に後件で「報いありなん」と推量形を呼応させているこ
とから、仮定性を残した捉え方は必要になろうが、いずれにしても、前件に
対して継起的に後件がある関係であり、タラ用法と見ることができる[3]。ただ
し、ナラ用法の可能性をすべて退けることについて慎重にならざるを得ない
のは（6）の解釈の場合と同様である。

　さらに中世資料になると、スルナラバの例が漸増することに伴い、タラ用
法の解釈に傾く例も拾いやすくなる。

(8)　身を投げんなンどいふことはつねのならひなり。されどもおもひたつ
　　<u>ならば</u>、そこに知らせずしてはあるまじきぞ。

　　　　　　　　　　　　　　　（平家・9・②247）〈未来・タラ用法〉
　　→身を投げるなどということは世間一般にあることだ。けれども、もし
　　　仮に自分が（自害を）思い<u>立ったら</u>、そのときはあなたに知らせない
　　　ことは決してありません。

　ただし、この例とて、「決心するのなら」と事実が起こることを仮定する
コンテクストであった可能性も、一応は疑っておく必要がある。あくまでも
現代の感覚に照らせば、タラ用法との理解が自然であるということである。

---

3　（7）は本章の方法に従うとタラ用法と判定されるものであるが、小林（1996）において
は、同例のように前件が〈未来〉ではないものは、完了性ではなく非完了性仮定と捉えるこ
とになる。これまで（7）の類の例にスルナラバが用いられることについてはあまり問題に
されてきていないが、それは、この種が非完了性仮定と捉えられることによって現代語の
ナラとの違いが浮き彫りにならず、問題が見えにくかったことが関わっていると考える。

第5章　中央語におけるナラバ節の用法変化 | 123

　次は前件がル形でありながら、(9) 過去の仮定、(10) 反事実的用法⁴をそ
れぞれ表す点で、現代語のスルナラバにはない〈過去・ナラ用法〉を示すも
のである。

(9)　　さるにても、去んぬる夜の琵琶の秘曲、御祈願のことあつて遊ばさる
　　　るならば、御願成就すべからず。
　　　　　　　　　　　　　　　　　　（太平記・13・②117）〈過去・ナラ用法〉
　　→それにしても先夜の琵琶の秘曲はもしご祈願の向きがあって弾ぜられ
　　　たのなら、ご願は成就しないだろう。
(10)　縦ひ少き者なりとも、捨てさせたまふ恨めしさよ。かくあるべしと知
　　　るならば、なじかは八幡へ参りけん。
　　　　　　　　　　　　　　　　　　（保元物語・下・365）〈過去・ナラ用法〉
　　→たとい幼いとはいえ、お助けくださらないのは恨めしい。こうなると
　　　知っていたなら、八幡などに詣でなかった。


　いずれも、現代語であれば、テンスを明示する「た」を介したタナラを用
いるところである。古代語のスルナラバはテンスが未分化であったことを示
す例である。
　以上、古代語のスルナラバが、ナラ用法ばかりでなくタラ用法の可能性を
含むものとして用いられていたこと、また、現代語にない〈過去・ナラ用法〉
を有していたことを見てきた。取り分け中古はスルナラバの例自体が極めて
少なく、中世以降の例として確認される (9)(10) の用法も、中古で不可能

――――――――――――――――――
4　本章は、前件で反事実を表す用法については、すべてナラ用法と捉える。反事実的用
法とは、現実に反する事実の成立を仮定することであり、ナラ用法の定義にそのまま合致
することによる。現代標準語で、昨日来なかった人に向かって「昨日来たら、太郎に会え
た (のに)」と「たら」が当たる言い方が可能であるが、タラは「昨日来たら太郎に会えた」
の事実的用法も可能である。つまり、反事実的用法を「たら」と訳せることをもってタラ
用法としたのでは反事実的用法の特徴を押さえたことにはならない。一方「昨日来たなら
太郎に会えた (のに)」と「た」を介す「なら」は反事実的用法としての解釈しかあり得ず、
これらをナラ用法と位置づけておくことの妥当性が確認される。

だったのかどうかも検討のしようがない[5]。ここで考えるべきことは、少なくとも中世の段階において、なぜスルナラバがタラ用法の解釈可能な例に用いられていたのか、現代語に不可能な (9) (10) の表現がなぜ可能であったのかということである。

　それについては、先に見た (6) のナラバが「心の通ふ」という格助詞「の」によって構成される名詞句を受けていた点に注目したい。すなわち、古代語の活用語連体形を受けるナラバは体言に準ずる準体句を受けるものであったと考えられるということである。

　体言を受けると見ることによって、古代語のナラバ節の状況はすべて説明ができる。そのことを、現代語のナラの例によって確認する。

(11)　あした雨なら中止にしよう。

　この例は、次のいずれのコンテクストでも使用が可能である。

(12) a.　（天気予報を聞いて）あした雨が降るなら、中止にしよう。

　　　　　　　　　　　　　　　　　　　　　　　　　　　　〈ナラ用法〉

　　 b.　（出たとこ勝負で）あした雨が降ったら、（そのときは）中止にしよう。

　　　　　　　　　　　　　　　　　　　　　　　　　　　　〈タラ用法〉

　さらに補えば、「昨日雨なら中止だった」のように過去の事実に関する仮定（現代語では「雨が降っていたなら…」のように、「（てい）たなら」が対応する）であっても、体言＋ナラバは可能である。つまり、体言性のものを受けるナラバ節は、活用型の述語で解釈する場合の「〜なら」「〜たら」、あるいは「〜ていたなら」のいずれとも対応可能、すなわちナラ用法・タラ用

---

5　中古以前の条件句では、反事実的用法をマシカバが担う場合が多かったとは言えすべてではなく（小林 1996: 73）、特に体言類を受けるナラバでは比較的容易に例を拾うことができる（例、「（朱雀院）我、女ならば、同じはらからなりとも、かならず睦び寄りなまし。」源氏・若菜上・④ 28）。こういった状況から推し測るにつけても、スルナラバによる反事実的用法も不可能だったと退けてしまうことには慎重であるべきと考える。

第5章　中央語におけるナラバ節の用法変化 ｜ 125

法に対応可能だということである。実際に古代語の例文でもタラ用法を見出せる体言＋ナラバの例は少なくない。

（13）　うめらん子、女子ならば朕が子にせん、男子ならば忠盛が子にして、弓矢とる身にしたてよ。　　　　　　　　　　　　（平家・6・① 356）

　逐語訳的には「生まれてくる子が女子ならば〜」と解釈されようが、実質的には「女の子が生まれてきたら、そのときは〜」という意向を伝えるものである。こういった例にタラ用法は容易に見出すことができる。

　古代語の連体形は、準体句という名詞句の一種を構成するものである。連体形述語を受けるナラバが、ナラ用法・タラ用法を問わず、そのいずれとも解釈可能な表現を担えていたのは、準体句を受けていた、すなわち体言に準ずる名詞句に続くものであったことから説明されるということである。

## 2.2　中世末期〜近世中期

　続いて、中世末期〜近世中期である。この時期については、スルナラバの表し得る用法範囲という視点で比べる限り、古代語の方法が継続されていると言える。

（14）　憎いならきてたゝかんせ。
　　　　　　　　　　　　　（近松・冥途・中・⑦ 301）〈現在・ナラ用法〉
（15）　忠兵衛宿にいるならはこなたを只はかへすまい。
　　　　　　　　　（海音・三度笠・上・① 358）〈現在・ナラ or タラ用法〉
（16）　旦那様にいふまいならうまいものくはせふ。
　　　　　　　　　　　　　（近松・刃・上・⑤ 456）〈未来・ナラ用法〉
（3）　昨日にも着くならばせめて死に目にあはふもの。
　　　　　　　　　　　　　　（近松・万年草（再掲））〈過去・ナラ用法〉
（17）　お梅がこゝへ出るならば。それをしほに和睦して祝儀を渡して下され。　　　　　　　　　　　　（近松・万年草・中・⑤ 720）〈未来・タラ用法〉
（18）　こりや男持ならたつた一人持つものしや。

（近松・昔暦・上・⑨ 500）〈非特定時・ナラ用法〉

　（14）（16）は〈現在・未来〉のナラ用法である（（16）は一見タラ用法を疑わ
せるが、ご馳走することと引き換えに口止めを約束させる例であり、後件の
方が前件に先行する典型的なナラ用法である）。状態性の語にナラバが続く
例の中には、（15）のように、タラ用法の可能性も含み持つナラ用法もある。
いずれも現代に続く方法である。それに対し、（3）は反事実的用法の〈過去・
ナラ用法〉、（17）は〈未来・タラ用法〉であり、現代標準語に用いられない
方法である。なお、（17）に対してナラ用法の可能性が残ると見るべきなの
は、古代語の場合と同様である。

　（18）は〈非特定時〉の前件を受けるが、中世前期以前の例には見出しにく
いものであった。〈非特定時〉を取る傾向を近世以降に強めるのは条件表現
史全体で観察されることであって（矢島2013）、ナラバやタラの発達に限定
的に関わる問題ではない。そこで現象の指摘に止め、以下、特に論点とはし
ない。


## 2.3　近世後期以降 [6]

　近世後期以降は、タラ用法ではタラバが安定的に用いられるに至る（矢島
2013）。それと表裏をなすようにナラバ節にもいくつかの変化が起こる。ま
ず（3）（9）に見たような、スルナラバによる〈過去〉の例が見出せなくなり、
また、（8）（17）のようなタラ用法も見出しにくくなる。その結果、スルナラ
バの用法は、ほぼ現代語と同様になる。


（19）　サあるならここへ出せ。　　（浮世風呂・前上・48）〈現在・ナラ用法〉
（20）　お前たちが這入るなら、おいらア出よう。

　　　　　　　　　　　　　　　（浮世風呂・3上・156）〈未来・ナラ用法〉
（21）　くつついて痛がるものなら狼の生れがはりだらう。取付て離ねへなら

---

6　以下、本章の話題の範囲においては、江戸・東京語資料と上方・大阪語資料とで大きな
相違を観察し得なかったので、大きく中央語の歴史として捉え、地域性に基づいた議論は
行わない。

狐さま。引付て離れねへなら石漆。

(浮世風呂・3下・183)〈非特定時・ナラ用法〉

　タラ用法のスルナラバは、口語性の強い資料には見出せなくなる。ただし書き言葉性を持った文体では現代標準語でも可能である。

(22)　この機会を逃すならば、もう死ぬまでハレー彗星は見られない。

(田野村 1990: 91 に基づく)〈未来・タラ用法〉

　以上、見てきたことを取りまとめると、次のようになる。

| | | | 〈過去〉 | 〈現在〉 | 〈未来〉 | 〈非特定時〉 |
|---|---|---|---|---|---|---|
| I | 中古<br>～中世前期 | タラ用法 | | (7) | (6) (8) | |
| | | ナラ用法 | (9) (10) | | | |
| II | 中世末<br>～近世中期 | タラ用法 | | (15) | (17) | |
| | | ナラ用法 | (3) | (14) | (16) | (18) |
| III | 近世後期～ | タラ用法 | | | (22) 書き言葉性 | |
| | | ナラ用法 | | (19) | (20) | (21) |

図1　スルナラバ条件句の時間性の変化

(※カッコ内は該当の例文番号を示す)

　I・II期は、いわば「事実」の仮定であった。タラ用法・ナラ用法の別もなく、出来事を「状態（体言）」として切り出して、それが成り立つことを仮定する表現である[7]。このI・II期に対して、III期に至る変化には、句構造

---

7　古代語のスルナラバは〈過去〉のタラ用法だけを持たない。それは、現代標準語の体言ナラバ節の「昨日、出席なら、彼に会えた」が、「昨日、出席したら、彼に会えた」という「～したところ」の意の事実的用法であるタラ用法の解釈が成り立たず、「昨日、出席{していたなら・したのなら}、彼に会えた（のに）」の〈過去〉の反事実か〈過去〉の仮定（つまりナラ用法）の解釈しかないのと同じである。

の変化が関与していると考える[8]。すなわち、「名詞句」を構成するものとしてあった連体形が、「述語句」を構成するものとして捉えられるに至るということである。それにより、それまで状態性の事実として出来事を受けていたものが、点的に成立する動きや変化を経て成る事実を受けるもの、つまり特定時の成立を経た上で出来する事実を仮定するものとしての表現が可能となる。そしてこのことこそが、ナラバ節がナラ用法をもっぱら担うものとなる途を拓くきっかけだったと考える。

なお、このように、ナラバが述語句を受けるものへと再分析される節の構造変化は、次のように表すことができる。

(23)　［［準体句（名詞句）］＋ナラ］＋バ＋［後件］

　　　　　　　　→［［［述語句］＋ナラバ］＋［後件］］

つまり、変化や動きの結果、実現する状態について表現する「名詞句」を受けるものから、変化や動きを表す「述語句」を受けることができるものへとその位置づけを変える。ナラバも、「断定ナリの未然形＋バ」から、「ナラバ」を単位とする接続辞に移行している。

## 3.　タルナラバの用法変化

2節で見たスルナラバに対して、タルナラバがどういった変化を経て、両者で時制対立を示すようになるのか、用法の住み分けに至る経緯はいかなるものなのかを見ていく。

### 3.1　中古〜中世前期

「日本語歴史コーパス」及び Japan Knowledge Lib の検索範囲では、中世前期までのタルナラバの使用例はわずかに2例に止まる。

(24)　すずろなる男のうち入り来たるならばこそは、こはいかなることぞと

---

8　［連体形＋名詞］の名詞句だったものが、名詞の脱範疇化により［連体形］部分が述語句となる構造変化については、青木（2016）に詳しい整理がある。

第5章　中央語におけるナラバ節の用法変化 ｜ 129

　　も参り寄らめ、　　　　　　　　（源氏・宿木・⑤ 429）〈過去・ナラ用法〉
　　→いい加減な男が入ってきたというのなら、これは何事かとばかりおそ
　　　ばへ寄ってまいることもあろうが、（親しい間柄のことなので〜）
(25)　占ひよりけむ女の霊こそ、まことにさる御執の身にそひたるならば、
　　　厭はしき身をひきかへ、やむごとなくこそなりぬべけれ。
　　　　　　　　　　　　　　　　　（源氏・柏木・④ 294）〈現在・ナラ用法〉
　　→陰陽師たちの占ったという女の霊、それが真実あのお方のご執心がこ
　　　の私の体に取り付いているのなら、愛想の尽きたこの身も打って変
　　　わって大切に思いたくなるというものですよ。


　(24) は発話時より前に「男が入ってきた」という出来事の結果状態が発
話時まで継続している状況、(25) は発話時において「ご執心がこの私の体
に取り付いている」という事態が、それぞれ事実として成り立つか否かを問
うている仮定である。タリは、動きや変化の結果としての状態や効力が場面
に存続するパーフェクトを表す。このように助動詞タリの性質をそのまま反
映して〈現在〉のナラ用法に限って用いられている。そのタリによる連体形
が構成する準体句によって、一旦言い収める形で切り出される事実が描かれ
る以上、特定の動作が〈過去〉や〈未来〉に起こることを描くような、現代語
のタラバの基本用法は、この段階では担えなかったものと見られる。


### 3.2　中世末期〜近世中期

　中世の後半には、時制史上において、タリがタルを経てタの形式を獲得
し、用法についてもパーフェクトからテンスを表すようになる大きな変化が
あった（鈴木 2004 など参照）。それに伴い、タルナラバも「たならば」の形
式を獲得し、同時に〈未来・タラ用法〉を表せるようになる。


(26)　モシコノコトガモレ聞コエタナラバ、行綱マヅ失ワレウズ、他人ノ口
　　　ヨリ漏レヌ先ニ返リ忠シテ命生カウト思ウ心ガツイタニヨッテ
　　　　　　　　（天草版平家・巻 1）（小林 1996: 163、例⑨）〈未来・タラ用法〉
(27)　三勝夫と書きつけし腕の文字見たならば。少しは腹が立つであろ。

（海音・二十五年忌・中・⑤ 82）〈未来・タラ用法〉

（26）は、小林（1996）において〈未来〉を表すタルナラバの極初期の用法
例とするものである。発話時以降に想定される動作（26）「もれ聞こえる」
こと、（27）「見る」ことが、それぞれ「た」によって描かれている。

　同じように、〈過去〉を表すタルナラバの使用も中世後期以降の資料には
認められる。

（28）　子カ騎将トシテ漢ト戦タナラハ、其父ハ高祖ノ功臣テハアリサウモナ
　　　　イソ　　（史記抄・七 42 ウ）（小林 1996: 160、例①）〈過去・ナラ用法〉
（29）　この手間でこれ程のよいことをしたならば。親の身ではどれほどの自
　　　　慢であらふと思ふぞ。

（近松・二枚絵草紙・中・④ 193）〈過去・ナラ用法〉

　（28）は仮に「子カ騎将トシテ漢ト戦タ」という事態が過去において成り
立つことを仮定するものであり、（29）は反事実的用法であり、話者の放蕩
息子が発話時以前に「よいことをした」という、事実と異なる動作を仮定す
るものである。このように中世後期以降、タルナラバの例の中に発話時と特
段の関係性のない出来事の成立を表すものが見えるようになるのである。

　中世の後期は、タリがテンスを表すようになる時期である。さらに、前節
で見たように、ナラバ節が述語句を受ける構造として再解釈されつつある段
階でもある。この両変化が合わさることで、〈未来〉や〈過去〉という特定時
に成り立つ出来事の仮定が可能になったものと説明されよう。

　新たな用法の獲得という重要な変化があった一方で、タルナラバが古代語
で可能だった用法領域については、この時期もほぼそのまま維持していたよ
うである。

（30）　よその久松きりやうさへ。そなたにちつと似たならば。よそのお染も
　　　　てつきりとほれたであろ。　（海音・袂・下・① 54）〈現在・ナラ用法〉
（31）　あの馬がけなりい。あのやうな馬を持つたならば、しやんとのつて、

第5章　中央語におけるナラバ節の用法変化　│　131

京中を鉢開きませう。（噺本・出宝台・4・⑦ 144）〈現在・ナラ用法〉

（30）は歌謡が取材する過去の事件を話題として、その登場人物が「そなたに似ている人だったのなら」と仮定する。（31）は、馬を持たない話者が立派な馬を見て羨ましがる発話である。〈現在〉の状況に対する反事実的条件文（ナラ用法）と解釈すべきものであろう。（30）は、「似た」結果が状態として時間の幅をもって継続する解釈に傾き、（31）も発話時の話者のありように対する仮定である。つまり、（24）（25）に見た古代語タリの用法が維持されているものと理解できる。これらより、近世中期までは、タルナラバは旧来の用法を維持しながら、助動詞タリ→タに起きたテンス性獲得の影響も次第に露になりつつあった段階と見ることができる[9]。

ところで、タルナラバについては、すでに中世末期の段階から、小林（1996: 22）において「ある種の文体的な価値が付与されたものであった」とされ、近世期のいくつかの資料に関しても、その出現頻度が大きく異なっていることが明らかにされている。用法に重複を生じつつあったタラバの発達によって、相対的にその特徴づけを余儀なくされたものであろう。近世中期の話し言葉性の強い資料でもそれほど多用されてはおらず（矢島 2013 参照）、やや硬い文体に馴染む特性を有することが確認される。

## 3.3　近世後期以降

中世末期に獲得したタルナラバの〈未来・タラ用法〉ではあったが、この時期以降の使用例は、用いられる文体の偏りが顕著となる。

（32）　これを貸してくれる気か。かたじけない。ほどなう勘当もゆりたな

---

9　助動詞タリが担っていたパーフェクト機能は、中世期以降、テイルなどに受け継がれるが、（30）（31）の使用にも現れるように、近世期においても「たなら」の形式で、テイルが担う機能を比較的後代まで維持していた形跡がある。逆にテイルを介した「～しているなら」の形式例（テ＋本動詞「居る」は除く）は、矢島（2013）の調査範囲では近代小説（『浮雲』）まで現れない。このように、ナラ節ではテイルの出現が遅れるのも、タ（リ）が点的な特定時を表すよりも、状態性を表しやすかった環境がナラ節にはあったと見るべきであろう。このあたりにも近世期に維持され続けてきたナラバ節の特徴が現れていると見る。

ら。この恩のおくりやうもあろう。

（洒落本・北川蜆殻・下・㉗351）〈未来・タラ用法〉

（32）は、恩を感じる相手に畏まって述べる発話中の例である。この時期、同用法にはタラが大いに発達するのであり、それに押されて口語では活発に用いられたとはいいにくい。その状況が、口語性の強い資料ではタナラバの使用が認めにくいという結果となって現れている。

続いて、〈現在・ナラ用法〉の例である。これについても、文体的な問題を合わせて考える必要がありそうである。近世後期以降の話し言葉性の強い資料では使用例がほぼ見出せないのであるが、書き言葉資料では容易に使用を確認することができる。次は「現代日本語書き言葉均衡コーパス」（BCCWJ）の検索に基づいて確認された例である。

（33）　なかったとしても、これだけ立派なコミュニケーション能力を身につけていたならあなたはきっとわからずやの親の元を離れて、自活できることでしょう。

（新井紀子「ハッピーになれる算数」2005 理論社）〈現在・ナラ用法〉

（34）　もうひと欠け余分にパンがあったなら、いいマスが釣れるのに、と残念だった。もっとパンがほしいが、…

（フランク・ソーヤー著；シドニー・ヴァインズ編；能本功生訳「フランク・ソーヤーの生涯」平河出版社 1991 年）〈現在・ナラ用法〉

通常の口語であれば、（32）は「勘当が許されたら」、（33）は「身につけていれば／いたら」、（34）は「あったら」など、タラ・レバといった他の接続辞に代替可能である。口語的な使用においてはそれらに譲り、タルナラバは書き言葉性といった文体的特性と一体となったところで必要とされる表現としての性格を明確にしているようである[10]。

---

10　矢島（2013）の調査のうち近世後期以降のスルナラバ：タルナラバの例数を示すと、上方系話し言葉資料＝洒落本 13：1、滑稽本 30：5、明治落語 24：4、明治大正落語 4：1／書き言葉口語体資料＝古道大意 12：13、唐詩選国字解 30：47、近代演説 49：33 であり、

第5章　中央語におけるナラバ節の用法変化　｜　133

　最後に〈過去・ナラ用法〉である。この用法のタルナラバは、口語性の強
い資料中でも、比較的、目にしやすい。

(35) a.　こんなことゝ、はじめから知つた<u>なら</u>、よりつかぬやうにしているの
　　　　に、　　　　　　　　　（滑稽本・諺臍の宿替・9・112）〈過去・ナラ用法〉
　　　b.　弥々心変りがした<u>ならした</u>といふが宜。

　　　　　　　　　　　　　　　　　　（浮雲・2・348）〈過去・ナラ用法〉

　（35a）の反事実的用法の場合は、現代標準語であれば「ている」を介しつ
つ「知っていたなら」のタルナラバを用いるか、「知っていたら」とタラへ
の置き換えが可能であろう。一方、（35b）の過去の仮定の場合は、「したら」
に置き換えると意味が変わってしまう。この（35b）のように、タルナラバ
固有の用法を持っていたことが、比較的、口語的な資料でも観察しやすい状
況を生み出していたのであろう。
　以上、タルナラバについて見てきたところをまとめてみる[11]。

| | | | 〈過去〉 | 〈現在〉 | 〈未来〉 | 〈非特定時〉 |
|---|---|---|---|---|---|---|
| I | 中古 〜中世前期 | タラ用法 | | | | |
| | | ナラ用法 | | (24) (25) | | |
| II | 中世末 〜近世中期 | タラ用法 | | | (26) (27) | |
| | | ナラ用法 | (28) (29) | (30) (31) | | |
| III | 近世後期〜 | タラ用法 | | | (32)書き言葉性 | |
| | | ナラ用法 | (35) | (33) (34) 書き言葉性 | | |

図2　タルナラバ条件句の時間性の変化

書き言葉性の強い資料ではタルナラバの多用傾向が見える。

11　本稿の調査範囲ではタルナラバに〈非特定時〉の例は見出せなかった。〈非特定時〉の表
現が条件節で盛んになる中世末期以降、ちょうどピタがテンス的性格を強めており、個別的、
具体的なことがらを表す事例が中心になったため、そもそも該当例が少ないことが考えら
れる。

## 4. 条件構文の構造的変化

### 4.1 時制節としての確立

2節図1や3節図2にまとめてきたところの変化を、改めて概括してみたい。まず、スルナラバについてであるが、この形式がほぼナラ用法の使用を中心とするに至るのは、近世後期であった。その段階までは、古代語の構造を基盤とすることで生じるタラ用法を、話し言葉資料でも用いていたものである。そしてナラ用法にほぼ収斂される近世後期においては、スルナラバは、さらに〈過去・ナラ用法〉の表現も担わなくなっていた。その一方でタルナラバの方は、近世後期は、〈過去・ナラ用法〉を中心的用法として用いている。つまり、ナラ用法で見る限り、ル形（スルナラバ）とタ形（タルナラバ）は、時制上、相互に排他的に領域を担う形へ、つまり、時制の対立を示す方向に推移しているということである。

(36) a.　明日、雨が<u>降るなら</u>、大会は中止だろう。

　　 b.　昨日、雨が<u>降ったなら</u>、大会は中止だっただろう。

(36) のナラバ節はaは発話時以降、bの発話時以前を表し、この場合の「た」は絶対テンスを表す。このように近世後期には、口語資料中の使用例で見る限り、ナラ用法を担うナラバ節は、完全時制節性を獲得したということができる。

一方のタラ用法も、時制表示に関与するようになる。まずスルナラバは、近世後期にはタラ用法自体をほぼ担わなくなっており、口語資料以外であっても例外的なものとなっていた（(22) など）。一方、タルナラバによるタラ用法は、〈未来・タラ用法〉において、書き言葉性を帯びつつも使用を保っていた。つまり、ナラバ節におけるタラ用法は、ル形が衰退し、その結果、タ形が特権的に〈未来・タラ用法〉を担う領域となった。タラ用法を表すということは、言い換えれば、後件に先行して前件が起こることを表すということである。つまり、ナラバ節がタラ用法を担うタルナラバにおいては、主節時以前を表す「た」、すなわち相対テンスを表す時制表示としての機能が明確化していることになる。

第 5 章　中央語におけるナラバ節の用法変化　|　135

(37) a.　明日、雨が降る<u>なら</u>、大会は中止だろう。…ナラ用法しか表せない
　　 b.　明日、雨が降った<u>なら</u>、大会は中止だろう。

　　　　　　　　　　　　　　　　…タラ用法すなわち主節時以前を表す

　タルナラバは、古代語においては、助動詞タリの性質から説明される用法を持っていた。それが、中世期以降に起きた時制史の変化により、タ（ル）のテンス的意味が顕在化する。同時期以降に進行した［準体句≒名詞句＋断定ナリ未然形＋バ］の、［述語句＋接続辞ナラバ］への構造変化と相俟って、スルナラバがナラ用法に集中する状況が生じ、タルナラバの時制表示性の意味が明確となる。こうしたさまざまな変化の連動性の中で、ナラバ節の時制節としての機能が獲得されているということである。

### 4.2　ナラバ節の今日的な用法の成立

　近世後期に、ナラバがナラ用法を担う形式として用法を特化させていくころに、ノダ・ノダロウ・ノニ・ノデなどで準体助詞ノを受ける方法が広がる時期を迎える。この期のノは、〈事実と照合する〉機能を担う。当然のことながら、〈事実と照合する〉ノであるゆえに、事実性を問題としていないタラ用法のスルナラバはこのノを取ることができない。

(17)´ *お梅がこゝへ出る<u>のならば</u>。それをしほに和睦して祝儀を渡して下され。　　　　　　　　　　　　　　　　　　　　　（近松・万年草（再掲例を改変））

　ところが、近世後期に至り、ナラバはそれまでと異なって、点的に成立する動きや変化の結果として起こる事実についての仮定を専一に表す形式となっていた。その結果として、ナラバは、ノの持つ、現実としてある事実、あるいは起こることが見込まれる事実とつき合わせる表現意図をあえて表したい場合に、「のなら」とノを介した形式を用いることもできるようになるのである。

(38)　予ゆへ笑はれるか妬嫌そのやうにいふ<u>のなら</u>いつそ離てしまふたがよ

い。 　　　　　　　　　　　　　　　　（洒落本・南遊記・1・⑱ 174）

　このように、スルナラバがナラ用法を担うものとしての、今日的な用法を安定的に確立した近世後期の段階になって初めて、（38）のような例が出現していることに注意したい。

　近世後期はタルナラバが時制節性を獲得した時期でもあった。ノナラの発生がその時期であったことも含め、ナラバのナラ用法との一体的運用が安定した時期と、それらはすべて重なるのであり、その発生・定着はいずれも必然的なものだったと考えるべきであろう。

### 4.3　近世後期に起きたこと

　ところで、ナラバ節が文レベルの述語句を受ける例は中世期から見える。

（39）　我ニ報ル事カ不足ナナントヽ思ワウナラハ、始カラ用ニ不立ハマシソ
　　　　　　　　（史記抄・一七 11 ウ）（小林 1996: 127、例⑩）

　先に（23）にナラバ節の構造変化を記したが、この種の例の出現する中世には、その変化後の方法を用いることができる状況にあったことになる。しかし、新しい方法への交代が直ちに完了に向かわなかったことは、例えば過去の仮定などもナラバ節は近世中期まで表すことができたこと（（3）参照）などに明らかである。タルナラバの形をもっても完全時制節を構成することができなかったこともその現れと言える。つまり、大きくは旧来の用法を近世後期まで維持し続けていた。また、ノを準体句が下接する方法自体は中世末に生じている（青木 2016）にもかかわらず、ナラバ節が近世後期までノナラを用いることもできなかった。少なくとも構文中の振る舞い方ということにおいては、今日的な感覚での整理まで進むのは近世後期だったのである。中世期に変化の兆候が見えてから近世後期までかなりの時間を経てから変化が進んだことになる。

　このことは、準体句にノを添える歴史全体との関連において考えることができる。上方語の準体句の歴史に関わっては坂井（2015）に詳細な分析があ

る。坂井（2015）は項の位置で用いられる準体について〈モノ〉〈ヒト〉を表す「形状タイプ」（「散りたるを多く拾ひて」）と、〈コト〉を表す「事柄タイプ」（「（花が）乱れ落つるが口惜しうあたらしければ」）とを区別し、形状タイプでは近世中期から後期の短期間で一気にノを下接するノ準体に移行し、事柄タイプでは近世後期から大正にかけて緩やかにノ準体への移行が進むことを明らかにしている。本章で扱うナラバ節は、出来事を表す準体、すなわち〈コト〉を表す事柄タイプの準体を受けるものに当たろう。その条件句におけるノナラの発生・展開が、項の位置で用いられるノ準体の広がりとほぼ同時期に始まっているのであった。見方を変えれば、構文史の中で準体の側に変化が許される状況が生じて、同じ時期にナラバ節にも変化が起きたということ、そしてその時期が近世後期（以降）だったということが言えよう。

　そして、その近世後期に至るまで、ナラバ節が受ける句は古代語の名詞性に準じる性質を維持していたと捉えたのであった。そう見ることで、この時期までのナラバ節のさまざまな振る舞いの説明がつきやすくなる。まずは本章では、そのように捉えておきたい[12]。

## 5.　おわりに

　以上、スルナラバ・タルナラバのそれぞれの前件の時間性を観察し、移り変わりの様子を見てきた。ナラバ節は近世後期に至り、タラ用法の後退によってようやくナラ用法への整理が進む。同時にタルナラバが時制節を構成するものとしての性格を明確にし、さらにはノナラバによる認識的条件文専用形式の発生・定着も同時に促される。近世後期は、現代標準語のナラバ節の方法を確立した時期として特筆すべき段階に当たると言えるのである。

---

12　青木（2016: 140）の注6で「そもそも「未然形＋ば」の段階で両様（筆者注：「ナラ用法とタラ用法の両方」の意）を表しうるのであるから（例略）名詞であるかどうかは無関係である」と本章の立場とは異なった捉え方を示す。青木（2016）は準体句・準体助詞ノについて広く通時的な調査・分析を施した上での見解であり、尊重すべき指摘であると考える。ただ、ナラバは未然形＋バの形を取りながら近世中期に至るまで過去の仮定を扱うことができることなどは、上接句に名詞性との関係を想定することの妥当性を示しているようにも思う。近世後期に至るまで広く分布する、活用語連体形のノを下接しない句の諸用法とも合わせ、今後さらなる検討の余地がないか考えてみたい。

## 資料・引用テキスト

国立国語研究所「日本語歴史コーパス」平安時代編 14 作品／ Japan Knowledge Lib
『日本古典文学全集』／国立国語研究所「現代日本語書き言葉均衡コーパス」（BCCWJ）
のテキストデータを利用した。
「源氏物語」「保元物語」「太平記」：新編日本古典文学全集（小学館）／「平家物語」：
新日本古典文学大系（岩波書店）／近松世話浄瑠璃：『近松全集』（岩波書店）／紀海音
世話浄瑠璃：『紀海音全集』（清文堂出版／噺本：『噺本大系』（東京堂出版）／洒落本：
『洒落本大成』（中央公論社）／「諺臍の宿替」：『諺臍の宿替』（太平書屋）／「浮世風
呂」：新日本古典文学大系（岩波書店）／「浮雲」：『坪内逍遥二葉亭四迷集』新日本古
典文学大系明治編（岩波書店）

## 引用文献

青木博史（2016）『日本語歴史統語論序説』ひつじ書房.
小林賢次（1996）『日本語条件表現史の研究』ひつじ書房.
坂井美日（2015）「上方語における準体の歴史的変化」『日本語の研究』11(3): 32–50.
鈴木泰（2004）「テンス・アスペクトを文法史的にみる」尾上圭介編『朝倉日本語講
　　座 6 文法 II』151–171. 朝倉書店.
鈴木泰（2012）「日本語史における条件＝時間＝理由関係の表現方法とムード・テン
　　スの変化」『日本語文法』12(2): 3–23.
田野村忠温（1990）『現代日本語の文法 I ：「のだ」の意味と用法』和泉書院.
矢島正浩（2013）『上方・大阪語における条件表現の史的展開』笠間書院.

## 付記

　本研究は、JSPS 科研費 26370534 の助成を受けたものである。

第6章

# 「のなら」の成立
―条件節における準体助詞―

青木博史

## 1. はじめに

　次に掲げるような、条件節に準体助詞「の」が用いられた文を、有田(2007)は「認識的条件文」と呼んでいる。

(1)　明日から出張する<u>のなら</u>今晩のうちに準備しないといけない。

認識的条件文の定義は、以下の(2)のようなものである。

(2)　認識的条件文：前件が既定的・話し手がその真偽を知らない

　(1)の文を例にとると、前件に示された「明日から出張する」ということはすでに決まっているが、そのことが真であると仮定して、それならば「今晩のうちに準備しないといけない」という態度の表明を後件において示す、といった文のことを指すと言う。
　ただし、(1)は準体助詞「の」を用いず、以下の(3)のようにしてもほぼ同じ意味を表す。認識的条件文とは、上に見たように意味に基づいて定義されるため、これもやはり、認識的条件文ということになる。

140 ｜ 青木博史

(3)　　明日から出張する<u>なら</u>今晩のうちに準備しないといけない。

　本稿では、このような条件節における「の」が、なぜ、どのようにして用いられるようになったのか、また、なぜ「の」を表示しなくても同じ意味を表しうるのか、歴史的観点から説明を与える。同時に、このときの「のなら」という形式が表す意味について、歴史的研究の立場からはどのように記述すべきか、考察を試みる。

## 2.　準体助詞「の」の成立

　準体助詞「の」の歴史については、青木（2016: 63–140）において詳しく述べたが、まずはその成立の過程について概観しておく。

　本稿で呼ぶ「準体助詞」とは、「明日から出張する<u>の</u>はつらい」のように、「明日から出張する」という節を名詞化するために、名詞句の主名詞の位置（＝句末）で用いられる形式のことを指す。現代共通語では、「の」（のみ）がこれに相当する。このような「の」の出自は、以下のような古代語における代名詞用法に求められる。

(4)　a.　薬師は常<u>の</u>もあれど賓客の今の薬師貴かりけり賞だしかりけり

（仏足石歌 8C 中・15）

　　　b.　前の守、今<u>の</u>も、もろともにおりて、今の主も、前<u>の</u>も、手取り交はして、　　　　　　　　　　　　（土佐日記 935・12 月 26 日）

　「常の」「今の」「前の」の「の」は、前の文脈に現れる「薬師」「守」「主」を指しており、〈ヒト〉相当として用いられている[1]。ここから、以下のような「名詞＋が＋の」という形が生み出される。

(5)　a.　人妻と我が<u>の</u>とふたつ思ふには馴れにし袖ぞあはれなりける

（好忠集 10C 後・458）

―――――――――――

1　言語によって表される意味世界を、〈ヒト〉〈モノ〉〈コト〉のように大まかに把握しておく。〈ヒト〉〈モノ〉は「事物」、〈コト〉は「事態」である。

b.　其かたなをおこせひ。／是は身が<u>の</u>じや。

（虎明本狂言 1642・二人大名）

　（5a）は「私の妻」、（5b）は「私の刀」のように、先行文脈における〈ヒト〉〈モノ〉を指すという点で（4）と等しいが、連体格（属格）助詞「が」を介する点で、機能語化が進んでいると言える。ここから、活用語連体形を承ける用法が生まれたものと見られる。

（6）a.　せんどそちへわたひた<u>の</u>は何としたぞ。　　（虎明本狂言・雁盗人）

　　b.　おなごの綺量のよさ相な<u>の</u>を見たてて、　　　　（難波鉦 1680）

　（6a）の「渡いた<u>の</u>」は「銭」、（6b）の「良さそうな<u>の</u>」は「女子」を指しており、やはり先行文脈に現れる〈ヒト〉〈モノ〉を指している。事物としての〈ヒト〉〈モノ〉を指す代名詞の「の」が、元の意味を残しながら機能語化が進んでいることが見てとれる。

　このようにして、活用語に付接するようになった「の」が、〈コト〉を表す場合にも拡張していったものと考えられる（青木 2009: 298–302）。

（7）a.　そなたが嘆きやる<u>の</u>をば思ふては、　　（狂言記 1660・巻 5・武悪）

　　b.　姫が肌に、父が杖をあてて探す<u>の</u>こそ悲しけれ。

（貴船の本地 17C・中）

　（6）と（7）の間で、文献資料における初出例に遅速の差は見られないが、①事物（モノ・ヒト）から事態（コト）への意味拡張は、様々な形式において一般的に観察される（益岡 2013: 11–20）、②現代語（特に方言）において事物タイプのほうが事態タイプよりも準体助詞の必要度が高い、などの点から、上記のようなストーリーを設定するのが妥当であろう（柳田 1993、山口 2000: 97–101 なども参照されたい）。

　こうして 17 世紀までに成立した準体助詞「の」は、これまで準体句が用いられていた様々な環境に顔を出すようになる。（8a）は「に」、（8b）は

「で」、（8c）は繋辞「じゃ」に続く際に用いられた例である。

(8) a.　東より春はきた<u>の</u>に西の京興ある今日の雪ぞみなみよ

　　　　　　　　　　　　　　　　　　　　　（古今夷曲集 1666・巻 4）

　　b.　会いたいと思ふ<u>の</u>で、殿の御座るも眼が付かなんだ。

　　　　　　　　　　　　　　　　　　　　　（好色伝授 1693・巻中）

　　c.　おくらにせきの薬をやつたが、それがきいて、せく<u>の</u>じゃ。

　　　　　　　　　　　　　　　　　　　　　（本朝廿四孝 1700）


## 3.　「の」の文法化

　前節で述べたような形で、名詞句の主名詞の位置に発生した「の」であったが、この後さらに、後続する助詞・助動詞との結びつきを強め、再分析による新たな文法化の道を辿ることになる。たとえば「の＋に」の形は、不満・違和感を伴った逆接の意味を表す"接続助詞"の「のに」（名詞に続くときには「なのに」[2]）として認識されるようになる。

(9) a.　おらが内じやア、おれが骸がきかねへから、守が一ツ出来ねへ<u>の</u>
　　　　　<u>に</u>、年子だア。　　　　　（浮世風呂 1809–13・2 編上）

　　b.　だつて、私の耳へ入る位<u>なのに</u>、お前さんが万更知らない事は無か
　　　　　ろうと思ひますがね。　　　　（尾崎紅葉・金色夜叉 1897）


　ところで、このような、接続表現における不満・違和感といった意味は、日本語の歴史上、様々な形式において見られる。

(10) a.　なでしこは秋咲く<u>ものを</u>君が家の雪の巌に咲けりけるかも

　　　　　　　　　　　　　　　　　（万葉集 8C 後・巻 19・4231）

　　b.　楽浪の大山守は誰がためか山に標結ふ君もあら<u>なくに</u>

　　　　　　　　　　　　　　　　　　　　　（万葉集・巻 2・154）

---

2　「なのに」という形式の成立については、坂梨（2006: 215–239）、および青木（2016: 120–124）など参照されたい。

第 6 章　「のなら」の成立 ｜ 143

　（10a）は「述語連体形＋もの＋を」、（10b）は「ク語法＋に」の例であるが、いずれも不満を込めた逆接の意味を表している。すなわち、このような意味は、「名詞化節＋格助詞」という組み合わせから生み出される“構文的意味”であると考えられる。

　節を名詞化することの目的は、節（述語）で表されるような事態的意味を文中で（名詞句として）用いるためである。文中で用いるということは、他の述語との関係において用いるということであり、これがいわゆる「格」としての用法である。「名詞化節＋に」であれば、たとえば以下のような例が挙げられる。

（11）　旅にしてもの恋しきに山下の赤のそほ船沖を漕ぐ見ゆ

（万葉集・巻 3・270）

　「に」は、時間、場所、目的、手段、状態など広く様々な格的意味を表しうるが、おおよそ主節事態の「背景」を表すと言ってよいだろう。上の（11）であれば、「漕ぎ去る船を見つめる」のは、「物恋しい」という気分の“時に”や“状態で”など、様々に解釈することができる。

　このような「格」的意味と「接続」的意味の連続性から、次のような“接続助詞”の「に」が生じることになる。

（12）　涙のこぼるるに、目も見えず、物も言はれず。

（伊勢物語 10C 前・62 段）

「涙がこぼれる」という事態と、「目も見えず、物も言えない」という事態は因果関係にあるため、このような場合の「に」は接続助詞として解釈されることになる。他にも「が」や「を」など、格助詞から接続助詞が生み出される事例はいくつも存在するが、いずれも同種の契機に基づいて構造変化が起こっている（石垣 1955: 15–54、近藤 2000: 421–435 など参照）。

　このように、「準体句＋助詞」という構造は、「述語＋助詞＋述語」という形をとるため、述語で表される 2 つの事態を助詞がつないでいる、という

解釈が得られやすい。格助詞から接続助詞へと読み替えられるに際し、両助詞間の意味はきわめて連続的である。これに対し、（10）で示したような、「述語連体形＋もの＋助詞」や、「述語未然形＋ aku ＋助詞」の場合、名詞化に際して用いられた「もの」や「く」の形が顕在化する。そうした意味で"有標"の「ものを」や「くに」に対して、有標の意味が焼き付けられることになったと考えられる[3]。すなわち、情意性を帯びた逆接表現という意味であり、それがゆえに終助詞的に用いられることも多かった。

　ただし、こうした意味は、「名詞化節＋助詞」が表す構文的意味であるので、「もの」やク語法それ自体に意味があるわけではない[4]。こうした構文的意味が、「の」が名詞化節のマーカーとして一般的となった現代語においては、「のに」という形に焼き付けられているわけである。

　これは、「のだ」の場合も同様である。「のだ」が表す「説明」の意味は、「名詞化節＋繋辞」という組み合わせが生み出す"構文的意味"である。「のだ」の前身である「連体なり」の例から見ておこう。

(13) a.　　はやても龍の吹かするなり。はや神に祈り給へ。

　　　　　　　　　　　　　　　　　　（竹取物語 9C 末 –10C 初・龍の頸の玉）

　　b.　　狐の仕うまつるなり。この木のもとになん、時々あやしきわざし侍
　　　　　る。　　　　　　　　　　　　　　　　　（源氏物語 11C 初・手習）

　（13）では、眼前の状況をもたらした事情について、それぞれ「龍が吹か

---

3　こうした意味の起源に明確な説明を与えることは難しいが、述語を名詞化するということは、時間軸上に展開する動的な事態ではなく、話者の頭の中で既定された静的な事態として捉えるということである。このような既定的な事態を、主節で展開される事態と対峙する形で提示するのが、「に」や「を」を用いて示すことであった。ここから、前件から予測される事態とは異なる事態を後件で示すという"接続関係"への読み替えが生じ、そのような"食い違い"の認識が、不満・違和感・意外感などの意味を生み出すものと考えられる（現代語「のに」の意味については、前田 2009: 200–219 など参照されたい）。

4　衣畑（2005）は、こうした意味を、「もの」や「を」などの特定の形態とは無関係に存在する意味と見る点で興味深いが、形態はいわばガラクタ（junk）的に使われたもので、当該の形態が偶々獲得したという見方が示されている。「格」的意味からの連続性を見る本稿は、山口（1980: 132–154, 189–214）の解釈と近いと言えよう。

せている<u>のだ</u>」「狐のしわざ<u>なのだ</u>」と説明している文である。「準体句＋繋辞」という形で、このような意味を表しているわけである。

　「の」が名詞化節のマーカーとして完全に定着する以前においては、以下のような「もの＋繋辞」の形も見られた。

(14) a.　此つなを引<u>た</u>に<u>よつて</u>、つえがあたつた<u>物じや</u>。

(虎明本狂言・瓜盗人)

　　 b.　そなたが上りつめて国へも連れて戻らうやうに言ふにより<u>めいわく</u><u>さに</u>そなたが戻る間はかくれた<u>ものじや</u>。　　(娘親の敵討 1691)

「〜ので…のだ」のように、従属節で述べられる原因理由を焦点とする「説明」が、「…ものじや」という形で表されている（福田 1998、佐藤 2009）。このように、名詞化節を表すために、「もの」のような抽象度の高い形式名詞が用いられることはあったものの、「の」の定着にしたがって、「背後の事情」「実情」（田野村 1990）といった意味は、「のだ」という形式に焼き付けられることになったのである。

(15) a.　江戸ツ子の金をおまへがたがむしり取て行<sup>いく</sup><u>のだ</u>。……江戸のおかげで金が出来る<u>のだ</u>。　　　　　　　　　(浮世床 1813・初編中)

　　 b.　ハ丶アひるまのすつぽんが、つとの中からはい出た<u>のだ</u>な。

(東海道中膝栗毛 1802–14・2 編上)

　以上のように、近世初期に成立した準体助詞「の」は、「のに」「のだ」が接続助詞、あるいは助動詞として文法化していく過程を通じて、次第に定着していったものと考えられる。近世後期における、項名詞句の句末に用いられた「の」の例を挙げておこう[5]。

---

5　ただし、近世後期においても、「の」は現代語のように完全に定着するには至っていない。いくつか例を示しておく。
　・道づれにして<u>きた</u>は、こつちがわりい。　　　　　(東海道中膝栗毛・2 編上)
　・折角いらしつて<u>下すつた</u>に、折悪敷で御座りますね。　(花暦封じ文 1865–67・3 編上)

(16) a. こちらで見るのを知ると直にこゝへ化しに来るからしづかにしね
へ。　　　　　　　　　　　　　　　（春告鳥 1836–37・初編 2）
b. うごくのは人の心や弓はじめ　　　　（俳諧発句一題噺 1851）

## 4.　「だろう」と「のだろう」

　名詞句としての準体句は、次第に「の」名詞句に取って代わられ、これと
同様に、「ので」「のに」「のだ」の定着は、「連体形＋で」「連体形＋に」「連
体形＋だ」の形を排除していった。ところが、こうした「の」の進出の一方
で、述語連体形に付接する形を残している形式がある。それが「だろう」で
ある。「連体形＋だろう」と「連体形＋の＋だろう」は、述部における推量
形式として共存しているが、意味は異なっている。ここでは、この点につい
て考えてみよう。

　まず、「のだろう」は「のだ」の推量形であるから、その成立は「のだ」
の場合とまったく並行的に捉えることができる。

(17) a. 女、あさましく、わびしうかなしうて、ただ泣きに泣かれて、いか
に聞きたまひたるならむ。　　　　　（落窪物語 10C 末・巻 1）
b. 何しに奉りつらむ、と思ふほどに、おどろきて、いかに見えつるな
らむ、と思ふ。　　　　　　　　　　　　（源氏物語・若菜下）

　「連体なり」に助動詞「む」が付接した「ならむ」は、やはり「実情」や
「背後の事情」を推量する。(17) は、いずれも「いかに」といった疑問詞と
呼応した例であるが、「どのように聞いたのだろうか」「どうして（こんな夢
を）見たのだろう」のように、事態の実情や原因を推量している。このよう
な古代語の「準体句＋繋辞＋推量」における、準体句の句末の部分に「の」

---

・乳母子守等のたぐひが出放題の文句を作るに仍て、あのやうに鄙くなるぢやテ。
　　　　　　　　　　　　　　　　　　　　　　　　　（浮世風呂・4編下）
定着を見せる（＝準体句が見られなくなる）のは、標準語の制定と並んで明治期以降のこと
である。これには、多くの方言に「の」の進出が及んでいないことも考え合わせる必要が
あるだろう。

第 6 章 「のなら」の成立 | 147

が用いられるようになることにより、「の＋であらう（だろう）」の形が生まれることになる。したがって、「名詞化節＋繋辞」の構文的意味を保つところに、「のだろう」の用法が存在していると言えよう。

(18) a. ナニサ爵をくつたおぼへはねへ。大かたけさの飯があたつたのだろう。　　　　　　　　　　　　　　　　　（東海道中膝栗毛・5 編追加）

　 b. 今日の形りは拵がおつりきだから、先でもぶ気味に思つてじろじろ見るのだろう。　　　　　　　　　　　　（八笑人 1820–34・初編下）

　その一方で、このような「事情推量」ではない、単純な推量を表す「だろう」という形式が用いられるようになる。

(19) a. そなたは臓を一つ吐き出したり。やがて死するであらふ。
　　　　　　　　　　　　　　　　　　　　　　　（当世手打笑 1681）

　 b. わつちが往ても喧嘩ばかりして居るだろう。　（粋町甲闔 1779）

ここでは、「名詞化節＋繋辞」という構造から離れ、述語連体形句が名詞句から述語句へと脱範疇化を起こすとともに、後接する要素が助動詞へと再分析されている。

　このとき注目されるのは、出来上がった助動詞「であろう→だろう」は、繋辞に続く形を元にするため、述語連体形に付接するという点である。すなわち、「外接モダリティ形式」として成立しており[6]、動詞未然形に付接してモダリティを表す古典語の「む」とは大きく異なっているのである。またこのとき、「だろう」は繋辞「だ（である）」を含み持つ形で成立しているため、コピュラ文が表す“判断”的意味を含み持っている。未実現の事態を単に頭の中に思い浮かべる（想像的に示す）という、「設想」を基本的意味とする古

---

6　尾上 (2001) の議論に基づき、「だろう」「らしい」「ようだ」「はずだ」など文相当句の外側に付接すると言えるモダリティ形式群を、「外接モダリティ形式」と呼んでおく（青木 2016: 24）。

典語の「む」[7]と区別し、ここでは「だろう」のこうした意味を「判断推量」
と呼んでおくこととしよう。

　この「だろう」は、従属節に生起しない（＝主節末で用いられる）、活用
しない（＝過去形、否定形などを持たない）といった点において、「真正モダ
リティ」と呼ばれることがある。これは、上に述べたように、繋辞を含む形
で成立したためであると考えられる。そして、このような「判断推量」を表
す形式であるからこそ、事態の"成否"であろうと事態の"原因"であろう
と、いずれも推量することができたのである。以下に、原因推量（事情推量）
を表す「だろう」の例を掲げておく（鶴橋 2013: 38, 50）。

(20) a.　田中のほうから三まいのかごがくるが、いまじぶんなぜあねへに、
　　　　いそがせるたろうの。　　　　　　　　　　　　　　（総籬 1787）

　　b.　なぜ此様に踊るだろうか、おれにも気がしれねへ。

　　　　　　　　　　　　　　　　　　　　　　　　　（浮世風呂・4編下）

　したがって、ここにおいて、「事情推量」の領域においては、「判断推量」
を表すがゆえに事情推量も併せて表しえた「だろう」と、「名詞化節＋繋辞」
の構造を保つことで事情推量を表した「のだろう」の両形が並び立つことに
なったのである。

　「背後の事情」「実情」といった意味は「名詞化節＋繋辞」によって生じる
構文的意味であるため、「述語連体形＋だ」でも「述語連体形＋の＋だ」で
もよかったのであるが、この意味は次第に「のだ」という形式に焼き付けら
れていった。この背景には、「のだ」形式の文法化の過程があり、「の」を用
いると「既定性」「承前性」を表すことになるという"意味の慣習化"があっ
た。これと同様に、そうした「事情」「実情」を推量する場合、「述語連体形
＋だろう」という形でも表しうるが、「の」を付加すると明確に当該の意味
を表しうる、という認識が次第に生じていったものと考えられる。その認識
が確立したとき、「事情推量」の表現領域において、「のだろう」が「だろ

---

7　「設想」は山田孝雄の用語であるが、本稿では、その理解の多くを野村（1995）に負って
いる。

第 6 章　「のなら」の成立 | 149

う」を駆逐したのであった。

## 5.　準体助詞と「認識的条件文」

　上に述べたような「のだろう」の歴史をふまえ、「のなら」の成立の過程を見ていこう。接続助詞「なら」の歴史については小林（1996）に詳しいが、代表的な例を示しつつ概観しておこう。

(21) a.　すずろなる男のうち入り来たる<u>ならば</u>こそは、こはいかなることぞと参り寄らめ、　　　　　　　　　　　　　　　　（源氏物語・宿木）

　　 b.　母牛ハ、「放ツル<u>物ナラバ</u>、我レハ被昨殺ナムズ」ト思ヒケルニヤ、
　　　　　　　　　　　　　　　　（今昔物語集 1120 頃・巻 29・38 話）

　　 c.　されども思ひ立つ<u>ならば</u>、そこに知らせずしてはあるまじきぞ。
　　　　　　　　　　　　　　　　　　　　　　（平家物語 13C 頃・巻 9）

　　 d.　さそふ<u>なら</u>さゝひ〳〵、やぶから道はなひものか〳〵
　　　　　　　　　　　　　　　　　　　（虎明本狂言・節分、歌謡）

　（21a）は中古の例であるが、「すずろなる男のうち入り<u>来たる</u>」という準体句を「なり」が承けた「連体なり」構文が、仮定条件節において（「未然形＋ば」の形で）用いられたものである。(21b) には、院政期の例として「ものならば」の形を示したが、述語連体形を形式名詞「もの」で承けた名詞句に「ならば」が続いており、ここにもやはり、繋辞としての「なり」の性格が色濃く現れている。これが (21c) のように中世期に至ると、「ならば」はいわば連語として、仮定的意味で"接続"することが主要な役割となっている。そして、中世末期の言語を反映した狂言資料の例 (21d) では、「仮定」を表す形式として必須であった「ば」が落ち、「なら」だけで"接続"の機能を果たしている。いわゆる接続助詞としての「なら（ば）」は、この頃に成立したと言ってよいであろう。

　ここで重要なのが、接続助詞の「ならば」は、繋辞「なり」を含み持つという点である。先に触れたように、モダリティを表す「未然形＋む」は、前接する述語の活用形と共同で意味を形成するという点で古代語的なあり方で

あったが、これは「未然形＋ば」「已然形＋ば」という形で使い分けられる条件節にあっても同様である。これに対し、繋辞を介することであらゆる述語句への接続を可能にする「ならば」は、その点きわめて近代語的な形式であると言える。そして、この繋辞が存することによって、「だろう」がある種の"判断"を含む「推量」を表したのと同様、「ならば」も、そうした"判断"を経た「仮定」を表すことになったものと考えられる。

　現代語における仮定条件形式について、益岡（2006）では以下のようにまとめられている。

(22)　レバ形式：一般事態階層における条件設定。事態間の一般的因果関係を表す。

　　　タラ形式：個別事態階層における条件設定。個別的事態間の時間的依存関係を表す。

　　　ナラ形式：判断階層における条件設定。前件においてある事態が真であると仮定する。

(22)はプロトタイプ的意味を示したもので、形式間でいくらか重なり合う部分もあるが、確定条件から「恒常性」「一般性」を介して仮定条件を表すようになった「れば」、完了的意味を表す時制辞を含み持つ「たら」、といったように、それぞれの形式の歴史的経緯ともうまく符合する。そして、判断的意味を表す繋辞を含み持つ「なら」は、やはり「判断階層における条件設定」と規定されているのである。

　矢島（2013）によると、近世後期において、「たら」の発達により「なら」は「非完了性仮定」に次第に特化していくと言う。つまり、近世中期頃までは、以下に示すように、「完了性仮定」の場合にも「なら（ば）」が用いられていたわけである[8]。

---

8　先に掲げた中世前期の(21c)の例も、「完了性仮定」である（小林 1996: 124）ことにも留意されたい。現代語では「たら」「なら」で使い分けられるが、古代語ではそうした意味領域には無関心であったと言えるだろう。「未然形＋ば」も、「完了性」「非完了性」両方の用法が見られる（青木 2016: 140）。

第6章 「のなら」の成立 | 151

(23)　お梅がこゝへ出る<u>ならば</u>、それをしほに和睦して祝儀を渡して下され。

（心中万年草 1710）

　しかし、上の (23) のような領域は「たら」が担うようになり、これによって排他的な形で「なら」の領域が確立していく。これはすなわち、有田 (2007) の言うところの「予測的条件文」（例：「明日雨が降ったら俺は行かないよ」）、「反事実的条件文」（例：「もう少し早く来ていたら間に合ったのに」）は「たら」、「認識的条件文」は「なら」、という棲み分けが確立してきたことを意味しよう。この時期における「なら」の典型的な例を挙げておく。

(24) a.　ゆうれいになつて出る<u>ならば</u>、夜ルでも出そうなものだ。

（珍学問 1803）

　　b.　湯がかゝつて熱<sup>あつい</sup><u>なら</u>水のはねをかけてうめてやらうか。

（浮世風呂・2 編下）

　仮定条件表現におけるこのような歴史的変遷の中で、同じく近世後期の資料から、「の」を付接した「のなら」の例が見られるようになる。いくつか例を掲げておこう。

(25) a.　若われが盗んだ<u>のなら</u>、盗人に飯喰す法があるか。

（新版歌祭文 1780）

　　b.　コウ、金がねへ<u>のなら</u>、どふともしようぜ。　（落咄熟志柿 1816）

　(25a) は、「金を盗んだ」ことが対話相手の発言によって対話に導入され、話し手はそれが真であることを前提にして「<u>（それなら）</u>飯を食わさない」と述べている。(25b) は、「金がない」ことはすでに定まった事実であるが、仮にそうであると仮定する、つまり話し手の主観においてはその真偽のほどは保留して「<u>（それなら）</u>どうしようもない」と述べている。すなわち、これらは現実事態の「背後の事情」や「実情」を仮定している。「のだろう」

が「のだ」の推量形と呼ぶに相応しいのと同様、「のなら」は「のだ」の仮定形と呼ぶべき意味を表していると言えよう。

このように「実のところがそうであるなら」と仮定する文は、「認識的条件文」の定義に適うものである。認識的条件文は、前件事態そのものはすでに実現しており、話し手の認識において未知の事態（この場合はその背後の事情）を表す条件文のことを指すからである。したがって、認識的条件文という領域において、古典語「未然形＋ば」を承け、繋辞を含んだ「判断仮定」を表す「なら」と、「のだ」の仮定形として「実情仮定」を表す「のなら」の両形が並び立つことになったわけである。

ただし、(25b)の「金がない」のように状態性述語の場合は、同じ意味を表す場合にあっても、「金がなければ」「金がなかったら」のように「れば」「たら」の形を用いることができる、という点には注意が必要である。また逆に、「なら」を用いると必ず認識的条件文になるかと言うとそうではなく、以下のように反事実的条件文や予測的条件文をも作ることができる。

(26) a.　あのとき注意していたなら、事故にあうことはなかった。

　　 b.　明日雨が降ったなら、試合は中止されるだろう。

このように、認識的条件文は意味に基づく分類であるため、条件節を形成する形式とは対応しない。

「だろう」「のだろう」の場合もふまえると、「認識的条件文」であることを明確に示すために（あるいは専用形式として）、準体助詞「の」を付接した「のなら」という形式が発達したという仮説が成り立つかもしれない。しかしながら、そのように考えるには、認識的条件文の範囲がやや広すぎるのではないかと思う[9]。

---

9　日高(2013)では、認識的条件文の専用形式が歴史的に分化してきたという前提に立ち、諸方言の形式の分布を説明しようとしている。断定辞条件形（ナラ、ダッタラ等）に準体形式（準体助詞、形式名詞）が前接すると認識的条件文専用形式になる、という見方である。

しかし、「準体形式」に「もの」や「こと」などの形式名詞まで含めてしまうと、射程が広がりすぎるように思う。共通語でも、「ものなら」「ことなら」は「認識的条件文」の定義に当てはまる条件文で用いられるが、「のなら」とは異なる表現性を有している。

「ある事態が真であると仮定する」(＝22) ことは、「実のところが〜であれば」とほぼ同義であるため、「実情仮定」は「なら」でも表しうる。しかしそれでも、田野村 (1990: 97–98) でも述べられるように、「なら」と「のなら」の間には若干の差異が認められる。

(27)　{帰りたい<u>なら</u>／帰りたい<u>のなら</u>}、帰ってもいいよ。

「のなら」は、「帰りたそうにしている相手の様子」を受けている場合には用いられやすく、やはり「の」の「承前性」が効いている。「認識的条件文」という括りでは、上の (27) の「なら」と「のなら」はどちらも認識的条件文であるので、このようなニュアンスの違いを説明することができない。また、このときの「のなら」は、「のであれば／のだったら」と同義である。"「のだ」の仮定形"であるからこその同義であり、「れば」「たら」「なら」の相違は解消している。

　こうした点をふまえると、歴史的変遷の記述にあたっては「認識的条件文」というカテゴリに拠らず、「の」の「既定性」「承前性」に基づいて、「のだ」の仮定形と言うべき「実情仮定」を表すために作られたのが「のなら」である、と説明するほうがよいように思う。認識的条件文の「既定性」と「の」の「既定性」がマッチするため、「のなら＝認識的条件文」といった解釈が導かれることになるが、「実情仮定」は「認識的条件文」のいわば一部と見るべきであろう。

　特に、「のなら」が使用され始めた、近世期における次のような例は重要であると思う。

(28)　予ゆへ笑はれるがい<u>やさに</u>そのやうにいふ<u>のなら</u>いつそ離てしまふたがよい。
　　　　　　　　　　　　　　　　　　　　　　　　　　　　　（南遊記 1800）

「そのように言う」ことの原因を「笑われるのがいやだから」と仮定して、「(それなら) いっそのこと別れたほうがいい」と述べている。このように、条件節に埋め込まれた原因節「〜さに」を焦点化することを明示するため

に、「のなら」が用いられていると考えられる。ここでも「の」の「承前性」が有効に働いており、条件節における「の」は、このような機能を果たすために用いられるようになったものと説明されよう。

## 6. おわりに

　以上のように、本稿では、「のなら」の成立について、準体助詞「の」と条件節形式の歴史的変遷を重ね合わせながら記述した。近世初期に発生した準体助詞「の」は、「のだ」「のに」等の助動詞・接続助詞の文法化を通じ、「既定性」「承前性」を表すものという認識が慣習化した。こうした「の」の"新しい意味"が、述部の「推量」、そして接続部の「仮定」にも反映されたものと言える。

　「判断」を含んだ推量形式として成立した「だろう」は、「単純推量」と「事情推量」を表しえたが、「既定性」「承前性」を有する「の」を付接した「のだろう」が、「事情推量」の領域を表すものとして定着した。「なら」も同様に、「実情仮定」を含んだ「判断」レベルの仮定表現一般を担う形で確立したが、「既定性」「承前性」の「の」を伴った「のなら」が、「実情仮定」の領域を表す専用形式として定着した。その後、述部の推量表現においては、「だろう：単純推量／のだろう：事情推量」という形で棲み分けが成立したが、接続部の条件表現における「なら／のなら」は、形式に応じた意味の棲み分けが行われなかった。これは、特に「たら」との関係で特化された「なら」の領域が、「実情仮定」とほぼ重なるためである。「事情」「実情」という意味領域において、競合関係を解消した「だろう」と「のだろう」に対し、引き続きそのままの関係を継承しているのが「なら」と「のなら」である、ということになろう。

## 引用文献

青木博史（2009）「第 15 章 ことばの歴史をさぐる」大津由紀雄編『はじめて学ぶ言語学』289–305. ミネルヴァ書房.

青木博史（2016）『日本語歴史統語論序説』ひつじ書房.

有田節子（2007）『日本語条件文と時制節性』くろしお出版.

石垣謙二（1955）『助詞の歴史的研究』岩波書店.

尾上圭介（2001）『文法と意味Ⅰ』くろしお出版.

衣畑智秀（2005）「上代語のヲ・モノヲ」『和漢語文研究』3: 49–63. 京都府立大学国中文学会.

小林賢次（1996）『日本語条件表現史の研究』ひつじ書房.

近藤泰弘（2000）『日本語記述文法の理論』ひつじ書房.

坂梨隆三（2006）『近世語法研究』武蔵野書院.

佐藤順彦（2009）「前期上方語のノデアロウ・モノデアロウ・デアロウ」『日本語文法』9(1): 20–36.

田野村忠温（1990）『現代日本語の文法Ⅰ：「のだ」の意味と用法』和泉書院.

鶴橋俊宏（2013）『近世語推量表現の研究』清文堂出版.

野村剛史（1995）「ズ，ム，マシについて」宮地裕・敦子先生古稀記念論集刊行会編『日本語の研究：宮地裕・敦子先生古稀記念論集』2–21. 明治書院.

日高水穂（2013）「認識的条件文の地理的変異」『日本語文法学会第14回大会発表予稿集』50–57.

福田嘉一郎（1998）「説明の文法的形式の歴史について：連体ナリとノダ」『国語国文』67(2): 36–52. 京都大学文学部国語学国文学研究室.

前田直子（2009）『日本語の複文：条件文と原因・理由文の記述的研究』くろしお出版.

益岡隆志（2006）「日本語における条件形式の分化：文の意味的階層構造の観点から」益岡隆志編『シリーズ言語対照6　条件表現の対照』31–46. くろしお出版.

益岡隆志（2013）『日本語構文意味論』くろしお出版.

矢島正浩（2013）『上方・大阪語における条件表現の史的展開』笠間書院.

柳田征司（1993）「「の」の展開，古代語から近代語への」『日本語学』12(10): 15–22. 明治書院.

山口堯二（1980）『古代接続法の研究』明治書院.

山口堯二（2000）『構文史論考』和泉書院.


## 付記

　本稿の内容の一部については、第51回NINJALコロキウム（2014年9月30日、国立国語研究所）、および公開シンポジウム「日本語条件文の諸相—地理的変異と歴史的変遷—」（2015年1月11日、文京シビックホール）において発表した。発表席上、また発表後において数多くの貴重なご意見を賜ったことに対し、心よりおん礼申し上げる。

　また、本研究は、JSPS科研費 26244024、17K02779 による研究成果の一部である。

# 第 3 部

# 地理的変異篇

第 7 章

# 認識的条件文の地理的変異の類型

日高水穂

## 1. はじめに

　認識的条件文とは、「前件の命題が既定的でかつ話し手がその真偽を知らない条件文」（有田 2007: 91）である。有田氏によれば、認識的条件文には、次の 3 タイプがあるという（例文は本書の有田論文による）。

タイプ（A）：前件の真偽が発話時において定まっていることが確実なタイプ。
(1) 　　（昨日ガンバ大阪の試合があったけれど、結果はどうだったんだろうか。）昨日の試合に勝った（の）なら、明日の決勝戦に出場するはずだ。

タイプ（B）：前件の事象時は発話時以降ではあるが、前件が成立するかどうかが、決められているスケジュールや予定あるいは意志があることなどにより発話時において定まっていると見なされるもの。
(2) 　　明後日出張する（の）なら今晩準備しないといけない。

タイプ（C）：前件が対話相手の発言などにより対話に導入され、話し手がその真を前提にして後件が成立することを述べるもの。
(3) 　A 「今度の日曜日のコンサートに行くことにしたよ。」

B 「そうですか。<u>あなたが行く（の）なら</u>、私も行くことにするわ。」

　認識的条件文の前件の命題の既定性とは、(1) のようにすでに実現した過去の事態である場合だけでなく、(2)(3) のように発話時以降に実現する事態が後件で示される判断の前提になるようなものも含む。認識的条件文には、前件の事態がすでに実現している場合と未実現の場合があることになるが、後に述べるように、このことは諸方言の条件表現体系において認識的条件文の専用形式を分化させているかどうかを見るとき、留意すべき観点となる。
　ここで、条件表現の用法と形式について、古代語と現代語で対照させると表1のようになる（阪倉 1993、小林 1996、前田 2010、矢島 2013 参照)[1]。

表1　古代語と現代語の条件表現の用法と形式

| 順接条件表現の下位区分 | | | 古代語 | | 現代語 | | | | |
| --- | --- | --- | --- | --- | --- | --- | --- | --- | --- |
| | | | 未＋バ | 已＋バ | 未＋バ由来 | | | 已＋バ由来 | |
| | | | | | ナラ | ノナラ | タラ① | 仮＋バ | タラ② |
| 仮定条件 | 仮定的 | 反事実的条件文 | ○ | | | | ◎ | ○ | |
| | | 仮説 予測的条件文 | ○ | | ○ | | ◎ | ○ | |
| | | 認識的条件文 | △ | | ◎ | ◎ | △ | △ | |
| 確定条件 | 非仮定的 | 総称的条件文 | | ○ | | | | ◎ | |
| | | 事実的条件文 | | ○ | | | | | ◎ |
| | 原因・理由文 | | | ○ | | | | | |

未：未然形　　已：已然形　　仮：仮定形
◎：当該用法の主要な使用形式
○：当該用法で使用可能な形式
△：当該用法で限定的に使用可能な形式
タラ①：タラバ＞タラによって生じた「未然形＋バ」由来のタラ
タラ②：タレバ＞タリャ＞タラによって生じた「已然形＋バ」由来のタラ

---

1　「反事実的条件文」「予測的条件文」「認識的条件文」「総称的条件文」「事実的条件文」の5分類は、有田氏に従う。これらを「仮定的（条件文）」「非仮定的（条件文）」「仮説（的用法）」のうちに位置づけるのは前田 (2010) による。前田氏はレアリティを基準に条件文を分類しているが、認識的条件文は、前件の事態が話し手の認識においては未知であることにより、仮説的用法に含むものとする。

現代語の条件形式のうち、「ば」「たら」は前件述語が状態性の場合に認識的条件文を成す場合があるが、「なら」「のなら」はそうした制限なく認識的条件文を成す。また、「なら」は予測的条件文・反事実的条件文でも用いられるが、「のなら」は予測的条件文・反事実的条件文では用いられず、もっぱら認識的条件文で用いられる。

　表1に示したように、認識的条件文は、「なら（ば）」の発生および準体助詞の発達によって明示的に表現されるようになった後発の構文である。古代語においては、「未然形＋バ」が認識的条件文として解釈できる文脈で使用される場合はあるものの、この形式で表される条件文の意味は圧倒的に予測的条件文であり、認識的条件文を表す専用形式は存在しなかったと考えられる（本書の鈴木論文参照）。認識的条件文の専用形式が、古代語では未分化であったという前提に立つと、古代語から現代語に移り変わる過程で生じた認識的条件文の言語形式上の分化が、現在の条件表現の地理的変異にどのように現れるかを見ていくことが課題として浮上する。

　以下では、まず、日本語諸方言（本土方言）の条件表現体系を俯瞰したのち、認識的条件形式の分化の類型を整理し、認識的条件形式として文法化する表現の特性について考察する。

## 2.　諸方言の条件表現体系

　国立国語研究所編『方言文法全国地図』（GAJ）には、条件表現にかかわる以下の分布図が収載されている。

128図「きのう手紙を書けばよかった」（反事実的条件文）
167図「あした雨が降れば船は出ないだろう」（予測的条件文：主文が推量文）
168図「あした雨が降ったらおれは行かない」（予測的条件文：主文が意志文[2]）

---

2　バ類には主文のモダリティ制限があり、意志文やとくに命令文にはバは用いにくいとされる。国立国語研究所共同研究プロジェクト「方言の形成過程解明のための全国調査（FPJD）」（2010～2015年度、研究代表者：大西拓一郎）では、主文が命令文の予測的条件

162 | 日高水穂

170図「そこに行ったらもう会は終わっていた」（事実的条件文）
133図「手紙を書くなら、字をきれいに書いてくれ」（認識的条件文）

　表2に、これらの分布図の本土方言に現れる条件形式を地域ごとに整理
して示した（日高2003、三井2009, 2010参照）。条件形式は、バ類（-eba形：
カキャー等の融合形含む）、タラ類、ト類、ナラ類、その他の形式に分類し
て記載し、また、地点数は少ないがある程度まとまった分布をなす形式には
※を付して表注に主な使用地域を示す。128図・133図については、図1・2
に略図を示した。

---

文の項目「そこに行ったら電話しろ」の調査が行われており、九州の一部地域でイッタナ
ラ類（熊本）、イクギー類（佐賀・長崎）、イッテカラ類（大分）、イッタトキ類（鹿児島）が
まとまった分布を成す以外には、本土では全域でイッタラ類が使用され、イケバ類のまと
まった分布は認められないことが確認された（大西拓一郎編2016『新日本言語地図』の三
井はるみ氏作成の分布図による）。

第7章　認識的条件文の地理的変異の類型 | 163

## 表2　条件形式の地域差

| 項目 / 地域 | | 九州南西部 | 中国・四国南西部・九州北東部 | 近畿・四国北東部 | 関東・中部 | 東北南部 | 東北北部 |
|---|---|---|---|---|---|---|---|
| 128図 書けば | バ | カケバ | カケバ | | カケバ | カケバ | カケバ |
| | タラ | | | カイタラ | | | |
| | ト | カクト※1 | | | | カクト | |
| | ナラ | カクナラ※1 | | | | | |
| | 他 | カクギー※2 | | | | | |
| 167図 降れば | バ | フレバ | フレバ | | フレバ | フレバ | フレバ |
| | タラ | | | フッタラ | | | |
| | ト | | | | | フルト | |
| | ナラ | フルナラ※1 | | | | | |
| | 他 | フッギー※2 | | | | | |
| 168図 降ったら | バ | フレバ | フレバ | | フレバ | フレバ | フレバ |
| | タラ | | フッタラ | フッタラ | フッタラ | フッタラ | フッタラ |
| | ト | | | | | フルト | |
| | ナラ | フルナラ※1 | | | | | |
| | 他 | フッギー※2 | | | | | |
| 170図 行ったら | バ | | | | | | |
| | タラ | イッタラ | イッタラ | イッタラ | イッタラ | イッタラ | |
| | ト | | | | | | |
| | ナラ | | | | | | |
| | 他 | イッタレバ※1 イタギー※2 | | | | | イッタバ イッタッケ イッタレバ※3 |
| 133図 書くなら（N:準体形式） | バ | | カケバ※4 | | | | |
| | タラ | | | | | | |
| | ト | | | | | | |
| | ナラ | カクナラ カクNナラ | カクナラ カクNナラ | | カクナラ カクNナラ | | |
| | 他 | カクギー※2 | | カクNダッタラ | カクダラ カクNダラ カクジャー※5 | カクNダラ | カクNダラ カカバ※3 カクカラ※6 |

※1 熊本等　※2 佐賀等　※3 岩手等　※4 高知等　※5 山梨等　※6 秋田等

164 | 日高水穂

▲ カケバ類
▲ カキャー類
▽ カカバ類
▽ カクバ類
↑ カイタラ類
⚲ カイタラバ類
⊙ カクト類
■ カクナラ類
▫ カクンナラ類
⌣ カクギー類
∾ 無回答

図1　GAJ128図「書けば」（三井2010より本土のみ抜粋・一部改変）

第 7 章　認識的条件文の地理的変異の類型　｜　165

図2　GAJ133図「書くなら」（三井 2010 より本土のみ抜粋・一部改変）

128 図、167 図では、タラ類が近畿・四国北東部で用いられ、バ類がそれ以外の地域に広く分布している。また、133 図では、関東・中部を境界領域として、西側ではナラ類、東側ではダラ類が用いられ、近畿・四国北東部では断定辞のタラ形であるダッタラ類が用いられている。仮定的用法の条件形式のうち、反事実・予測的条件文ではバ類がいち早く広がりタラ類が後発のものであること、認識的条件文ではバ類使用地域でナラ・ダラ類が定着し、タラ類使用地域ではダッタラ類が定着していることがわかる。

事実的条件文の 170 図では、タラ類が全国的に広がるが、東北北部ではタバ・タッケ・タレバが用いられている。東北北部では、168 図（予測的条件文で主文が意志文）にはタラ類がバ類と併用で現れているので、タラ類とタバ・タッケ・タレバが、予測的条件文と事実的条件文で使い分けられていることがわかる。タレバは九州南西部でも用いられるが、これも 168 図には現れず、170 図のみに現れる。事実的条件文で用いられるタラがタレバから生じたものであり、予測的条件文で用いられるタラとは由来が異なることがうかがえる。

反事実的条件文、予測的条件文、事実的条件文の表現体系は、おおまかに見ると次の 3 類があり、これらは近畿地方を中心として、(A) − (B) − (C) − (B) − (A) の周圏分布を成している。

(A)　反事実的条件文・予測的条件文（後件平叙文）をバ類、予測的条件文（後件意志・命令文）をタラ類、事実的条件文をタレバ類で表す。

(B)　反事実的条件文・予測的条件文（後件平叙文）をバ類、予測的条件文（後件意志・命令文）・事実的条件文をタラ類で表す。

(C)　反事実的条件文・予測的条件文・事実的条件文のすべてをタラ類で表す。

歴史的に見ても、(A) ＞ (B) ＞ (C) の順に表現体系が変遷してきていると考えられることから、この分布は、周辺部で古い表現体系が維持され、中央部で新しい表現体系が生じているものと見なすことができる。

第7章　認識的条件文の地理的変異の類型 ｜ 167

　次節以降では、これに認識的条件文の表現形式を重ね合わせた条件表現体系の類型について見ていく。

## 3.　認識的条件形式の形態的類別

　表2および図2によれば、日本語諸方言（本土方言）において認識的条件文で用いられる条件形式には、以下のものがある。

(a)　　　断定辞に由来するもの（断定辞条件形）
　(a1)　（N）ナラ類：ナラ・ナラバ・ナレバ・ナリバ・ナイバ・ナーバ・ナバ
　(a2)　（N）ダラ類：ダラ・ダラバ・ダバ
　(a3)　（N）ダッタラ類：ダッタラ・デァッタラ・ジャッタラ・ヤッタラ
　(a4)　山梨等のジャー類：ジャー・ジャ
(b)　　　(a) 以外のもの
　(b1)　高知等のバ類 -eba 形
　(b2)　佐賀等のギー類：ギー・ギニャー・ギーニー・ギラー
　(b3)　岩手等のバ類 -aba 形
　(b4)　秋田等のカラ類

　全国的な分布領域を見ると、大部分の方言が断定辞に由来する (a) の形式をもつ。

　ナラ類は断定辞ナリの条件形、ダラ類は断定辞ダの条件形[3]、ダッタラ類は断定辞ダの過去形ダッタの条件形に由来する形で、それぞれ広域に分布する。また、山梨等で使用されるジャー類は断定辞連用形＋提題助詞のデワに由来する形式である。断定辞に由来するこれらの形は、準体形式（N：準体助詞・形式名詞）を前接することが可能な形でもある。準体形式を伴った断

---

3　断定辞ダは中央語においてはデアル＞デア＞ヂャ＞ダのような変化によって生じたものであるが、東北・関東方言のダラ類はデアラバのような形から変化してきたものではなく、これらの方言が中央語のナラを受容する際に、ナをダに置き換えて生じさせた形であると思われる。

定辞条件形は、認識的条件文の専用形式となる。

　一方、断定辞に由来しないと見られる（b）の形式の分布領域は狭い。

　バ類 -eba 形は、いわゆる「仮定形＋バ」（カケバ・オキレバ・アケレバ・スレバ・クレバ）の形である（本章で単に「バ類」と呼ぶものは -eba 形を指すものとする）。この形と佐賀等で用いられるギー類は、反事実的条件文や予測的条件文でも使用される。認識的条件文でバ類やギー類を使用する方言は、認識的条件文の専用形式を分化させていない方言であると言える。

　バ類 -aba 形は岩手を中心とした東北北部にまとまった分布を成す形で、カカバ（五段動詞）・オキラバ（上一段動詞）・アケラバ（下一段動詞）・スラバ（サ変動詞）・クラバ（カ変動詞）のような形を取る。古代語の「未然形＋バ」に見えるのは五段動詞のカカバのみで、他は -raba の形を取るので総称して -aba 形と呼ぶことにするが、この形と秋田を中心に分布するカラ類の由来については、東北北部方言の認識的条件文の形式と表現体系の類型的特徴を見た上で考察したい。なお、バ類 -aba 形とカラ類は、反事実的条件文や予測的条件文には用いられない、認識的条件文の専用形式である。

## 4.　認識的条件形式に用いられる準体形式の有無と形態的類別

　表2に示したように、ナラ類と関東・中部のダラ類は、準体形式を伴わずに認識的条件文を成す場合があるが、これらの形式の分布域には、用言に断定辞が続くノダ文において、準体形式を挿入することが必須ではない方言が含まれている。ここで、ノダ文における準体形式の使用の有無と認識的条件文の専用形式の分化の関係を見ておきたい。

　表3に、GAJ133図「書くなら」（認識的条件文）と GAJ17図「行くのではないか」（ノダ文）の準体形式の有無とそれぞれの形式の類別ごとの回答地点数を示す。図3・4は、それらの地理的分布を示したものである（いずれも断定辞を含む形式を対象とし、断定辞を含まない形式は「その他」としている）。また、図5には、GAJ133図「書くなら」に現れる断定辞条件形（ナラ類・ダラ類・ダッタラ類）の準体形式の有無の地理的分布を示した。

第 7 章　認識的条件文の地理的変異の類型　|　169

表 3　「書くなら」および「行くのではないか」の準体形式の有無と形式

| | | 準体形式あり | | | | | | | | | 準体形式なし |
|---|---|---|---|---|---|---|---|---|---|---|---|
| | | ノ類 | ナ類 | ガ類 | ト類 | ヤツ類 | トコ類 | コト類 | モノ類 | ヨー類 | |
| 書くなら | ナラ類 | 143 | 0 | 21 | 35 | 0 | 0 | 1 | 1 | 4 | 314 |
| | ダラ類 | 96 | 4 | 6 | 0 | 4 | 0 | 41 | 2 | 9 | 65 |
| | ダッタラ類 | 91 | 0 | 2 | 0 | 0 | 0 | 0 | 0 | 0 | 13 |
| | ジャー類 | 0 | 0 | 0 | 0 | 0 | 0 | 0 | 0 | 0 | 9 |
| 行くのではないか | | 449 | 25 | 50 | 100 | 13 | 6 | 3 | 0 | 0 | 88 |

（数字：回答地点数／調査地点総数 807 地点）

「書くなら」の準体形式の類別と変異形

ノ類：ノ・ノン・ネ・ネン・ン／ナ類：ナ／ガ類：ガ・ガン・アン／ト類：ト・ソ・ホ／ヤツ類：ア・ハン／コト類：コッ・ゴッ・ゴン・オン／モノ類：モン・ムン／ヨー類：ヨー・ヤー・イン・エン

「行くのではないか」の準体形式の類別と変異形

ノ類：ノ・ノン・ネン・ン／ナ類：ナ・ナン／ガ類：ガ・ガッ・ガン・ワン・アン／ト類：ト（断定辞融合形のテ・チャ・ッチャ含む）・ソ・ホ／ヤツ類：エァズ・ヤッ・アッ・ア／トコ類：トゴ・ドゴ／コト類：ゴッ・クトゥ

　表 3 によれば、認識的条件形式のなかでは、ナラ類は「準体形式なし」の地点が多く、ダラ類、ダッタラ類は「準体形式あり」の地点が多い。ジャー類はすべての地点で「準体形式なし」で使用されている。

　先に断定辞条件形による認識的条件形式は準体形式を前接することが可能な形式であると述べたが、諸方言の断定辞条件形において準体形式を前接しない形式が生じるのには、（ⅰ）当該方言がノダ文においても準体形式を用いない方言である場合と、（ⅱ）当該の断定辞条件形が準体形式を伴わないで認識的条件形式として用いられる場合とが考えられる。

170 | 日高水穂

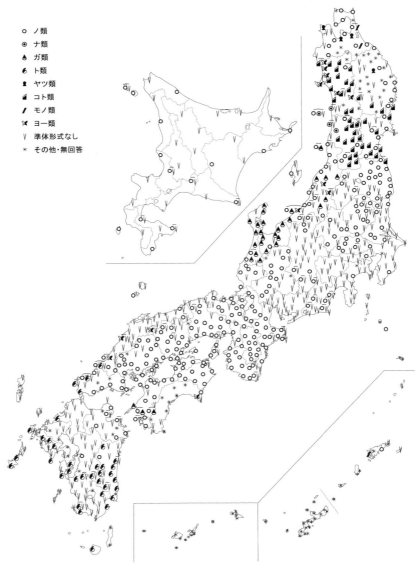

図3　GAJ133図「書くなら」の準体形式の有無と形式

第 7 章　認識的条件文の地理的変異の類型　| 171

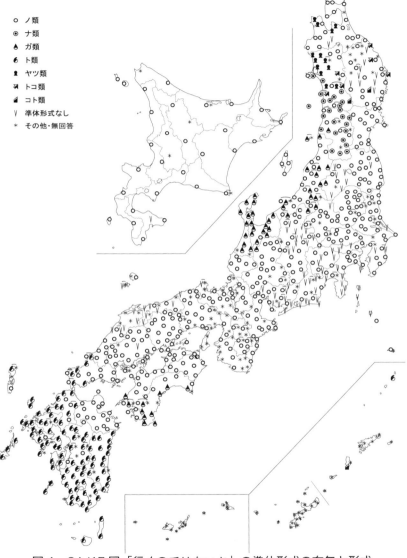

図 4　GAJ17 図「行くのではないか」の準体形式の有無と形式

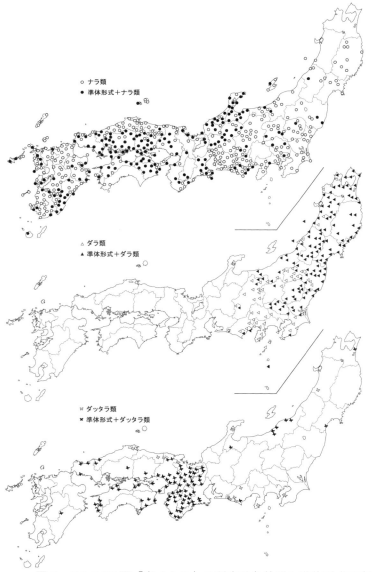

図5　GAJ133図「書くなら」の断定辞条件形と準体形式の有無

第7章　認識的条件文の地理的変異の類型 ｜ 173

　図4によれば、ノダ文で準体形式を用いない地点が、東北南部から関東・中部にかけての地域と山陰にまとまって見られる。これらの地域は、図3に示したように、認識的条件文でも準体形式を伴わない形式が分布していることから、（ⅰ）のタイプであると言える。ジャー類が使用される山梨方言は（ⅰ）のタイプの方言であるため、この形式も準体形式を伴わずに用いられる。ダラ類、ダッタラ類は、「準体形式なし」で用いられる地点はすべて（ⅰ）のタイプの方言域に含まれており、それ以外では準体形式を伴って用いられる。一方、ナラ類は（ⅰ）のタイプの方言域外にも準体形式を伴わずに用いられる地点があり、（共通語の「なら」がそうであるように）（ⅱ）のタイプが存在することがわかる。

　認識的条件形式に準体形式を用いる方言は、認識的条件文の専用形式の分化が生じていると言える。また、東北南部から関東・中部と山陰に見られる（ⅰ）のタイプの方言では、反事実的条件文・予測的条件文ではバ類が用いられ、認識的条件文で用いられる形式とは区別がある。したがってこれらの方言についても、認識的条件文の専用形式の分化が生じていると見なせる。

　ここで、表2の※を付した形式に着目すると、熊本等のナラ類、佐賀等のギー類が、反事実的条件文の128図、予測的条件文の167・168図、認識的条件文の133図のいずれにも現れていることが注目される。これらの形式は、他の条件文と区別せずに認識的条件文を未分化のまま表現する形式であると考えられる。

　同様に、高知等のバ類も、128図、167図、168図、133図のいずれにも現れる。図4に見るように、この地域の準体形式がガ類であることに注目すると、少なくとも西日本方言では、認識的条件文の専用形式の分化は、準体形式としてノ類を使用する地域で起きていることになる。

## 5.　認識的モダリティ形式の条件形式化

　ここで、東日本に目を転じると、東北方言の準体形式のバリエーションの多様さが目につく。しかもその形式は、ノダ文と認識的条件文とで異なっている地点が多い。すなわち、ノダ文ではノ類＋断定辞、ナ類＋断定辞、ヤツ類＋断定辞を用いるのに対し、認識的条件文ではコト類＋断定辞条件形、

ヨー類＋断定辞条件形を用いる地点がみられる。

　コト類＋断定辞条件形に相当する共通語の「ことなら」は、そのままの形では認識的条件文を成さないが、「ということなら」の形であれば認識的条件形式として機能する。また、ヨー類＋断定辞条件形に相当する「ようなら」は、そのままの形で認識的条件文を成す。

(4)　（昨日ガンバ大阪の試合があったけれど、結果はどうだったんだろうか。）昨日の試合に勝った{×ことなら／ということなら／ようなら}、明日の決勝戦に出場するはずだ。

(5)　明後日出張する{×ことなら／ということなら／ようなら}今晩準備しないといけない。

(6)　Ａ「今度の日曜日のコンサートに行くことにしたよ。」
　　Ｂ「そうですか。あなたが行く{×ことなら／ということなら／ようなら}、私も行くことにするわ。」

　「ということなら」「ようなら」は、認識的モダリティ形式「ということだ」「ようだ」の条件形であり、前件の事態を不確かながらも真であると認めた場合の条件づけ[4]を表すことにより、認識的条件形式として機能するものとみられる。こうした認識的モダリティ形式の条件形式化という観点から、東北方言の認識的条件形式について考察してみたい。

　図4に示したように、東北方言でノダ文に用いられる主要な準体形式は、ノ類、ナ類、ヤツ類である。一方、コト類＋断定辞、ヨー類＋断定辞については、推量や様態という認識的モダリティ形式として使用する地点がある。すなわち、推量表現の分布図である図6（GAJ112図「あいつは、たぶん手紙を書くだろう」の略図）によれば、東北全域でベ類が使用されるなかで、

---

4　「ということだ」は伝聞情報、「ようだ」は話し手の観察情報にもとづく認識を表すという点で、ともに証拠性（evidentiality）とかかわる認識的モダリティ形式である（日本語記述文法研究会編 2003）。これらの形式を条件形式化した条件文では、伝聞情報や観察情報という認識の根拠（証拠）の存在は希薄化し、前件事態を非断定的に真と認めるという婉曲的な表現性を帯びる。

第7章　認識的条件文の地理的変異の類型 | 175

青森・岩手・秋田の旧南部藩領域にコトダ類の使用がみられ、様態表現の分布図である図7（GAJ241図「雨が今にも降りそうだ」の略図）によれば、図6と同様に旧南部藩領域にコトダ類、青森・秋田を中心にヨー類＋断定辞に由来するヨーダ類・エンタ類（以下エンタ類を含めてヨーダ類と呼ぶ）がみられる。

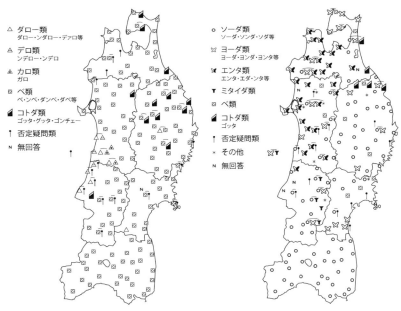

図6　GAJ112図「書くだろう」　　図7　GAJ241図「降りそうだ」

ここで図3のコト類、ヨー類と図6・図7のコトダ類、ヨーダ類の分布を照合させてみる。認識的条件形式としてヨー類＋断定辞条件形（エンタラ・エダラ等：以下ヨーダラ類）を用いる地点は秋田にみられ、様態表現にヨーダ類を用いる地域の範囲内にある。一方、認識的条件形式としてコト類＋断定辞条件形（ゴッタラ・ゴッタバ等：以下コトダラ類）を用いる地点は秋田・山形・宮城にみられ、推量・様態表現にコトダ類を用いる地域とは重ならない。

176 | 日高水穂

　秋田方言では、認識的条件形式としてコトダラ類とヨーダラ類のいずれをも用いるが、秋田方言の述語形式としてのコトダ類およびヨーダ類の用法は、『語源探求秋田方言辞典』（中山健著）に、以下のように記述されている（抜粋して示す）。

ゴッタ・ゴデァ〔助動〕
　（1）活用語の連体（終止）形に付き、文末にあって断定を強める。「オッカネ<u>ゴッタ</u>ナァ」「コノ　サ<sup>ゞ</sup>ビネ（寒いのに）、ハンチャ（綿の入らない上っぱり）モ　着ネ<sup>ゞ</sup>デ　行タ<u>ゴタエ</u>」「来エッタ<u>ゴデェ</u>」
　（2）伝聞。「と言う」の縮約形「ち・つ・て」に付き、文末にあって「ということだ」「そうだ」の意を表す。「アノ　若勢<sup>ゞ</sup>ダ<sup>ゞ</sup>バ　一年ニ　米十五俵モ　モラウテ<u>ゴッタ</u>」「アシタ　弟モ　来ルデ<u>ゴッタ</u>」
　（3）推量。活用語の連体（終止）形に付き、文末にあって「だろう」「らしい」の意を表す。「コンタニ　寒<sup>ゞ</sup>ビ<sup>ゞ</sup>バ　アシタノ　朝<sup>ゞ</sup>ダ<sup>ゞ</sup>バ　真ッ白ニ　ナッテル<u>ゴッタ</u>」「アシタ<sup>ゞ</sup>ダ<sup>ゞ</sup>バ　アイヅモ　来ル<u>ゴデァ</u>」
　　※（3）の〔ゴッタ・ゴデァ〕の郷土における使用度は一般には高くない。しかし、鹿角郡になると、南部領特有の表現とし〔ゴッタ〕が盛んに使われる。

エダ・エンタ・ヨダ・ヨンタ〔助動〕
　（1）不確実な断定、婉曲な断定を表す。「雨ァ　降ル<u>エ</u><sup>ゞ</sup><u>ダ</u>」「雨　降ル<u>エンタ</u>　天気<sup>ゞ</sup>ダ」「寒<sup>ゞ</sup>ビ<u>エ</u><sup>ゞ</sup><u>ダ</u>　格好　シテダ」「雨　降ル<u>エニ</u>　曇ッテル」「昨夜（ユンベナ）　カナリ　雨降ッタ<u>エンダ</u>ナ」「雨　降ル<u>エンタラ</u>、行ガネァハァ」「誰ガ　来タ<u>エンタ</u>」「隣ノ爺ッチャ　家ニ　居ル<u>エ</u><sup>ゞ</sup><u>ダラ</u>、チョット　呼<sup>ゞ</sup>バッテケ」「彼　アンダサ　気　アル<u>エンタ</u>デ」
　（2）比況（他の事物にたとえる）の意を表す。ようだ。「アンマリ　面白（オモシレ）クテ　夢　見デル<u>エ</u><sup>ゞ</sup><u>ダ</u>デァ」「アイヅ　エッチモ　苦虫カミツ<sup>ゞ</sup>ブシタ<u>エンタ</u>　面（ツラ）シテルナ」（体言に付く場合はミダエ<sup>ゞ</sup>ダ、ミダ<sup>ゞ</sup>ダを用いる）

第 7 章　認識的条件文の地理的変異の類型　｜　177

　「ゴッタ・ゴデァ」の記述によれば、秋田の大部分ではコトダ類を（1）（2）の用法で用い、（3）の推量用法で用いるのは旧南部藩領域にある鹿角地方に限られる。これは、図 6 でコトダ類を推量形式として使用するのが旧南部藩領域であることと一致するが、一方で、図 6 でコトダ類を用いる地域では、認識的条件形式のコトダラ類は用いられない。このことは、（1）（2）の用法のコトダ類が条件形式化したものがコトダラ類であることを意味する。

　推量形式として用いられる旧南部藩領域のコトダ類（ゴッタ）について、加藤（2010）は「命題成立の可能性が高いことを述べている」と説明する。コトダ類に（1）（2）のような断定を強める用法と（3）のような推量の用法が見られることは一見奇妙なように思えるが、両者は「命題成立を想定する」表現である点で連続性があると言える。旧南部藩領域のコトダ類は、「命題成立の想定」から「命題成立の可能性の高さ」を述べる表現に移行して推量形式として機能するようになったが、秋田等のコトダ類は、「命題成立の想定」を断定的に述べるものとして使用され、その条件形は前件事態の既定性を表す認識的条件形式として機能するものとなったと考えられる。

　ヨーダ類についても同様に、「不確実な断定、婉曲な断定を表す」ことから、その条件形は前件事態を婉曲的に既定のものと見なす表現となり、認識的条件形式として使用されるものになったと言える。上記の『語源探求秋田方言辞典』の記述では、「エダ・エンタ・ヨダ・ヨンタ」の例文に、「雨　降ルエンタラ、行ガネァハァ（雨が降るようなら行かないよ）」、「隣ノ爺ッチャ　家ニ　居ルエンダラ、チョット　呼ﾞバッテケ（隣のおじいさんが家にいるようなら、ちょっと呼んで来い）」という認識的条件文の例文があがっている[5]。このことは、認識的モダリティ形式のヨーダ類と認識的条件形式のヨーダラ類に意味的な連続性があることと、秋田方言において認識的条件形式の

---

5　「ゴッタ・ゴデァ」の例文にはこの形式の条件形はあがっていないが、ゴッタの条件形である「ゴッタラ・ゴッタバ」は独立項目として立項されており、以下のような記述がなされている。
ゴッタラ・ゴッタバ〔準接助〕：活用語の連体（終止）形に付いて仮定順接法を表す。もし…なら。「寒ﾞビゴッタラ、モット　着物　着レ」「静ガ˙ダゴッタバ、ユックリ　休ムニ　エ˙ﾝドモナ」「ワガラネァゴタラ、止メレ」「行グゴッタバ、早グ　仕度セ」「山サ　登ルゴタラ、気　ツケデ　行ゲ」「アエコ　採ッコタ˙バ　カッチサ　行ゲバ　アッテァ」

ヨーダラ類が日常的な表現として定着していることを示している。

以上で見てきたように、認識的条件文が前件事態の既定性によって特徴づけられることと、東北方言において、コトダ類・ヨーダ類の条件形であるコトダラ類・ヨーダラ類が、認識的条件形式として文法化していることには、相応の結びつきがあると言える。

なお、東北方言の準体形式のバリエーションが多様であることは、東北方言の準体形式の発生が後発のものである（内発的な発生によるのではなく、中央語との接触により生じた新しい現象である）ことを示唆している。中央語で発達した準体形式を用いる表現体系を受容するにあたり、さまざまな形式名詞類を代用している段階に見える。認識的条件文も、準体形式を用いる表現体系の1つとして受容され、新たに整えられたものと見れば、断定辞部分のダラ類の形態的な新しさとも併せて、この地域の認識的条件文の専用形式の分化は、新しい発生のものと見なせるだろう。

## 6. 前件述語の時制の対立

認識的条件文の大きな特徴は、前件述語に時制の対立があることである。有田氏のあげるタイプ（A）は前件述語がタ形で過去時制、タイプ（B）は前件述語がル形で未来時制となる。タイプ（C）は先行発話によっていずれの場合もあり得る。また、前件述語がル形となる認識的条件文のなかには、（2）の例文（明後日出張する（の）なら今晩準備しないといけない。）のように、後件が先で前件が後に実現するもの（後件→前件）もある。

3節にあげた諸方言の認識的条件形式のうち、高知等のバ類 -eba 形や岩手等のバ類 -aba 形は、形態的に時制対立を明示できないため、共通語の「（の）なら」と機能的に同等であるとは見なせない。

高知県高岡郡中土佐町久礼方言の条件表現体系を記述した舩木（2017）によると、この方言のバ類 -eba 形（イキャー・スリャー等のバ融合形として現れる）は、「手紙を書く（の）なら、字をきれいに書いてくれ」のような前件と後件が同時に実現する例文（前件＝後件）や、「郵便局に行く（の）なら、切手を買ってきてくれ」のような前件が先で後件が後に実現する例文（前件→後件）の対訳には現れたものの、「（お前もこの本を）読む（の）なら、貸す

よ」のような後件が先で前件が後に実現する例文（後件→前件）の対訳には現れなかったという。また、「（隣の家に泥棒が入ったと聞いて）隣に入った（の）なら、うちも気をつけないといけない」のような前件述語がタ形の例文（事態の前後関係は「前件→後件」）の対訳では、バ類 -eba 形が回答されたものの、舩木氏は「文脈上過去の事実として捉えられているようである。あるいは「隣へどろぼうが入るほど物騒である」という時間超越的事態を仮定してこのような表現が可能になっているのかもしれない」（舩木 2017: 左7）と説明しており、バ類 -eba 形が過去時制の意味を明示的に示す表現ではないことを指摘している。

　バ類 -eba 形を認識的条件文で用いる方言では、予測的条件文でもこの形式を用いる。こうした方言のバ類 -eba 形は、「前件＝後件」もしくは「前件→後件」の前後関係が認められる条件文で使用され、これに反しない範囲で認識的条件文を表し得ているものと考えられる。佐賀等のギー類、熊本等のナラ類も、予測的条件文と認識的条件文のいずれにも用いられる形式であるが、本書の三井論文が論じるように、これらの形式は予測的条件文を表すことが意味の中心にあり、認識的条件文での使用には制限があるようである。

　一方、岩手等のバ類 -aba 形は、時制対立を明示できないものの、これを用いる方言では、予測的条件文をバ類 -eba 形で表すことから、この形式が認識的条件文を表す専用形式であることは認めてよいと思われる。

　この形式の由来については、古代語の「未然形＋バ」との関連で説明する先行研究もあるが、本書の竹田論文が論じるように、隣接する秋田等で用いられるカラ類とのかかわりを想定することにより、整合的に説明できるようになる現象が存在する。

　認識的条件形式として用いられるカラ類の由来については、形容詞カリ活用の「未然形＋バ」（カラバ）の形が動詞に接続するようになったものとして説明できる。秋田を中心とした東北北部では、スルカッタ（習慣的過去）、シタカッタ（回想的過去）、スルカロ・シタカロ（推量）など、形容詞活用語尾に由来する文法形式が動詞に接続する用法が広く見られることから、この地域でカラ類が動詞に後接する認識的条件形式として用いられることには、表現体系上の必然性があると言える。

秋田方言では、認識的条件形式のカラ類は、ナラバ＞ナラ、タラバ＞タラと同様に、カラバのバが脱落したカラの形で用いられるが、岩手方言ではカラの前身であるカラバと動詞ル形の末尾が融合し、バ類 -aba 形を生じたと考えれば、カラ類とバ類 -aba 形が認識的条件文の専用形式として隣接して分布することを、整合的に説明することが可能になる。

　ここで注目したいのは、認識的条件形式として使用されるカラ類の前件述語の時制に関する現象である。国立国語研究所共同研究プロジェクト「方言の形成過程解明のための全国調査（FPJD）」では、認識的条件文の調査項目として、「手紙を書くなら、字をきれいに書いてくれ」（G-051）、「（「二日前に手紙を出した」と聞いて）二日前に出したなら、そろそろ届くはずだ」（G-052）が設けられているが、筆者が調査を担当した秋田県由利本荘市方言の話者（1934 年生まれ、女性）は、「書くなら」の対訳としてはカグガラを使用できるとしたが（他にカグガッタラ、カグナナﾝバ、カグンナﾝバ、カグドシェﾝバを使用）、「出したなら」の対訳としてはダシタガラを使用することはできない（ダシタガラは原因・理由の意味しか表せない）とした（使用形式はダシタナﾝバ、ダシタナナﾝバ、ダシタンデアッタﾝバ、ダシタガッタラ）。

　秋田方言の形容詞活用語尾由来の文法形式には、{スル／シタ} カッタ、{スル／シタ} カロのように、前接動詞に時制の対立が認められる（上述の由利本荘市方言話者の回答に見られるカグガッタラ／ダシタガッタラにも、前接動詞に時制の対立が生じている）が、認識的条件形式のカラ類については、「する（の）なら」の対訳では使用できるが、「した（の）なら」の対訳で使用できるかどうかは今のところ確認できていない[6]。この現象を、バ類 -aba

---

6　認識的条件形式のカラ類は現在急速に衰退に向かっており、FPJD の調査でも「書くなら」でカラ類が回答された地点は由利本荘市のみであった。「出したなら」にはダシタカラの回答が複数地点で見られるが、それらは北海道根室市、同奥尻町、富山県庄川町という、認識的条件形式としてのカラ類の使用が報告されていない地点であり、原因・理由のカラが回答されたものと見られる。唯一、岩手県沢内村で回答されているダシタガラについては認識的条件形式として回答された可能性もあるが、「書くなら」ではカグドキ・カグンダバ・カグンゴッタラが回答されており、この地点でカラを認識的条件形式として使用することについては確証がもてない。

形が時制対立をもたない形式である（「する（の）なら」の対訳でしか使用されない）こととのかかわりで考えてみたい。

　形容詞活用語尾に由来するカラ類が、認識的条件形式として使用されるようになった当初から、動詞のタ形を前接する用法をもたなかったとする。この場合、カラ類の前接動詞は常にル形であり、またカラ類の表す認識的条件形式としての意味は「する（の）なら」に相当する意味に限定されることになる。バ類 -aba 形を動詞ル形＋カラバの融合形と見なした場合に問題になるのは、この変化が時制対立をもたない形式への変化と見なされ、認識的条件形式としての意味機能の一部を失う変化が生じたことになる点であるが、そもそもカラ類が「した（の）なら」に相当する用法をもたなかったのであれば、スルカラバ＞スラバへの変化が生じても、認識的条件形式としての意味機能を縮小することにはならなかったと言える。バ類 -aba 形使用地域に、かつて動詞のタ形を前接する用法をもたないカラバが存在したと想定すれば、バ類 -aba 形を動詞ル形＋カラバの融合形と見なすことには、合理的な根拠が与えられたと言えるのである。

## 7.　まとめ—認識的条件文の専用形式の分化の類型

　以上をふまえて日本語諸方言（本土方言）の認識的条件文をめぐる表現体系の類型とその地域差を整理すると、表4のようになる。

表 4　認識的条件文の専用形式の分化の類型

| | | 反事実条件文<br>予測的条件文 | 認識的条件文<br>(N: 準体形式) | 認識的条件文<br>の準体形式 | ノダ文の<br>準体形式 | 類型 |
|---|---|---|---|---|---|---|
| 東北北部 | | バ類 | N ダラ類<br>バ類 -aba 形<br>カラ類 | コト類<br>ヨー類 | ノ類<br>ナ類<br>ヤツ類 | C2 |
| 東北中部 | | バ類 | N ダラ類 | コト類 | ノ類<br>ナ類 | C2 |
| 東北南部 | | バ類 | ダラ類 | (不使用) | | B |
| 関東・<br>中部 | 南東部 | バ類 | ナラ類<br>ダラ類<br>ジャー類 | (不使用) | | B |
| | 北西部 | バ類 | N ナラ類 | ノ類<br>ガ類 | | C1 |
| 近畿・四国北東<br>部 | | タラ類 | N ダッタラ類 | ノ類 | | C1 |
| 中国・<br>四国<br>南西部 | 山陽 | バ類 | N ナラ類 | ノ類 | | C1 |
| | 山陰 | バ類 | ナラ類 | (不使用) | | B |
| | 高知等 | バ類 | (バ類) | (不使用) | ガ類 | A |
| 九州 | 佐賀等 | ギー類 | (ギー類) | (不使用) | ト類 | A |
| | 熊本等 | ナラ類 | (ナラ類) | (不使用) | ト類 | A |
| | 鹿児島等 | バ類 | ナラ類 | (不使用) | ト類 | B |

A：認識的条件文の専用形式を分化させていない方言
B：準体形式を伴わない断定辞条件形を認識的条件文の専用形式とする方言
C：準体形式を伴う断定辞条件形を認識的条件文の専用形式とする方言
　C1：ノダ文と同じ準体形式を認識的条件文の条件形式に用いる方言
　C2：ノダ文とは異なる準体形式を認識的条件文の条件形式に用いる方言

　準体形式を発達させ、認識的条件文の専用形式を分化させている C1 型が日本列島の中央部（近畿・中国・四国）に位置し、準体形式は未発達ながら認識的条件文の専用形式を分化させている B 型がその周辺（東北南部・関東・中部・山陰）に位置する。西日本の南西端（四国・九州）にはノダ文に用いられる準体形式は存在するものの、認識的条件文の専用形式が未分化である A 型と、準体形式を介さない認識的条件形式を分化させている B 型がある。東日本の北東端（東北中北部）には、ノダ文で用いられるのとは異な

る準体形式（認識的モダリティ形式に使用される準体形式）を用いた条件形式を認識的条件文の専用形式として分化させている C2 型が存在する。

　西日本の南西端の方言に見られる類型は、古代語の条件表現体系を維持しながら、新しく発生した条件表現形式を体系内に位置づけたものと見なせる。

　一方、東日本の北東端の方言に見られる類型は、中央語で生じた認識的条件文の専用形式を分化する表現体系を受容しつつ、当該構文を構成する要素としては、独自の形式を採用したものとして理解することができる。一見特殊な形式に見える岩手等のバ類 -aba 形も、動詞ル形＋カラバに由来するものと考えれば、東北中北部方言は一帯に C2 型の条件表現体系を生じていると見ることができる。

## 引用文献

有田節子（2007）『日本語条件文と時制節性』くろしお出版.

有田節子（2017）「現代日本語文法における認識的条件文の位置づけ」本書所収.

大西拓一郎編（2016）『新日本言語地図：分布図で見渡す方言の世界』朝倉書店.

加藤重広（2010）「北奥方言のモダリティ辞」『北海道大学文学研究科紀要』130: 左 125– 左 157.

国立国語研究所編（1989, 1991, 1994, 1999, 2002）『方言文法全国地図 1・2・3・4・5』財務省印刷局.

小林賢次（1996）『日本語条件表現史の研究』ひつじ書房.

阪倉篤義（1993）『日本語表現の流れ』岩波書店.

鈴木泰（2017）「古典日本語における認識的条件文」本書所収.

竹田晃子（2017）「東北方言の認識的条件文」本書所収.

中山健（2001）『語源探求秋田方言辞典』語源探求秋田方言辞典刊行委員会.

日本語記述文法研究会編（2003）『現代日本語文法 4　第 8 部モダリティ』くろしお出版.

日高水穂（2003）「条件表現「すれば」「したら」「すると」」野田春美・日高水穂『現代日本語の文法的バリエーションに関する基礎的研究』81–94. 科研費研究成果報告書.

舩木礼子（橋本礼子）（2017）「中土佐町久礼方言の条件表現体系：バ融合形の用法を中心に」『神女大国文』28: 左 1– 左 18.

前田直子（2010）「条件表現共通調査項目解説」方言文法研究会編『『全国方言文法辞典』のための条件表現・逆接表現ガイドブック』1–12. 科研費研究成果報告書.

三井はるみ（2009）「条件表現の地理的変異：方言文法の体系と多様性をめぐって」『日本語科学』25: 143–164.

三井はるみ（2010）「条件表現の全国分布概観」方言文法研究会編『『全国方言文法辞典』のための条件表現・逆接表現調査ガイドブック』13–25. 科研費研究成果報告書.

三井はるみ（2017）「九州・四国方言の認識的条件文：認識的条件文の分化の背景に関する一考察」本書所収.

矢島正浩（2013）『大阪・上方語における条件表現の史的展開』笠間書院.

## 付記

本稿は JSPS 科研費 26244024 による研究成果の一部である。

# 第8章

# 九州・四国方言の認識的条件文
## ―認識的条件文の分化の背景に関する一考察―

### 三井はるみ

## 1. はじめに

　方言の順接仮定条件を表す形式の全国的地域差の特徴として、1) 方言特有形式が少なく、共通語で類義関係にある形式の意味用法の地域差が目立つこと、2) 多くの方言で、認識的条件文には予測的条件文等の条件文とは別の専用形式が用いられていること、が挙げられる（三井 2009）。ここから、個別方言の条件表現体系を記述するに際して、共通語と同一の形式の意味用法に留意するとともに、認識的条件文を他の条件文と区別して表す専用形式のあり方について明らかにすることが、ポイントとして浮かび上がる。このことは、方言における条件表現体系の地理的変異の形成過程を明らかにしていく上でも、重要な観点となる。

　本書の日高論文で示されているように、認識的条件文の専用形式の分化の類型から見ると、本土方言は以下の3つの型に大別される。

A 型：認識的条件文の専用形式を分化させていない方言（四国南部・九州西部）

B 型：準体形式を伴わない断定辞条件形を認識的条件文の専用形式とする方言（東北南部・関東・中部・山陰・九州）

C 型：準体形式を伴う断定辞条件形を認識的条件文の専用形式とする方言

186 | 三井はるみ

（東北中北部・近畿・中国・四国）

　本土方言の大部分が、B 型もしくは C 型の認識的条件文の専用形式を分化させている方言であるのに対し、西日本の南西端に見られる A 型は、予測的条件文で使用する形式を認識的条件文にも用いるというもので、認識的条件文の分化の過程を考察する上で注目される。

　本章では、九州西部肥筑方言域に見られる A 型とそれに隣接する九州南部薩隅方言域の B 型、および四国方言域に見られる A 型の条件表現体系を比較対照し、A 型の体系のあり方、および、認識的条件文を担う形式が分化していく過程とその背景、という観点から考察を行う。

　以下、2 節で調査の概要を説明し、3 節で熊本県熊本市方言（A 型）、4 節で佐賀県武雄市方言（A 型）、5 節で鹿児島県日置市伊集院町方言（B 型）、6 節で高知県高岡郡中土佐町久礼方言（A 型）の条件表現の体系を略述する。7 節で 4 方言の比較対照の観点の検討を行い、認識的条件文を担う専用形式の分化の背景について考察を行う。なお、3・5 節は三井（2015）、4 節は三井（2011）をもとにまとめ直したもの[1]、6 節は舩木（2017）の記述から抜粋したものなので、詳しくはこれらの前稿を参照されたい。

## 2.　調査の概要

　3〜6 節の記述は、次の臨地調査の結果に基づく。

　熊本県熊本市の調査は、2012 年 9 月に実施した。話者は、1943（昭和 18）年生まれ（調査時 69 歳）、同市中央区国府本町生育在住の女性。

　佐賀県武雄市の調査は、2009 年 10 月と 2010 年 2 月に実施した。主たる話者は、1928（昭和 3）年生まれ（調査時 81 歳）、同市橘町生育在住の女性（話者 A）。他に、1933（昭和 8）年生まれ、同市武雄町生育在住の男性（話者 B）、1929（昭和 4）年生まれ、同市若木町生育の男性（話者 C）にも同様の調査を行った（話者の記載のない例文は A の回答）。

　鹿児島県日置市伊集院町の調査は、2014 年 3 月に実施した。話者は、

---

1　その後の追加調査により、用例を補充し、回答の適格性の判断を変更した部分がある。

1935（昭和 10）年生まれ（調査時 78 歳）、同町下谷口生育在住の女性。

　高知県高岡郡中土佐町の調査は、舩木礼子氏が実施したもので、本稿での記述は舩木（2017）の報告に基づく（調査時期は 2011 年 10 月、話者は 1951（昭和 26）年生まれ（調査時 60 歳）、同町久礼生え抜きの男性）。

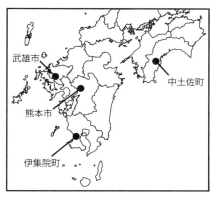

図 1　調査地点位置図

　調査項目は、方言文法研究会による「条件表現共通調査項目」（方言文法研究会編 2010: 26–29、79 項目）を用いた。調査は臨地面接調査で、共通語文を翻訳してもらう方法で行った。またその文、文脈において他の形式が使用可能かどうかについて、必要に応じて確認した。本章では、有田節子氏の条件文の 5 分類に対応させ、以下の調査文の調査結果を示す（国立国語研究所編『方言文法全国地図』（GAJ）の調査項目には〈　〉内に地図番号を示した）。

① 予測的条件文[2]
(1)　a.　あした雨が降れば、船は出ないだろう。〈GAJ167〉
　　　b.　努力すれば、できるようになる。

---

2　(1a)(1b) は予測的条件文の基本用法として設定したもの。(1c) は主節のモダリティ制限の有無を確認することを目的に設定したもの（共通語では「ば」を使用せず、「たら」を使用する）。(1d)(1e) は、共通語の「ば」に見られる、後件に期待に反する事態が続く場合に用いにくいという語用論的制限の有無を確認することを目的に設定したもの。

c. ご飯を食べたら、歯を磨け。(モダリティ制限：主節が命令文)

d. そんな暗いところで本を読んだら、目を悪くするよ。(語用論的制限：反期待性)

e. お前が行ったら、その話はだめになりそうだ。〈GAJ182〉(語用論的制限：反期待性)

② 認識的条件文[3]

(2) a. 今日の飲み会、山本さんが来るなら、私も行こうかな。(未来、前件＝後件)

b. 手紙を書く(の)なら、字をきれいに書いてくれ。(未来、前件＝後件)〈GAJ133〉

c. やりたいなら勝手にやれば。(現在、前件→後件)

d. [自分が今読んでいる本を読みたそうにしている友人に] 読む(の)なら、貸すよ。(未来、後件→前件)

e. [隣の家に泥棒が入ったと聞いて] 隣に入ったなら、うちも気をつけないといけないな。(過去、前件→後件)

③ 反事実的条件文

(3)　もっと早く来れば、間に合ったのに。

④ 総称的条件文 (一般条件)

(4)　氷が溶ければ、水になる。

---

3　認識的条件文の例文は、前件述語の時制 (未来、現在、過去) と前件・後件の時間的前後関係に着目して設定した。時間的前後関係は、前件の後に後件が実現するものを「前件→後件」、後件の後に前件が実現するものを「後件→前件」、同時に実現するものを「前件＝後件」と表示した。(2a) は、認識的条件文の基本用法として設定したもの (有田氏の認識的条件文の3分類では、タイプ (B) もしくはタイプ (C))。(2b) では「のなら」の「の」に相当する準体形式 (準体助詞・形式名詞) (＝N) の使用の有無を確認した。(2c) は「条件表現共通調査項目」では後件の「(勝手に) やれば」(終助詞的用法) の使用形式を見るために設定されたものであるが、本稿では「やりたいなら」の部分に準体形式が回答された地点があるためここにあげる。(2d) は後件が先で前件が後に実現するもの (タイプ (B))、(2e) は前件述語が過去時制のもの (タイプ (A)) である。

⑤ 事実的条件文
(5)　　そこに行ったら、もう会は終わっていた。〈GAJ170〉

　以下の各方言の例文には、熊本市方言＝k、武雄市方言＝t、伊集院町方言
＝i、中土佐町方言＝n の記号と上記の例文番号を付す。なお、調査時には、
話者にとってより自然な文脈理解のために、各調査項目で設定した調査の目
的に合致する範囲で、適宜例文を改変している。

## 3.　熊本市方言（A 型）
### 3.1　体系の概要
　熊本市方言の条件表現の主要な形式はナラとトである。ナラはナラバと
して現れることも多い。また、古い形としてナルバがある（以下一括してナ
ラ）。トには方言特有形式トシャガ、トシャガナがあるが、使用頻度は低下
しつつある。トとの間に意味の違いは見出されない（以下一括してト）。
　ナラは仮定条件の用法を広くカバーしている。予測的条件文では、共通語
の「ば」と同様の主節のモダリティ制限と、後件の反期待性による語用論的
制限の傾向を持つ。その場合、ナラに代わってタナラ、トが用いられる。こ
のタナラのタは過去時制を担わない。この意味での使用が優勢なせいか、タ
が過去時制を担う認識的条件文のタナラの用法は、確認できなかった。トは
ほぼ共通語の「と」と同じ用法で現れ、過去形には接続しない。
　その他の形式としては、バとその融合形（以下一括してバ）、タラ、タト
コロガがある。バは従属節用法には現れず、助動詞的用法の一部（「タベン
ドキャーヨカトニ」＝食べないでおけばいいのに 等）のみに、タラ、タトコ
ロガは事実的条件文のみに現れる。

### 3.2　例文
① 予測的条件文
　予測的条件文では、主節が叙述文の場合、ナラが用いられる。例えば (6)
の場合、共通語の「なら」に感じられるような、「あなたがそう言うなら」
「天気予報で聞いたように」といった、特別な含みは持たない。

(6)　(k-1a) アシタ　アメン　フンナラ（バ）　フネワ　デランドタイ。

(7)　(k-1b) ガンバンナラ　デクッタイ。

　共通語で「ば」が使われにくい、従属節が動作性述語で、主節が命令、依頼、勧誘といった働きかけの表現や、希望、意志といった表出の表現の場合、ナラではなく、タナラが用いられる。ナラには共通語の「ば」と同様の主節のモダリティ制限が見られる。

(8)　(k-1c) ゴハンバ　タベタナラ　ハバ　ミガキナッセ。

　同じく共通語で「ば」が使われにくい、従属節が動作性述語であり、後件が望ましくない事態で、文全体がそのことを避けた方がよいという語用論的意味を担う文の場合、トの使用が優勢であるが、ナラも使われる。この点、共通語の「ば」より制限がゆるい。

(9)　(k-1d) コガーン　クラカトコロデ　ホンバ　ヨム｛ナラ／ト／トシャガ／トシャガナ｝　メバ　ワルースッタイ。

(10)　(k-1e) アノヒトン　イカス｛ナルバ／ト／トシャガナ｝　アンハナシワ　ブチコワシニ　ナッタイ。

② 認識的条件文
　予定として決まっていることや相手の発言内容・意向等を仮定的に取り上げる認識的条件文では、ナラが用いられる。準体助詞を前接したツナラの形もある[4]。

(11)　(k-2a) ヤマモトサンノ　キナハンナラ　ワタシモ　イコーカナー。

---

4　『方言文法全国地図』第3集の認識的条件文の地図（132〜135図）の熊本市（調査地点は秋津町沼山津、話者は1912年生まれ）の回答は、カクナラなどであり、準体助詞を前接するカクツナラなどは回答されていない。話者の生年に31年の差があり、近年新たに変化が生じている可能性がある。

第 8 章　九州・四国方言の認識的条件文　｜　191

（12）　（k-2c）<u>ヤリタカツナラ</u>　カッテニ　ヤッタイ。

　前件と後件が〈後件→前件〉という時間的前後関係にある場合は、動詞に
直接接続するナラは使いにくいようで、「読みたいなら」「読もうと思うな
ら」にあたる、聞き手の現在の意志を仮定する表現が回答される。

（13）　（k-2d）<u>ヨモゴタルナラ</u>　カソカー。

　ところで、（8）のように、ナラはタ形に接続してタナラという形を取るこ
とができる。認識的条件文で、前件が過去の事実である場合、タナラの使用
が予想されるが、実際にはこの場合タナラは使いにくいようで、仮定条件形
式の回答は得られなかった[5]。

（14）　（k-2e）トナリニ　<u>ハイッタテダケン</u>　ウチモ　キオツケニャンタイ。
　　　〈ハイッタテダケン＝入ったということだから〉

　「ハイッタナラ」を使わないか尋ねたところ、「「ハイッタナラ」と言うと、
まだ入っていないような感じでこの文には合わない」とのことだった。（8）
のような、タが完了の意味を担う、共通語の「たら」に相当する用法が優勢
で、（14）のような、タが過去時制を担う意味では使いにくいようである。

③ 反事実的条件文
④ 総称的条件文（一般条件）
　いずれもナラが使われる。反事実的条件文ではトも回答された。

（15）　（k-3）モチート　ハヨ　{<u>クンナラ</u>／<u>クットシャガ</u>}　マニオータト

---

5　有田・江口（2012）によると、熊本市方言と類似した条件表現の体系を持つ福岡県久留
米市城島町方言でも、認識的条件文で、前件が過去の定まったできごとである場合、タ
ナラでは座りが悪く、老年層はトッタナラ、若年層はタトナラを選ぶという。認識的条件文
で過去時制を担うタナラが使われない、という点で一致している。

ニー。

（16）　（k-4）コーリガ　トクンナラ　ミズニナルタイ。

⑤ 事実的条件文

　前件も後件も実現した一回的な事実である事実的条件文のうち、主節が過去形である典型的な事実的条件文では、タラとタトコロガが使われる。

（17）　（k-5）ソコサン　イッ｛タラ／テミタトコロガ／テミタトコッガ｝　モー　オワットッタモンネー。

　タラは事実的条件文のみに用いられ、予測的条件文には現れない。このような用法の偏りからみて、熊本市方言のタラは、「たらば」（未然形＋ば）ではなく、「たれば」（已然形＋ば）に由来するものと考えられる[6]。

## 4.　武雄市方言（A 型）
### 4.1　体系の概要

　佐賀県武雄市方言の条件表現の主要な形式はギーとナイバである。ギーはギ、ギニャー、ギバイ、ギナタなど様々な変異形を取る。意味の違いは明らかではない（以下一括してギー）。ギーは予測的条件文と認識的条件文を広くカバーし、ナイバは認識的条件文に用いられる。

　ギーは、予測的条件文では、主節のモダリティ制限、後件の反期待性に関する語用論的制限がない。認識的条件文は、ギーもナイバも表すことができるが、優先的に回答されるのは、多くの場合ギーである。「条件表現共通調査項目」のうちギーを用いることができないのは、並列・列挙用法（りんごもあれば柿もある）と終助詞的用法（食べたら？、話者によっては許容）だけであり、助動詞的用法、接続詞用法を含むその他すべての用法でギーは使用可能である。タギーは事実的条件文を表す。

---

6　事実的条件文を扱った『方言文法全国地図』第 4 集 170 図「行ったら（終わっていた）」の熊本市の調査地点の回答はタリャである。形態の面からも「たれば」由来であることがうかがわれる。ただし、今回の話者はタリャとは言わないとのことであった。

その他の形式としてはバがあり、助動詞的用法の〈義務〉(「行カンバラン」<行カンバナラン)に限って用いられる。

## 4.2 例文

① 予測的条件文
　予測的条件文ではギーが用いられる。

(18)　(t-1a) アシチャ　アメン　<u>フーギバイ</u>　フネノ　ズンモンヤ。

(19)　(t-1b) イッショケンメ　<u>スッギバイ</u>　デクッコトナーサイ。

　共通語では「ば」が使われにくい、従属節が動作性動詞で主節が働きかけの表現の文の場合((20))や、後件が望ましくない事態で、文全体がそのことを避けた方がよいという語用論的意味を担う文((21))でも、ギーは用いられる。ギーには、熊本市方言のナラのような、モダリティ制限、語用論的制限(の傾向)がない。

(20)　(t-1c) メシバ　<u>クーギバイ</u>　ハバ　ミガカンバイカンミャーダイ[7]。

(21)　(t-1d) ワイコリャー　ソギャーン　クラカ　トコデバイ　ホンドン　<u>{ヨミウォーギ／ミーギナター}</u>　メノ　ウッツブルバン。〈ワイコリャー＝二人称代名詞〉

② 認識的条件文
　認識的条件文の用法では、ギーとナイバが用いられる[8]。ギーが優先的に回答されることが多い。

---

7　「ミガカンバイカン」は、命令形を義務表現で代用したもの。この方言では命令形が使われにくい。

8　同時期に行った調査によると、佐賀東部地区に属する佐賀市方言では、この用法ではギーを用いないようである。有田・江口(2010)は佐賀東部地区の話者を対象としており、同様の結果が示されている。

(22) (t-2a) キューノ　ノミカタニャ　ヤマモトサンノ　キヤー｛ギバイ／
　　　ナイバ｝　オイモ　イコーカニャー。

　前件と後件が、〈後件→前件〉という時間的前後関係にある場合もギーと
ナイバが用いられるが、話者によっては、動詞に直接接続するより、「読み
たいなら」「読もうと思うなら」のように聞き手の現在の意志を仮定する表
現の方が自然であるとする（（23）（24））。

(23) (t-2d-1) オッツァンモ　｛ヨムギー／ヨンタカギー／ヨムナイバ｝　カ
　　　スバイ。〈オッツァン＝二人称代名詞〉
(24) (t-2d-2) アンタモ　ヨム｛ギー／ゴタギー／ナイバ／ゴタナイバ｝　カ
　　　シテヨカヨー。（話者C）

　また、前件が過去の事実である場合、タ形に接続したタギー、タナイバの
使用が予想されるが、話者によってはこの形は使いにくいようである。その
場合、タゴタッギーのように他の形式を介するか（（26））、仮定条件以外の
形式が回答される（（27））。

(25) (t-2e-1) トナリー　ハイッ｛タギナタ／タナイバ｝　ウチモ　ユージン
　　　シェンバイカンクサン。（話者B）
(26) (t-2e-2) トナイノ　ウチ　ドロボーノ　ハイッ｛タゴタッギニャー
　　　／？タナイバ｝　ウチモ　ユージンシェンバイカンネー。（話者C）
(27) (t-2e-3) トナリー　ドロボーノ　｛？ヒャーッタギナタ／イッタッ
　　　チュー。ソイギ｝　ウチモ　ユージンシェンバランノー。〈「イッタッ
　　　チュー。ソイギ」は、「入ったって。それじゃ」の意〉

③ 反事実的条件文
④ 総称的条件文（一般条件）
　いずれもギーが使われる。

（28）　（t-3）オッタン　マット　ハヨー　クッギー　マニオータトケン
　　　　ニャー。〈オッタン＝二人称代名詞〉
（29）　（t-4）コーイノ　トクッギ　ドーユーワケカ　ミジーナローダイ。


⑤ 事実的条件文
　主節が過去形である典型的な事実的条件文ではタギーが使われる。


（30）　（t-5）イタギー　カイワ　スンドッタバイ。


## 5.　伊集院町方言（B 型）
### 5.1　体系の概要
　鹿児島県日置市伊集院町方言の条件表現の主要な形式はバ（スレバ）とその融合形（スレァ、以下一括してバ）である。また、ナラと、トデアレバに由来するターレバ（タレバとも）が認識的条件文で用いられる。従属節が動作性述語の場合、共通語と同様、予測的条件文はバ、認識的条件文はナラ、ターレバで区別される。ナラは、タ形に接続してタナラの形を取り、タは過去時制を担う。
　バは、共通語の「ば」と同じく、主節のモダリティ、後件の反期待性による語用論的制限がある。その場合バに代わって、タトカ（タトキワに由来）、トが用いられる。トは、他には、助動詞的用法の一部（「ハルットヨカ」＝晴れるといい〈願望〉）、「イットイカン」＝行ってはいけない〈禁止〉）に現れるだけで、使用は限定的である。
　その他の形式としては、タヤ（タレバに由来）がある。この形式は、事実的条件文のみに現れる。タラは使用されない。


### 5.2　例文
① 予測的条件文
　予測的条件文では、主節が叙述文の場合、バが用いられる。


（31）　（i-1a）アシタ　アメガ　{フレバ／フレァ}　フネワ　デランカモ。

（32）（i-1b）ドリョクスレァ　デクット。

　共通語では「ば」が使われにくい、従属節が動作性動詞で主節が働きかけ
や表出の表現の文の場合、バではなく、タトカ（タトキワに由来）が用いら
れる。バには共通語の「ば」と同じ主節のモダリティ制限が見られる。

（33）（i-1c）ゴハンオ　タモッタトカ　ハオ　ミガケヨー。

　同じく、共通語で「ば」が使われにくい、後件が望ましくない事態で、文
全体がそのことを避けた方がよいという語用論的意味を担う場合、主にト
が用いられる。トとバの使い分けについては、話者から、「イットは悪い予
想の場合。よい予想の場合は、「オハンガ　イケバ　ヒトガ　ヨロコッカモ
ナー。〈喜びそうだ〉」のようにイケバになる」との説明があり、共通語と同
様の使い分けがあることが確認された。

（34）（i-1e）オハンガ　イット　ヒトガ　キロカモナー。〈オハン＝二人称
　　　　代名詞。キロは「嫌う」で「ヒトガ　キロカモナー」は「人が嫌がり
　　　　そうだ」の意。〉

② 認識的条件文
　認識的条件文では、ナラ、タ（ー）レバが用いられる。ナラにはトナラの
形もある。

（35）（i-2a）キョーン　ノンカテナ　ヤマモトサンガ　{クンナラ／クッタ
　　　　レバ}　アタイモ　イコカイナー。
（36）（i-2b）テガンノ　{カッナラ／カットナラ}　ミゴツ　ケックイヤイ
　　　　ナー。

　前件と後件が〈後件→前件〉という時間的前後関係にある場合もナラが使
われる。「読みたいなら」にあたる、聞き手の現在の意志を仮定する表現も

回答された。

（37）（i-2d）ヨン {ナラ／ゴワットヤ} カスッドー。

　前件が過去の事実である場合は、タナラが用いられる。タは過去時制を担う。

（38）（i-2e）トナイニ　ハイッタナラ　アタイゲモ　キオツケジョカナイカンドナー。

③ 反事実的条件文
④ 総称的条件文（一般条件）
　いずれもバが使われる。

（39）（i-3）マチット　ハヨ　クレバ　マニオータト。
（40）（i-4）コーイガ　トクレァ　ミジ　ナッタッドー。

⑤ 事実的条件文
　事実的条件文のうち、主節が過去形である典型的な事実的条件文では、タヤが使われる。

（41）（i-5）ソコイ　イタヤ　モ　カイゴア　オワッチョッター。

　タヤは、事実的条件文のみに用いられ、予測的条件文には現れない。タヤは「たれば」に由来すると考えられる（タレバ＞タレァ＞タヤ）。

## 6.　中土佐町方言（A型）
### 6.1　体系の概要
　高知県高岡郡中土佐町方言の条件表現の主要な形式は、バの融合形（スリャー、以下バ）とタラ、タエである。タエは「たれば」に由来すると思わ

れる。現在タラとタエは置き換えが可能な場合が多く、「たらば」に由来するタラとの混同が進んだ状態である。

バは、仮定条件の用法のほとんどをカバーしている。予測的条件文では、共通語の「ば」と異なり、主節のモダリティ制限や後件の反期待性による語用論的な使用制限がない。また、認識的条件文にも使われるが、タ形に接続せず、過去の認識的条件文を安定的に表すことはできない。事実的条件文にも使用される。タラ、タエは予測的条件文と事実的条件文に用いられる。舩木（2017）によれば、両者のニュアンスの違いは明らかではない。ただし、タエは過去の認識的条件文にも使われるが、タラにはこの用法は報告されていない。認識的条件文では他にガヤッタラも用いられる。

その他の形式としてはトがあり、否定形への後接、非仮定的条件文の一部、助動詞的用法の一部（「イクトエイゼヨ」〈勧め〉）などに限って用いられる。

## 6.2　例文

① 予測的条件文

予測的条件文では、バ、タラ、タエが用いられる。

(42)　（n-1a）アス　アメガ　フリャー　フネワ　デンロー。

(43)　（n-1b）ドリョク　{スリャー／シタエ}　デキルヨーニナル。

　バは、共通語の「ば」と異なり、従属節が動作性動詞で主節が働きかけの表現の文の場合（(44)）や、後件が望ましくない事態で文全体がそのことを避けた方がよいという語用論的意味を担う文（(45)(46)）でも用いられる。タラ、タエも共通語の「たら」と同様にこうした制限はない。

(44)　（n-1c）オメシ　{クヤー／クタラ／クタエ}　ハオ　ミガケヨ。

(45)　（n-1d）ソンナクデ　ホン　{ヨミャー／ヨミヨッタラ}　メオ　ワズラウゾ。〈ソンナク＝そんなところ〉

(46)　（n-1e）オマンガ　{イキャー／イタエ}　ソノ　ハナシワ　ナラン。〈ナラン＝成立しない〉

② 認識的条件文

認識的条件文には、バとガヤッタラが用いられる。

(47)　(n-2a) ヤマモトサンガ　クリャー　ジブンモ　イコカ。

(48)　(n-2b) テガミオ　{カキャー／カクガヤッタラ}　リグッテ　カケー
　　　　ヤ。〈リグッテ＝上手に・きれいに〉


　前件と後件が、〈後件→前件〉という時間的前後関係にある場合は、動詞
に直接バが接続する形は回答されず、「読みたければ」のように、聞き手の
現在の意志を仮定する表現が回答された。

(49)　(n-2d) ヨミタケリャー　カスゼヨ。


　前件が過去に成立した事態である場合、バとタエが回答された。バはタ形
に接続しない。このことについて舩木 (2017: 78) は、「文脈上過去の事実と
捉えられているようである。あるいは「隣へどろぼうが入るほど物騒であ
る」という時間超越的事態を仮定してこのような表現が可能になっているの
かもしれない。」とする。またこの用法でタラの使用が報告されていないこ
とから、タエは「たれば（「たり」の已然形＋ば）」の原義を保っている可能
性がうかがわれる。

(50)　(n-2e) トナリエ　{ハイリャー／ハイッタエ}　ウチモ　キオ　ツケ
　　　　ント　イカン。


③ 反事実的条件文
④ 総称的条件文（一般条件）

　いずれもバが使われる。

(51)　(n-3) モット　ハヨー　クリャー　マニオーチョッタニ。

(52)　(n-4) コーリガ　トケリャー　ミズニ　ナル。

⑤ 事実的条件文

　主節が過去形である典型的な事実的条件文では、バ、タラ、タエが使われる。

(53)　(n-5) ソコエ　｛ツキャー／ツイタラ／イタラ／イタエ｝　カイワ
　　　モー　スンジョッタ。〈そこに｛着いたら／行ったら｝、会はもう終
　　　わっていた。〉


## 7.　A 型の条件表現体系のあり方と認識的条件文の分化の背景
### 7.1　九州西部・四国南部 4 方言の条件表現の用法と形式

　以上 4 地点の結果を整理すると表 1 のようになる。

表 1　九州西部・四国南部 4 方言の条件表現の用法と形式

| | | 調査文 | 熊本市方言（A 型） | 佐賀県武雄市方言（A 型） | 鹿児島県伊集院町方言（B 型） | 高知県中土佐町方言（A 型） |
|---|---|---|---|---|---|---|
| 予測的条件文 | 基本用法 | 1a, 1b | ナラ | ギー | バ | バタラタエ |
| | モダリティ制限 | 1c | **タナラ** | | タトカ | |
| | 語用論的制限 | 1d, 1e | ナラト | | ト | |
| 認識的条件文 | 未来・現在〈前件＝/→後件〉 | 2a, 2b, 2c | （ツ）ナラ | ギーナイバ | （ト）ナラターレバ | バガヤッタラ |
| | 未来〈後件→前件〉 | 2d | － | ［ギー］［ナイバ］ | ナラ | － |
| | 過去〈前件→後件〉 | 2e | － | ［タギー］［**タナイバ**］ | **タナラ** | バタエ |
| 反事実的条件文 | | 3 | ナラト | ギー | バ | バ |
| 総称的条件文 | | 4 | ナラ | ギー | バ | バ |
| 事実的条件文 | | 5 | タラタトコロガ | タギー | タヤ | バタラタエ |

　－：従属節の述語が調査項目で設定した時制では現れない
　［　］：話者によって使用の可否の判断にゆれがある

熊本市方言（A型）の特徴は、1）バがなく、ナラが予測的条件文と認識的条件文の全体をカバーしていること、2）認識的条件文の過去を担う安定した形式がなく、タナラは予測的条件文でのみ用いられること、3）タラは事実的条件文のみに使用されること、である。

武雄市方言（A型）の特徴は、1）バ、タラがないこと、2）ギーが予測的条件文と認識的条件文の全体をカバーしていること、である。

伊集院町方言（B型）は共通語と類似している。主な違いは、タラがなく、共通語で専ら「たら」が使用されるところにタトカ、タヤが用いられる点である。

中土佐町方言（A型）の特徴は、1）ナラがなく、バが予測的条件文と認識的条件文全体をカバーしていること、2）認識的条件文の過去を明示する形式がないこと、3）バが事実的条件文も担うこと、である。

この整理をもとに、認識的条件文の専用形式を分化させていない方言であるA型方言の条件表現体系のあり方と、認識的条件文を担う形式の分化の背景について考えていく。

## 7.2　熊本市方言（A型）

A型の条件表現体系のあり方について、まず熊本市方言から見ていく。

表1の整理から、熊本市方言では、予測的条件文と認識的条件文をともにナラが担っており、「認識的条件文の専用形式を分化させていない方言」であるA型の特徴を示している。しかし認識的条件文の中でも、過去の事態を仮定する（2e）や、後件の後に前件が成立するという時間的前後関係にある（2d）では、ナラによる条件文が回答されなかった。このことは何を意味するのだろうか。

熊本市方言でナラが用いられる予測的条件文（k-1a）（k-1b）（他形式が優勢であるが（k-1d）（k-1e）も）と認識的条件文（k-2a）に共通するのは、「前件も後件も未実現の事態であり、時間的には前件が成立した後に後件が成立する[9]」という点である。認識的条件文は「前件の命題が既定的でかつ話し手が

---

9　前後件の成立が同時である場合を含む。

その真偽を知らない文」（有田 2007: 91）であり、(k-2a) は、「「山本さんが来る」ことが予定、あるいは、直前に聞いた情報として話し手に把握されている」ということを表す文として回答を求めた結果であるが、それとは別に、この文が取り上げている事態そのものの現実世界でのあり方は、予測的条件文の (k-1a)(k-1b)(k-1d)(k-1e) と同じである。

　一方、前件が過去の実現した事態である (2e) は、タ形を用いたタナラでは表すことができない（タナラのタは過去時制を担わず、(k-1c) のように完了の意味を担う）。また、未実現の事態ではあっても、後件が成立した後前件が成立する、という時間的関係にある (2d) もそのままではナラで表すことができない。(k-2d) では、前件を「読みたい」に相当する現在の話し手の意志とすることにより、成立の順序が〈前件→後件〉と変更されている。

　ここから考えられるのは、ナラが表しているのは、前件も後件も未実現の事態であり、時間的には前件が成立した後に後件が成立する条件文である、ということである。前田 (2009: 38) は、このような条件文を仮説的用法の典型としている。予測的条件文はこの条件を満たしているが、認識的条件文にはそうではないものもある。一方、「前件の命題が既定的でかつ話し手がその真偽を知らない文」を明示的に表す形式は存在しない。「認識的条件文の専用形式を分化させていない」というのは、このような表現体系のあり方のことを指すのである。

　これを踏まえて、熊本市方言の体系の形成過程を、ナラの成立を中心に考えてみる。

　現在熊本市方言では、バは、「タベンドキャーヨカトニ」（食べないでおけばいいのに）のような助動詞的用法の一部に化石的に使用されるだけである。しかし以前は、仮定条件文に広く使用されていたと考えられる。確定条件を担っていた「已然形＋ば」は、中央語と同様に、ある時期、総称的条件文（一般条件）での使用を契機として、仮定条件の意味で使われるようになった。そこに新たにナラ（バ）が発生または伝播し、バと交代した。ナラ（バ）は「未然形＋ば」なので、本来的には仮定条件の形式である。しかし現在の熊本市方言のナラは、非仮定的な総称的条件文（一般条件）の用法も持つ。これはナラが本来的な用法であった仮定条件から用法を広げた、と考えるよ

り、ナラの定着以前に、一般条件から仮定条件まで意味範囲を広げたバが存在し、それと置き換わる形で交代した、と考えるのが妥当であろう。ナラは前接述語に時制の対立を持つことのできる形式であるので、バと分担して認識的条件文専用となり得る形式であるが、熊本市方言は現在に至るまで、認識的条件文専用形式の分化は生じていない。

熊本市方言では、タラは事実的条件文にのみ用いられ、仮定条件には用いられない。共通語で「たら」が使われる、モダリティ制限のある予測的条件文（k-1c）には、専らタナラが使われる。ナラに前接するタ形が過去時制を担わないので、タナラは予測的条件文の専用形式となり、タラが必要とされなかったと考えられる。

ナラがバを駆逐するほど優勢になった理由はよくわからないが、あるいは、バ形は融合形（スリャー、スヤー等）になって用言部分の形が変わるため、用言部分がより原形をとどめるナラの方が好まれた、というような事情があるかもしれない。

それでは、バに加えて、新たにナラが発生・伝播したときに、形態的条件を備えているにもかかわらず、認識的条件文専用形式として分化することなく、バと置き換わるという方向の変化を生じたのはなぜだろうか。ここには「のだ」相当形式の発達段階がかかわっていると考えられる。中央語における認識的条件文専用形式の分化は、「のだ」に由来する文法形式の発達の一環としてとらえられる（青木 2016: 125–140）。「のだ」の担う表現態度は、一言で言うと、「話し手による事柄と事柄の関連づけの明示」である[10]。「のだ」形式が、主節末にとどまらず、「ので」「のに」「のなら」「のだから」など従属節末でも盛んに用いられるということは、表現態度として、「事実の叙述を積み重ねる」だけでなく、「事柄と事柄の関連づけを明示しつつ、話し手が聞き手へ主体的に説明を行う」という態度が広く共有され、それにマッチした表現形式が必要とされるようになった、という、表現態度の変化

---

[10] 「のだ」の基本的意味機能について田野村（1990: 5）は、「あることがら α を受けて、α とはこういうことだ、α の内実はこういうことだ、α の背後にある事情はこういうことだ、といった気持ちで命題 β を提出する、これが「β のダ」という形の表現の基本的な機能である」と述べている。

204 ｜ 三井はるみ

と表裏一体のものとして理解される。熊本市方言では、認識的条件文専用形
式だけでなく、「ので」「のに」に相当する形式（トデ、トニ）も最近まで発
達していなかった（国立国語研究所 1989）[11]。ここから、体系に新たに加わっ
たナラが、認識的条件文の専用形式として分化しなかったのは、中央語に生
じた表現態度の変化が熊本市方言では進行しておらず、「のだ」相当形式に
由来する表現の必要性が低かったため、と説明することができよう。

### 7.3　武雄市方言（A 型）

　表 1 から、武雄市方言では、ギーが予測的条件文と認識的条件文をともに
担うと同時に、ナイバが認識的条件文のみに用いられることがわかる。「認
識的条件文の専用形式を分化させていない方言」である A 型と、「準体形式
を伴わない断定辞条件形を認識的条件文の専用形式とする方言」である B 型
の中間的な様相を示している。ここではギーとナイバの回答傾向の個人差に
着目して、武雄市方言における認識的条件文の位置づけについて検討する。

　武雄市方言では、変化の途上にあるために、認識的条件文におけるギーと
ナイバの回答状況に個人差がある。主たる話者である A は、未実現の事態
を取り上げる（t-2a）ではギーを使用（ナイバも可）、過去の事態を仮定する
（t-2e-3）ではタギーが使いにくく、タナイバは不使用（条件文が回答されな
い）、後件の後に前件が成立するという時間的関係にある（t-2d-1）では、ナ
イバもギーも使用するが、ナイバの方がよく、ギーを使用する場合は「ヨン
タカギー」のように現在の聞き手の意志とする方が自然であるとのことで
あった。話者 C もほぼ同様である。一方話者 B は、（2a）（2d）ではギー、ナ
イバ、（t-2e-1）ではタギー、タナイバをいずれもごく普通に使用するという。

　話者 A のギーの使用状況は、熊本市方言のナラに類似している。この
ギーは基本的には、熊本のナラと同じく、「前件も後件も未実現の事態であ
り、時間的には前件が成立した後に後件が成立する」条件文（仮説的用法の
典型）を担うと見られる。ナイバは（t-2d-1）でより適格な回答とされている
ことから、認識的条件の意味を持つと見られるが、過去の事態を仮定する場

---

11　今回の熊本市の話者は、ツナラ（のなら）、トニ（のに）という「のだ」相当形式由来の
語形を使用する。注 4 にも記したとおり、これは、近年生じた変化と見られる。

合は使われず、不完全である。一方話者Bはギー、ナイバいずれもタ形で過去を表しており、認識的条件の用法をフルにカバーしている。武雄市方言は現在、A型とB型の中間的な様相を示しているが、その中でも、話者Aは認識的条件文というカテゴリーの形成がまだほとんど始まっていない段階、話者Bはある程度形成された段階、と位置づけることができる。

このことを踏まえて、武雄市方言の体系の形成過程を、ギーの成立とナイバの認識的条件文専用形式への移行という点を中心に考えてみる。

現在の武雄市方言では、バは「行カンバラン（＜行カンバナラン）」のような義務表現に化石的に残存するだけである。しかし、熊本市方言で仮定したのと同様に、以前は仮定条件に広く使用されていたと考えられる。そこに新たにナイバが発生または伝播し、熊本市方言と同様、バと置き換わる形で交代した。この時は、認識的条件文専用形式とはならなかった。現在はギーが優勢であるためあまり使われないが，主節末が働きかけの表現である予測的条件文でタナイバが使われることがある（タカラクジニ　アタッタナイバ　オゴレヨ。〈宝くじに当たったらおごれよ。〉（話者C））。これは、現在の熊本市方言のタナラと同じく、認識的条件文の過去として機能しなかったタナイバが、モダリティ制限を埋める形で予測的条件文専用形式として使われたことを示す。またこの時期には、熊本市方言、伊集院町方言と同じく、事実的条件文に「たれば」由来の形式が存在したと推定される。

次にギーが発生、または、伝播した。ナイバとの交代が進み、予測的条件文、反事実的条件文、総称的条件文は、ナイバからギーに置き換わった。ギーの語源は明らかではないが、「きり」または「限り」で、限定や限界の意味から条件に転じた可能性が考えられる。ギーはタギーの形を取ることができるが、ナイバと違って断定辞由来の形式ではないため、認識的条件文の専用形式にはならなかった。また、バやナイバのような、個別の一回限りの事態を表現しにくい、という制限がないため、予測的条件文におけるモダリティ制限がなく、(1c)に別形式を充てる必要もなかった。認識的条件文の過去としても予測的条件文としても機能しなかったタギーは、過去の一回的事態を表す事実的条件文の専用形式として定着した。

ギーの進出によってナイバの用法が狭まり、認識的条件文に限られるよう

になった。当初は、前件も後件も未実現の事態であり、時間的には前件が成立した後に後件が成立する（2a）のような文に限られていたと思われるが、まず、未実現の事態で時間的関係が〈後件→前件〉である（2d）のような文、次いで過去の事態を取り上げる（2e）のような文にまで用法が広がる、という経過を現在たどりつつある。

　一方ギーも、現在、話者によっては（2a）（2d）（2e）をすべてカバーするようになっている。話者Aについて見たように、ギーは基本的には仮説的用法の典型を表すので、（2a）のような文は、ギーでもナイバでも表すことができる。加えてタギーという形式を持つことから混同が生じやすく、ナイバの認識的条件文の用法が完成されていくのにつられて、ギーも（2d）（2e）での使用が可能になっているものと思われる。このような混同が生じるということ自体、「認識的条件文の専用形式を分化させていない」A型方言の性格を示していると見るべきであろう。

　今回の調査で準体助詞トを前接する「トナイバ」を確認したところ、「めったに言わない」（話者A）、「通用しないことはない」（話者C）という回答だった。認識的条件文の分化を、「のだ」に由来する文法形式の発達の一環としてとらえたが、武雄市方言では「ので」「のに」に相当する形式も発達しておらず、この面から見て、現在でも、認識的条件文専用形式が分化する内的条件が整っているとは言えない。にもかかわらず、ナイバが認識的条件文に偏って使われるのは、一つには、この方言に対して影響を与える近隣のB型方言との接触による外的変化の可能性を考える必要があるだろう。

## 7.4　伊集院町方言（B型）

　肥筑方言に属する熊本市、武雄市方言がA型であるのに対し、隣接する薩隅方言に属する伊集院町方言は、表1に見るとおり、「準体形式を伴わない断定辞条件形ナラを認識的条件文の専用形式とする」B型の方言である。そこで、地理的に隣接する方言でB型が形成された背景について考えてみる。

　伊集院町方言でも、「已然形＋ば」は、総称的条件文（一般条件）での使用を契機として、仮定条件の意味で使われるようになった。そこにある時期ナラが発生または伝播し、認識的条件文の専用形式として、バと用法を分担し

て定着した。伊集院町方言では、(i-2a) や (i-2b) のような仮説的用法の典型としても解釈できる文だけでなく、前件と後件の時間的前後関係が〈後件→前件〉である (i-2d) や、前件が過去の事態である (i-2e) でも、ナラが、よく使う普通の言い方として回答された。予測的条件文のバには主節のモダリティ制限がある。熊本市方言、武雄市方言ではこの部分を、夕形のタナラが埋める形で担ったが、伊集院町方言では、タナラは認識的条件文の過去として機能したので、予測的条件文には使えず、別形式タトカ（＜た時は）が援用された。

　伊集院町方言は、「のだ」に由来する文法形式が発達している。条件形式のトナラ ((i-2b))、タ (ー) レバ (＜トデアレバ) ((i-2a)) のほか、主節末 (ニサンチ　デカクットヤ。〈二三日出かける<u>んだ</u>。〉)、「のに」相当形式 (ウエタ<u>トニ</u>／<u>テ</u>[12]　カレシモタガ。〈植えた<u>のに</u>枯れてしまったよ。〉) も使われる。「ので」に直接対応する「トデ」は使われないが、説明的な表現として「モンジャッデ」がある。7.2 で、「のだ」由来形式は、「事柄と事柄の関連づけを明示しつつ、話し手が聞き手へ主体的に説明を行う」という新たな表現態度に支えられて発達したものと位置づけた。バが仮定条件まで意味を広げた体系に、断定辞条件形が新たに加わったとき、熊本市方言と武雄市方言では、バと置き換わるような変化が生じ、伊集院町方言では、バとの意味分担によって認識的条件文の専用形式として分化した。この違いは、その時点で、伊集院町では、「のだ」を必要とするような表現態度が醸成されていたために生じた、と推定することができる。熊本市、武雄市と、伊集院町の間で、このような表現態度に関する違いが生じ得た理由はよくわからない。熊本市方言については、この地域（肥筑域）の中心地であるために、ローカルな規範力が強く、保守的な態度が保たれやすかった、というようなことがあるかもしれない。

## 7.5　中土佐町方言（A 型）

　最後に、四国の A 型方言である中土佐町方言を見る。表1で、九州の A

---

12　テは、トニ＞トイ＞テと変化した語形と思われる。

型方言である熊本市方言、武雄市方言と比べると、九州2方言では主要な形式であった断定辞条件形（ナラ、ナイバ）が現れず、逆に、九州2方言では痕跡的にしか使われなかったバが、予測的条件文と認識的条件文をともに担うという違いがある。認識的条件文の中では、後件の後で前件が成立するという時間的前後関係にある（n-2d）ではバによる条件文が回答されなかったが、過去の事態を仮定する（n-2e）では、タ形を取らず時制の対立を持たないにもかかわらず、バ（とともに「たれば」由来と見られるタエ）による条件文が回答されている。バは事実的条件文も担う。このことは何を意味するのだろうか。

　確定条件を担っていた「已然形＋ば」に由来するバは、ある時期ここでも、総称的条件文（一般条件）での使用を契機として、仮定条件の意味で使われるようになった。認識的条件文のうち、時間的前後関係が〈前件＝後件〉である（n-2a）（n-2b）には使われるが、〈後件→前件〉である（n-2d）には使われないことから、中土佐町方言の仮定条件のバが担っているのは、熊本市方言のナラと同じく、「前件も後件も未実現の事態であり、時間的には前件が成立した後に後件が成立する」という仮説的用法の典型の意味であると見られる。

　一方バは、本来の確定条件としての意味も保ち続けている。前件も後件も実現した一回的な事実である事実的条件文（n-5）のほか、前件が過去の事態である認識的条件文（n-2e）にも使われる[13]。これは、かつて中央語で已然形が果たしていた、「発話時における確定事態としてのとらえ方を自立的に示す」（矢島 2013: 121）機能が、少なくとも部分的に、中土佐町方言のバの用法に残存していることを示すものと思われる。このため、タ形を取らず時制の対立を持たないにもかかわらず、バは、（n-2e）のような過去の事態を表すことができるのだろう[14]。

　結局、中土佐町方言のバが表すのは、未実現、実現を問わず、前件が成立した後に後件が成立するというタイプの条件文ということになる。認識的条件文を明示する専用の形式は存在しない。

---

13　ただし、原因理由の用法は持たない。

14　「たれば」に由来するタエにも、已然形の機能の残存という点で同様の事情がありうる。

第8章　九州・四国方言の認識的条件文 | 209

　中土佐町方言には、九州3方言と違って、ナラが大きな影響を与えた様子が見られない。バが確定条件の用法を残しているところからも、全体として九州方言より古い段階の体系と見なすことができる（バにモダリティ制限がないのは独自の拡張と見られる）。この方言では「のだ」由来の文法形式が発達していないことから（「ので」×ガデ、「のに」×ガニ）[15]、もしナラが体系に加わろうとしたことがあったとしても、認識的条件文の専用形式にはなり得なかったと推測される。

## 8.　おわりに

　以上、A型の条件表現体系のあり方と、認識的条件文専用形式の分化の背景について、九州西部・四国南部4方言の比較対照によって検討した。明らかになった点、見通しを得た点を挙げると、次のとおりである。

1.　認識的条件文の専用形式を分化させていない方言（A型方言：熊本市、武雄市、中土佐町）では、認識的条件文というカテゴリーが成立していない。

2.　A型方言では、予測的条件文を担う形式が、認識的条件文の一部（2a）でも使われる。これは、「前件も後件も未実現の事態であり、時間的には前件が成立した後に後件が成立する」（仮説的用法の典型）という、取り上げる事態の現実世界でのあり方が一致するためであり、認識的条件文としての意味は明示されない。

3.　時間的前後関係が〈後件→前件〉である認識的条件文（2d）、前件が過去の実現した事態である認識的条件文（2e）は、仮説的用法の典型から外れるので、A型方言では基本的には条件文では表されない。

4.　認識的条件文専用形式の分化は、その方言での「のだ」に由来する文法形式の発達の一環として生じる。類似の史的推移をたどったと推定される隣接地方言で、「のだ」由来形式が発達している方言（伊集院町方言）では、認識的条件文専用形式が分化し、発達していない方言（熊本市方言、武雄

---

15　(n-2b) の「カクガヤッタラ」などのガヤッタラは、『方言文法全国地図』の近隣地点にはなく、関西方言の影響等による新しい形式と思われる。

市方言）では未分化、または、分化が不十分であることが観察された。

5. 「のだ」に由来する文法形式の発達の背後には、「事実の叙述を積み重ねる」だけでなく、「事柄と事柄の関連づけを明示しつつ、話し手が聞き手へ主体的に説明を行う」という表現態度の変化がある。

6. 分化が触発されたり抑制されたりする要因として、近隣方言の影響や地域の言語的規範力といった言語外的条件も考慮に入れる必要がある。

7. 四国の中土佐町方言の体系は、九州のA型2方言より古い段階を示す。

　今後は、各方言の観察を深め、日本語史の知見を踏まえて、得た見通しについて検証していく必要がある。

## 引用文献

青木博史 (2016)『日本語歴史統語論序説』ひつじ書房.

有田節子 (2007)『日本語条件文と時制節性』くろしお出版.

有田節子・江口正 (2010)「佐賀方言の条件節における時制の機能について」『日本語学会 2010 年度秋季大会予稿集』223–230.

有田節子・江口正 (2012)「佐賀方言と城島方言における条件節と時制の機能について」『日本方言研究会第 95 回研究発表会発表原稿集』9–16.

国立国語研究所編 (1989, 1993, 1999)『方言文法全国地図 1・3・4』財務省印刷局.

田野村忠温 (1990)『現代日本語の文法Ⅰ：「のだ」の意味と用法』和泉書院.

日高水穂 (2017)「認識的条件文の地理的変異の類型」本書所収.

舩木礼子（橋本礼子）(2017)「中土佐町久礼方言の条件表現体系：バ融合形の用法を中心に」『神女大国文』28: 左 1– 左 18.

方言文法研究会編 (2010)『『全国方言文法辞典』のための条件表現・逆接表現調査ガイドブック』科学研究費補助金基盤研究 (B)「日本語諸方言の文法を総合的に記述する『全国方言辞典』の作成とウェブ版の構築」（課題番号：21320086・研究代表者：日高水穂）研究成果報告書（http://hougen.sakura.ne.jp/db/pdf/joken.pdf）.

前田直子 (2009)『日本語の複文：条件文と原因・理由文の記述的研究』くろしお出版.

三井はるみ (2009)「条件表現の地理的変異：方言文法の体系と多様性をめぐって」『日本語科学』25: 143–164.

三井はるみ (2011)「九州西北部方言の順接仮定条件表現形式「ギー」の用法と地理的分布」『國學院雑誌』112 (12): 26–39.

三井はるみ (2015)「九州西南部方言における順接仮定条件表現体系の多様性：熊本市方言と鹿児島県伊集院町方言」中山緑朗編『日本語史の研究と資料』322 (123)

–306(139). 明治書院.

矢島正浩（2013）『上方・大阪語における条件表現の史的展開』笠間書院.

## 付記

本稿は JSPS 科研費 26244024 による研究成果の一部である。

# 第9章

# 東北方言の認識的条件文

竹田晃子

## 1.　はじめに

　日本語の条件表現は、用言の活用形（未然形／已然形＋バ）によるものから、連体句（用言の連体形＋N（＝準体形式））に断定辞条件形が付いた形式によるものへと変化してきた。標準語では前者にあたる形式である仮定形＋バ（本章ではeバ形・レバ形と表記）とタラ形によって予測的条件文が表され、後者にあたる（ノ）ナラ形によって認識的条件文が表される。

　東北方言では、予測的条件文はeバ形・レバ形によって表されるが、認識的条件文に用いられる形式は多様である（本書の日高論文参照）。秋田（南）・宮城・山形・福島などの東北南部方言では断定辞条件形を含む形であるNダラ形（ゴッタラ／エンタラ／ノダラなど）が用いられる。これに対して、主に岩手・秋田など東北北部方言では、書<sub>カ</sub>カバ／起<sub>オ</sub>ギラバなどのような動詞の末尾a段音形にバが付いた形（本章ではaバ形・ラバ形と表記）と、書<sub>カ</sub>グガラ／高<sub>タゲ</sub>ガラ（カラ形）・書<sub>カ</sub>グガラバ／高<sub>タゲ</sub>ガラバ（カラバ形）など、断定辞条件形とはみなされない形式が用いられる。

　aバ形・ラバ形は特に岩手県に多く観察され、古典語の未然形＋バの残存と説明されてきたが（小林1944, 1950ほか）、この解釈には問題が多い。

　表1に、古典語と東北北部方言における条件形式を対照させて示し、〔〕には本章での各形式の呼称を示した。「仮定形1」は予測的条件形式、「仮定

214 ｜ 竹田晃子

形 2」は認識的条件形式に相当する[1]。

表 1　古典語と東北北部方言における条件形式[2]

| | 古典語 | 東北北部方言 | | |
|---|---|---|---|---|
| | （未然形＋バ） | 仮定形 1 | 仮定形 2 | |
| 五段動詞<br>（書く） | カカバ | カゲバ<br>〔e バ形〕 | カガバ<br>〔a バ形〕 | カグガラ<br>〔カラ形〕<br>カグガラバ<br>〔カラバ形〕 |
| 一段動詞<br>（起きる） | オキバ | オギレバ<br>〔レバ形〕 | オギラバ<br>〔ラバ形〕 | オギルガラ<br>〔カラ形〕<br>オギルガラバ<br>〔カラバ形〕 |
| カ変動詞<br>（来る） | コバ | クレバ<br>〔レバ形〕 | クラバ<br>〔ラバ形〕 | クルガラ<br>〔カラ形〕<br>クルガラバ<br>〔カラバ形〕 |
| サ変動詞<br>（する） | セバ | スレバ<br>〔レバ形〕 | スラバ<br>〔ラバ形〕 | スルガラ<br>〔カラ形〕<br>スルガラバ<br>〔カラバ形〕 |
| 形容詞<br>（高い） | タカクバ<br>（タカカラバ） | タゲバ | | タゲガラ<br>〔カラ形〕<br>タゲガラバ<br>〔カラバ形〕 |

　表 1 をみると、古典語の未然形＋バと一致する形は五段動詞の a バ形のみ
で、五段動詞以外の動詞にあらわれるラバ形と、動詞・形容詞の両方にあら
われるカラ形／カラバ形は古典語にはみられない形式である。

　条件文の意味からみても、古典語の未然形＋バと岩手県方言の a バ形・ラ

---

1　「仮定形 1」「仮定形 2」は『方言文法全国地図』（国立国語研究所編 1993: 103–131）の用
語で、「仮定形 1」は「きのう手紙を書けば良かった。」、「仮定形 2」は「手紙を書くなら、
字をきれいに書いてくれ。」のような例文の下線部の形にあたる。

2　方言形は、後述する表 2・表 4 の資料に取り上げられている代表的な形式をまとめた。

バ形は完全には対応していない。古典語の未然形＋バは予測的条件文と認識的条件文を分化させない形式であったと考えられるが（本書の鈴木論文参照）、岩手県方言のaバ形・ラバ形は認識的条件文の専用形式であるとみこまれ、予測的条件文では現代標準語と同じようにeバ形・レバ形が用いられている。

　そこで、本章は、東北方言における認識的条件文のaバ形・ラバ形およびカラ形・カラバ形について、地理的分布の変遷と成立過程を明らかにすることを目的とする。

　本章で分析対象とするのは、過去の文献資料や調査資料である。2017年現在において当該形式は高年層でもほとんど使用されなくなっており[3]、面接調査によってこの問題を解決するのは困難である。

　資料は、個別地点（地域）の記述資料（表2）と、地理的分布資料（表4）に分けられる。記述資料は論文・方言辞典などで、それぞれの地点（地域）で過去に使われた形や用法を具体的に知ることができる言語資料的側面と、それぞれの時期での研究の段階と歴史を知ることができる方言研究史的な側面がある。地理的分布資料は統一的な調査項目による大規模調査で、調査時期が異なる資料を地図化することで、地理的分布の推移を把握することができる。資料の性質は異なるが、本章ではそれぞれの長所を生かしながら分析対象とする。

## 2.　個別地点（地域）の記述資料と整理の観点

### 2.1　対象とする記述資料

　分析対象とする記述資料のうち、aバ形・ラバ形、カラ形・カラバ形の類について特に重要な記述がある24点を表2にまとめた[4]。引用には、表中に付した丸つき番号を利用する場合がある。

---

3　後述の図11（3.6）のように、FPJD（2010–2015年調査）では、aバ形が岩手1地点、動詞カラ形が秋田に1地点、形容詞カラ形が岩手に2地点のみである。

4　東北六県の方言を扱った論文・方言辞典などのうち目を通すことができた1906（明治39）年以降の300点余から抜き出した。また、表2には初出を示した。

## 表 2　個別地点（地域）の記述資料

| 青森県 | ①菅沼貫一（1935）『青森県方言集』青森県師範学校 |
| --- | --- |
| | ②此島正年（1966）『青森県の方言』青森県文化財保護協会 |
| 岩手県 | ③橘正一（1931）「盛岡弁のテニヲハ」『方言と土俗』1-10、pp. 332–337 |
| | ④橘正一（1932）「盛岡弁の動詞と形容詞」『方言と土俗』3-1、pp. 1–19 |
| | ⑤八重樫眞道（1932）『岩手県釜石町方言誌』（日本民俗研究会） |
| | ⑥橘正一（1933）「盛岡弁の形容詞の語法」『國學院雑誌』39-10、pp. 102–106 |
| | ⑦小松代融一（1961）『岩手方言研究史考―岩手方言研究 2―』（私家版） |
| | ⑧佐藤喜代治（1966）「岩手県三陸地方北部の言語調査報告」『日本文化研究所報告』別巻 4、pp.11–56 |
| | ⑨本堂寛（1967）「岩手県方言の系統と区画について」『一関高専研究紀要』1、pp. 48–76 |
| | ⑩佐藤喜代治・加藤正信（1972）「三陸地方南部の言語調査報告」『日本文化研究所研究報告』別巻 8・9、pp. 1–52 |
| | ⑪佐藤喜代治・加藤正信（1975）「青森県東南部・岩手県西北部地方の言語調査報告」『日本文化研究所研究報告』別巻 12、pp. 1–20 |
| | ⑫堀米繁男編（1989）『種市のことば』種市町歴史民俗の会 |
| 秋田県 | ⑬細谷則理（1931）「平鹿辯のテニヲハ」『方言と土俗』2-1、pp. 19–28 |
| | ⑭細谷則理（1934）「秋田縣平鹿方言の形容詞」『方言と土俗』2-4、pp. 35–41 |
| | ⑮北条忠雄（1951）「秋田方言の国語学的観察―「秋田方言の研究」の前提として―」（国立国語研究所地方調査員報告） |
| | ⑯中山健（1977）「秋田方言の形容詞の特徴―語尾の独立的用法を中心として―」『日本方言研究第 25 回発表原稿集』、pp. 37–45 |
| 山形県 | ⑰横山辰次（1935）「山形県置賜方言語法」『方言』5-12、pp. 23–52 |
| | ⑱齋藤義七郎（1959）「山形県北村山郡東根町」国立国語研究所編『日本方言の記述的研究』明治書院、pp. 21–50 |
| | ⑲山形県方言研究会編（1972）『山形県方言概説』 |
| 東北全域 | ⑳橘正一（1934）「本州東部の方言―〔前編〕東北方言―」橘正一・東条操編『国語科学講座 7―国語方言学―』明治書院 |
| | ㉑橘正一（1937）『方言読本』厚生閣 |
| | ㉒小林好日（1944）『東北の方言』三省堂 |
| | ㉓小林好日（1950）『方言語彙学的研究』岩波書店 |
| | ㉔加藤正信（1996）「日本の方言と古語」加藤正信・前田富祺・佐藤武義『日本の方言と古語』南雲堂、pp. 7–51 |

## 2.2　記述内容の概略

表2の記述資料で取り上げられた形式の由来・接続・意味について、概略をまとめると表3のようになる。表では省略したが、形容詞は高ガラ（バ）／高イガラ（バ）のように終止形相当の形式にガラ／ガラバ（カラ／カラバと表記する）が付く。空欄は記述がないことを表す。

### 表3　記述内容の概略　　　（※ 2.3 を参照）

| 文献 | | 動詞（活用） | 形容詞 | 由来・接続・意味 |
|---|---|---|---|---|
| 青森県 | ① | | カラ | |
| | ② | | カラ | 〔形容詞〕カラバに由来 |
| 岩手県 | ③ | （五段）aバ | カラ | 〔動詞〕未然形にバがつく※ |
| | ④ | （五段）aバ<br>（一段・カ変）ラバ<br>（サ変）aバ | | 〔動詞〕（五段）aバ形は文語と同じだが、（一段・カ変）ラバ形は文語のeバ形にラを添加した形※ |
| | ⑤ | （五段）aバ<br>（一段・サ変）ラバ | | 〔動詞〕未然形にバがつく |
| | ⑥ | | カラ | 〔形容詞〕終止形＋カラ、東京のナラの意味 |
| | ⑦ | | カラバ<br>カラ | 〔形容詞〕旧カリ活用の未然形カロ（ウ）の一歩手前の形が若干の訛形を残したもの |
| | ⑧ | （五段）aバ | カラバ | 〔動詞〕eバとaバの使い分けがあり、eバがaバの領域を侵している |
| | ⑨ | （五段）aバ<br>（五段）ガラバ | | 〔動詞〕地図に分布と、凡例に語形がある |
| | ⑩ | （五段）aバ | | |
| | ⑪ | （五段）aバ | | 〔動詞〕古典語などのいわゆる未然形＋バと、已然形＋バとの区別にあたるものを持っていることになる |
| | ⑫ | （五段）aバ<br>（一段）ラバ | | 〔動詞〕aバ形からの類推でラバ形が生じた |
| 秋田県 | ⑬ | （五段）aバ | カラ | |
| | ⑭ | | カラバ | 〔形容詞〕ガラバはグアラバの約 |
| | ⑮ | | カラ | 〔形容詞〕仮定法「なら」の意 |

| | | | | |
|---|---|---|---|---|
| | ⑯ | | カラ | 〔形容詞〕ガラはグアレバから来た |
| 山形県 | ⑰ | | カラバ | 〔形容詞〕東京のナラの意 |
| | ⑱ | （五段）aバ<br>（一段）ラバ<br>（五段）カラ | カラ | 〔意味〕共通語「なら」、仮定の意<br>〔形容詞〕ガラはクアラバの約略か |
| | ⑲ | | カラバ | |
| 東北地方 | ⑳ | | カラ | 〔形容詞〕終止形＋カラ、東京のナラの意味 |
| | ㉑ | （五段）aバ<br>（一段・カ変）ラバ<br>（サ変）aバ | | 〔動詞〕（五段）aバ形は文語と同じだが、ラバ形は文語のeバ形にラを添加した形※ |
| | ㉒ | （五段）aバ<br>（一段・カサ変）ラバ | | 〔動詞〕岩手に未然形＋バの用法が残っている※ |
| | ㉓ | （五段）aバ | | 〔動詞〕岩手に未然形＋バ |
| | ㉔ | （五段）aバ<br>（一段）ラバ | カラ | 〔動詞〕北奥羽のaバ形は古典文法の未然形＋バに相当すると思われがちであるが難しい。aバ形を持つ地方では、類推でラバのように言うことがある※ |

この表3から、次の5点がわかる。

ⅰ．動詞の例は五段動詞に偏り、一段動詞・変格動詞の例は少ない。

ⅱ．動詞のみを取り上げた資料では未然形＋バについての説明が多い。

ⅲ．形容詞のカラ／カラバが形容詞活用語尾（ク＋アル＋バ＝クアラバ）に由来するという指摘は各県にみられる（⑦⑭⑯⑱）。

ⅳ．動詞のみの報告は岩手、形容詞のみの報告は青森・秋田に多い。

ⅴ．動詞と形容詞の両方を取り上げた資料は少なく、両形式を関連づけた指摘はない。

これらの記述には、形式や活用の種類によって地域差がみられるが、学問的な興味関心以外に実際の使用状況（頻度や意識）も反映されたものと思われる。

特にⅲⅴについて、同じ資料で形容詞のカラ形とカラバ形が同時に報告されることはほとんどないが、1930年から1980年頃まではカラバ形が使用されていたと考えられ、カラの由来としてカラバや、さらにはクアラバが想定

されたのは自然な状況であったと思われる。

　一方で、動詞のaバ形・ラバ形の由来は複雑である。2.3で記述資料を整理し、3節で地理的分布を確認した上で、由来については4節で扱う。

## 2.3　動詞のaバ形・ラバ形についての記述

　特に重要な文献は、岩手に関する④⑧⑩⑪⑫⑳㉑㉒㉓㉔である。

　岩手県盛岡市方言を取り上げた橘正一[5]の一連の記述では、aバ形とラバ形がともに取り上げられている（③④⑥）。なかでも④（橘1932）は動詞の条件表現形式の位置づけを検討したもので、「動詞が、助詞のバに續く言ひ方」を、「未定」（書がば（書くなら）など）と「既定」（書げば（書けば）など）に分け、「未定」を「未だ成立たない条件を假定して言ふ」「普通の口語法にないもの」として、「お前さん行かば、俺も行く。」「來らば、早く。」などの例文をあげた。続けて次のように述べている（橘1932: 16–17、下線は筆者による）[6]。

(1)　　之の未定の言ひ方を、文語法と比較すると、「書かば」「死なば」「有らば」等は、文語法と同じであるが、「着らば」「起ぎらば」「分げらば」等は、文語の「着ば」「起ぎば」「分けば」に、ラの添はツた形である。更に、加変になると、コバにあらず、コラバにあらず、クラバである。一見、不統一な様であるが、これを既定の言ひ方に比較すると、一方はレバ、一方はラバで正確に相對してゐる。即ち、<u>盛岡の假定の言ひ方は、否定形にバの添はツたものでなく、已然形のレをラに置き換へたものと言ふべきである。</u>だから、未然形を否定形から分離

---

5　橘正一（1902–1940）は在野の方言研究者で、出身地の岩手県盛岡市で雑誌『方言と土俗』（1930–1934年・一言社）を主宰し、『国語科学講座7―国語方言学―』（1934年・明治書院）、『方言読本』（1937年・厚生閣）、『方言学概論』（1936年・育英書院）のほか、雑誌『国語教育』『岩手教育』『國學院雑誌』などに論考を発表した。

6　これによると、五段動詞は「文語法と同じ」だが、一段動詞・カ変動詞はラバの形をとることを指摘し、下線部のように述べている。これは、五段動詞とそれ以外の動詞の非対称を説明したにもかかわらず、非対称のまま「未然形を否定形から分離」した活用表を示したということになるので、疑問が残る記述ではある。

して、獨立させれば、次の様になる。

| | 打消 | 未然 | 連用 | 終止 | 連体 | 已然 | 命令 |
|---|---|---|---|---|---|---|---|
| 書 | かが | かが | かぎ | かぐ | かぐ | かげ | かげ |
| 死 | しな | しな | しに | しぬ | しぬ | しね | しね |
| 為 | さ | さ | しに | す | す | せ | せ |
| 有 | ― | あら | あり | ある | ある | あれ | ― |
| 着 | き | きら | き | きる | きる | きれ | きろ |
| 起 | おぎ | おぎら | おぎ | おぎる | おぎる | おぎれ | おぎろ |
| 分 | わげ | わげら | わげ | わげる | わげる | わげれ | わげろ |
| 來 | こ | くら | き | くる | くる | くれ | こ |

　この記述は、仮定表現のaバ形・ラバ形について、前接部分に「未然形」という名称を与えて「打消形」から切り離し、「已然形」と対応するように整理したものであり[7]、古典語の未然形＋バの残存とまでは述べていない[8]。仮に、五段動詞を「文語法と同じ」と記述した部分について、語形が文語の未然形＋バと同じであることを指すだけでなく、文語の残存ととらえていた可能性があると深読みするとしても、橘がその後に手がけた方言概説類の記述（⑳㉑）でも④の範囲内にとどまったことと合わせると、これらの記述は活用形を共時的に分類したもので、aバ形を古典語の未然形＋バに由来すると断じたものではないとみるべきである。

　これに対して小林好日[9]の記述（㉒㉓）では、aバ形のみならずラバ形についても、文語の未然形＋バの残存とされている。㉒（小林 1944: 151）には次のようにあり、この見解は㉓（小林 1950: 219–220）にも引き継がれている。

---

7　ここでの「未然形」と「已然形」は、「未定」と「既定」という用法上の対応関係を持つと考えられている。

8　③（橘 1931）には未然形にバがつくとあるが、活用形を整理すると否定形と別の未然形になるとしたもので、古典語の未然形＋バと同じであるとまでは述べていない。

9　小林好日（1886–1948）は東京都出身の研究者で、東京高等師範学校・東京帝国大学を卒業、鎌倉中学・東洋大学などを経て 1934 年に東北帝国大学に着任した。赴任後は東北方言の研究に努め、1944 年に『東北の方言』を出版。1946 年に博士論文「方言語彙学的研究」を京都大学に提出し、最後の著作『方言語彙学的研究』は遺稿に博士論文の章を加えて 1950 年に出版された。条件形を扱う「形態素の諸相」と題した章は、博士論文では「第十章」、刊行物では「第十二章」となっているが、特筆すべき異同はみられない。

第9章　東北方言の認識的条件文　｜　221

(2)　　　文語では假定の云ひ方に、動詞の未然形を用ひて「書かば」と云ふの
　　　　と已然形を用ひて「書けば」と云ふのと二通あるが、口語では大多數
　　　　の方言に於て條件を假定するにはすべて已然形のみを用ふるやうにな
　　　　り、今日東京語では未然形の用法は助動詞の「なり」「たり」の助を
　　　　借りて、「書くならば」（「書くなら」）書いたらば（「書いたら」）と云ふ
　　　　形に迹を留めて、書カバと云ふ云ひ方は全く無くなつてゐる。然るに
　　　　<u>東北地方にはなほ未然形の用法が殘つてゐて、もつとも多く之を用ふ
　　　　るのが岩手縣の方言である。</u>（中略）「起きる」「受ける」「來る」の未
　　　　然形は文語の如く「起きば」「受けば」「來ば」ではなく、オキラバ、
　　　　ウケラバ、クラバであり、左變も「せば」の外にシラバとも云ふ。

　ラバ形について、⑫（堀米編 1989: 167）と㉔（加藤 1996: 42）は、a バ形か
らの類推でラバ形が生じたとしている。数にまさるラ行五段動詞がバに続く
ときにラバの形をとるため、一段・カ変・サ変動詞で類推が起こってラバ形
が生じたという考え方である。これを進めると、東北北部方言で起きている
一段・カ変・サ変動詞のラ行五段化[10]の流れのなかに、認識的条件文の形式
（仮定形 2）を位置づけることになる。

　意味について、岩手県を含む特定地域の方言を調査・報告した⑧（佐藤
1966: 42）・⑩（佐藤・加藤 1972: 28–27）・⑪（佐藤・加藤 1975: 5）では、a
バ形・ラバ形と e バ形・レバ形の両方を持つ地点の使い分けについて、古典
語などのいわゆる未然形＋バと已然形＋バの区別にあたるものを持つことに
なるとしているが、その後の㉔（加藤 1996: 42）では「現地で調査すると必
ずしもそのような思い込みでは解明できない難しい物であることが感じられ
る」と述べている。

　これらの記述資料には重要な指摘が多く示されているが、意味と形式の解
釈には検討の余地があるように思われる。a バ形・ラバ形、カラ形・カラバ

---

10　ラ行五段化は、たとえば、使役の助動詞セル／サセルで、通常、五段動詞につくとき
はセル、一段・カ変・サ変動詞に付くときはサセルがつく。このうちサセルがラセルの形
になる現象である。地理的周辺部に多く発達し、中央部では未発達であることが指摘され
ている。

形を使用する方言では、これらの形式は認識的条件文（表1の仮定形2の用法）を担い、予測的条件文はeバ形・レバ形（仮定形1）で表されるが、古典語の未然形＋バと已然形＋バの意味的対立には対応していない。また、2.2で述べたように形容詞のカラ形・カラバ形がクアラバに由来することは先行研究に指摘があるが、これらと動詞のカラ形・カラバ形や、さらにはaバ形・ラバ形をも関連づけて説明することが可能であると思われる。

　動詞のaバ形・ラバ形の由来を考えるためには、東北方言の形容詞活用語尾の接辞化の現象をおさえておく必要がある。このシステムは東北方言に広く存在するが、生産性には地域による濃淡があり、秋田県と山形県で特に発達したことが知られている。たとえば⑮（中山1977）によると、秋田方言では、形容詞だけでなく動詞にも、ガロ（＜グアロー：推量）／「ガタ」（＜グアッタ：過去）／ガラ（＜グアレバ[11]：条件）などのように形容詞活用語尾に由来する接辞が付くとある。条件表現において動詞のカラ形を形容詞の活用語尾と結びつける記述は、国立国語研究所（1993: 783）の山形県飽海郡八幡町観音寺の回答「オギッガラ」の注記に「誤答ではない。形容詞の〜カラバの後裔との混交か？」（調査担当者：井上史雄・1980年調査）とある[12]。

　動詞に続くカラ／カラバが、形容詞活用語尾の接辞化によるものであるとすると、この形と機能的に等価であるとみられるaバ形・ラバ形の由来も、この形と関連づけて考えることができる。つまり、動詞終止形＋カラバから、aバ形・ラバ形が生じたと考えるのである。

　動詞のaバ形／ラバ形の由来をクアラバに求めた先行研究がない原因には、分布地域の違いがあったようである[13]。次節では、これらの形式の地理的分布と経年変化を明らかにする。

---

11　⑮（中山1977）はカラの由来をク＋アレバ（仮定形）としているが、本章ではク＋アラバ（未然形）が由来であると考える。

12　この地点では動詞の全項目（例文は3.5参照）にカラ形が回答されているが、形容詞にはカラ形／カラバ形が回答されていない。

13　近代以降の方言研究では、旧藩や都道府県／市町村などの行政単位ごとに報告を求められる場合が多く、近隣の方言と比較する機会に恵まれていたとは言いがたい。

## 3. 地理的分布と推移

### 3.1 分布資料の概要

　本章で扱う地理的分布に関する資料は表4のとおりである。各資料の成立にはおよそ20〜40年の間隔があり、明治から平成まで岩手県を中心に、約百年間の経年変化を確認することができる[14]。

　【口語法】は、国語調査委員会によって実施された2回目の文法調査である。『口語法調査報告書』『口語法分布図』にまとめられた第一次取調（1903年）から5年後に全国で実施された第二次取調で、条目ごとに調査目的と標準語例文が示され、例文方言訳と解説が求められた。答申書や出版用原稿・方言地図は1923年の関東大震災で焼失したが、岩手県には市郡ごとの稿本が残っている（竹田2015）。

表4　地理的分布資料の概要

| 調査の名称<br>【本章での通称】 | 調査主体<br>（調査者） | 市郡や地点の数<br>〔項目数〕 | 調査年 |
|---|---|---|---|
| 口語法取調<br>（第二次取調）<br>【口語法】 | 国語調査委員会<br>（各教育会に所属する小学校教員） | 岩手県・10市郡<br>（全14市郡中）<br>〔91条〕 | 1908<br>（明治41） |
| 東北方言通信調査<br>（第三回調査）<br>【小林資料】 | 小林好日<br>（小学校教員・師範学生） | 東北・<br>約2千地点<br>〔265項目〕 | 1941<br>（昭和16） |
| 岩手県方言区画調査<br>【本堂資料】 | 本堂寛<br>（小中学校教員） | 岩手県・<br>約550地点<br>〔8項目〕 | 1962・1963・<br>1965・1966<br>（昭和37・38・<br>40・41） |
| 方言文法の全国調査<br>（方言文法全国地図）<br>【GAJ】 | 国立国語研究所<br>（所員・大学教員等） | 東北・162地点<br>（全国807地点）<br>〔267項目〕 | 1979–1982<br>（昭和54–57） |
| 方言の形成過程解明のための全国方言調査【FPJD】 | 国立国語研究所<br>（所員・大学教員等） | 東北・96地点<br>（全国554地点）<br>〔211項目〕 | 2010–2015<br>（平成22–27） |

---

14　表4の調査での被調査者が当時の高年層（GAJ・FPJDは60代以上）であると仮定すると、話者の生年は調査年から60年ほどさかのぼるため、調査結果は江戸末期生まれから昭和初期生まれの言語資料ということになる。

224 ｜ 竹田晃子

【小林資料】は小林好日による「東北方言通信調査」で、1938–1941 年に 3 種類の調査票によって実施され、標準語を当該方言に翻訳する形で報告された（竹田 2002）。

【本堂資料】は、本堂寛による面接調査と通信調査に基づいた方言地図である（⑨：本堂寛 1967）。例文を方言訳する方法で行われた調査の結果が、手書きの地図に表されている。

【GAJ】と【FPJD】は、国立国語研究所所員／地方研究員や大学教員等を調査員とした共通語翻訳式による臨地面接調査のデータである[15]。

## 3.2　口語法取調（1908（明治 41）年調査）

最初に、最も古い【口語法】の調査結果をみる。表 5 は、岩手県稿本における仮定条件の調査例文とその回答について、当該形式が用いられた回答例文を順に抜き出し、対応する標準語例文ごとにまとめたものである[16]。

資料がある 9 市郡のうち、西磐井郡を除く全市郡で、五段動詞か形容詞どちらかの当該形式が回答されている。統一的な用言をそろえることができないため、五段動詞を図 1、形容詞を図 2 に地図化して示した[17]。

これらの図によって、明治末期には、動詞には a バ形、形容詞にはカラバ形・カラ形が岩手県の旧南部藩地域を中心に分布していたことが明らかになった。また、五段動詞の a バ形▲、形容詞のカラバ形◉・カラ形○の分布域が内陸に重なって分布しており、動詞と形容詞の形式が相補的であったことが明らかになった。

---

15　調査概要は、【GAJ】：国立国語研究所（1989）、【FPJD】：大西編（2016）を参照。

16　回答は旧字体や草書体を新字体に改めた場合がある。ガゲなどの°記号は鼻濁音の表記で、そのまま引用した。また、併用回答を｛ ｝に入れ、／で区切って示した。

17　図 1・図 2 の市郡区画は 1897（明治 30）年 4 月 1 日から 1923（大正 12）年 6 月 1 日のものによる。また、資料が存在しない郡名の末尾に×を付した。

第 9 章　東北方言の認識的条件文　│　225

## 表 5　調査例文とその回答【1908 年調査・口語法】

| (a) そんなことを<u>言う</u>[18]ならお前にはやらない。（第 36 条） |
|---|
| ソンナゴド　<u>カダッテガラ</u>[19]　ハ[20]、大変ダ。（江刺郡）<br>ソンナコトー　{<u>ユワバ／ユァバ／ヘラバ</u>}　オ前ニヤラナイ。（二戸郡）<br>ソンタナゴド　<u>ソワバ</u>（言ハバノ意）　オ前ニアヤラネェア。（岩手郡）<br>ソンナゴド　<u>ユワバ</u>　オ前ニワクレニャ。（盛岡市）<br>ソンナゴドー　<u>ユワバ</u>　オ前ニワヤラネエ。（紫波郡）<br>ソンナゴド　<u>イワバ</u>　オマエニャヤラニャ。（和賀郡） |
| (b) 明日雨が {降れば／降りゃー／降ったら}、行かないよ。（第 36 条） |
| アス雨ァ　<u>フラバ</u>　エガネャ。（盛岡市）<br>アシタ雨ァ　<u>フラバ</u>　エガネエ。（紫波郡）<br>アス雨　<u>フラバ</u>　エガナエ（ヨ）。（上閉伊郡）<br>アス、アメァ　<u>フラバ</u>、エガナェ。（江刺郡） |
| (c) この雨が少し続こうものなら、川は水が出るよ。（第 36 条） |
| コノアメァ、エマ少シ、<u>ツゼガラ</u>　ハ、川サ水ァ出ル。（江刺郡） |
| (d) それで悪ければ、こちらのを上げましょう。（第 36 条） |
| ソレデ {<u>ワルガラバ／ワルガラ</u>}　コチラノーアゲマショー。（二戸郡）<br>ソレデ　<u>ワリガラバ</u>　コッチノナ　ヤルベェア。（岩手郡）<br>ソレデ　<u>ワリガラバ</u>　コッツァゲアス。（盛岡市）<br>ソレデ　<u>ワリガラバ</u>　コッチノナ　アゲマスベ。（和賀郡）<br>ソエヅデ {<u>ワリガラバ／ワリガラ</u>}、コッチンナ　アゲマスペ。（江刺郡） |
| (e) それで良いなら、お持ちなさい。（第 36 条） |
| ソレデ　<u>エガラバ</u>　モッテエゲ。（岩手郡）<br>ソレデ　<u>エガラ</u>　アゲマショー。（二戸郡）<br>ソレデ　<u>イーガラ</u>　オ持チナサイ。（九戸郡） |

---

18　この地域での「言う」を表す動詞には、イウ／ユー／ヘル／ソー／カダルなどが使われる。

19　(a) の「カダッテガラ」は、動詞カダル（言う）に助詞テが付いた形にガラが付いたものと考えられる。江刺郡では (c) で「ツゼガラ」も回答されているが、「続イテガラ」に由来すると考えられる。(f) の「大キクテガラァ」「大ギクテガラ」、(h) の「マズクテカラァ」も同様。現時点では由来が不明であるため、図 1・図 2 には示さない。後述の図 3・図 4 でも同様に扱う。

20　「ハ」は係助詞ワではなく副詞で、「もう／すでに」などの意味を表す。なお、この地域では格助詞ガ・係助詞ワは省略されにくく、【口語法】でもガ／ァ、ワ／ァなどで表記されている。

| |
|---|
| ソレデ　エガラ　持テゲ。(和賀郡)<br>ソンデ　エガラ　オ持チナンエ。(江刺郡) |
| (f) これで頭がもっと大きかろうものなら、大変だ。(第36条) |
| コンデ、頭ガモット{大キクテガラァ／大ギクテガラ}、大変ダ。(江刺郡) |
| (g) そんなに欲しいなら、あげましょう。(第36条) |
| ソンタニ　ホシガラバ　ヤル。(岩手郡)<br>ソンタニ{ホスガラバ／ホスガラ}　アゲァショー。(盛岡市)<br>ソンナニ　ホシガラ　アゲマショー。(二戸郡)<br>ホシガラ　オモデァンセェ。(上閉伊郡) |
| (h) もう少しまずかろうものなら、とても食えたものじゃない。(第11条) |
| マ少シ　マズガラバ　ナンタテクワレナイ。(和賀郡)<br>モスコシ　マズガラ　トテモカレタモンデダナエ。(九戸郡)<br>モー少シ　マズクテカラァ、トテモ、クゥレタモンヂャナイ。(江刺郡) |

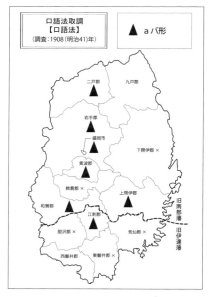
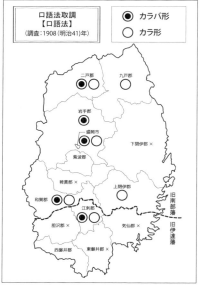

図1　五段動詞・1908年【口語法】　　図2　形容詞・1908年【口語法】

## 3.3　東北方言通信調査 (1941 (昭和16) 年調査)

その33年後に調査された【小林資料】には、「沢山あるなら一つ呉れろ。」、

第9章　東北方言の認識的条件文 | 227

「欲しいならやらう。」の例文がある。動詞アルと形容詞ホシイの回答を取り
出し、図3（次ページ）と図4（227ページ）に示した。地点が混み合うため
併用回答は同じ位置に記号を重ね、分布域が全域でより狭い語形の記号を上
になるよう配置した。

　図3では、アラバ類▲（aバ形）が最も多く、岩手県を中心に隣接する青森
県太平洋側（旧南部藩地域）・秋田県・宮城県北部にも広がっている。次に
アルガラ類○（カラ形）が多く、aバ形を囲むように青森県太平洋側・秋田
県中南部・山形県に分布している。アルガラバ類◉（カラバ形）は、岩手県
盛岡市周辺ではaバ形／カラ形と重なり合うように6地点、秋田県由利本荘
市付近にカラ形と重複して2地点、福島県郡山市に1地点ある。他にアル
ラが秋田県横手市・湯沢市付近の9地点に密集し、岩手県北上市の1地点
ではaバ形と併用されている。北上市付近にはアルァバが1地点ある。

　図4では、最も多いのはホシガラ類○（カラ形）で、青森県太平洋側・岩
手県・秋田県に分布している。次にホシガラバ類◉（カラバ形）が多く、岩
手県中央部に33地点が分布し、秋田県中南部には点在する5地点がある。
他に、岩手県北部にホシガラー◎が2地点、横手市・湯沢市付近にホシラ
が2地点ある。また、盛岡市付近にはホシガバとホサバ▲が各1地点、北上
市付近（図3アルァバの地点付近）にホシァバが1地点ある。

　両図を比べると、形容詞のカラ形の分布域内では、青森・秋田・山形では
動詞でもカラ形が回答されているのに対し、岩手県とその隣接地域ではaバ
形が多く、盛岡市周辺では両図にカラバ形／カラ形が分布している。盛岡市
を中央部とすると、中央にカラバ形とカラ形があり、その周辺に形容詞カラ
形と動詞aバ形があり、外側にカラ形が分布していることになる。

　仮にこれらの分布を周圏論的分布とすれば、外側のカラ形が最も古く、a
バ形は次に古く、カラバ形が最も新しい語形と解釈することになる。反対
に、逆周圏論的分布、つまり分布中央の語形が古いとすれば、カラが新し
く、aバ形が次に新しく、カラバ形が最も古い語形と解釈することになる。
詳しくは4節で述べるが、本章では、語形変化の方向からみてカラバ形が
最も古いとみるのが妥当と考える。

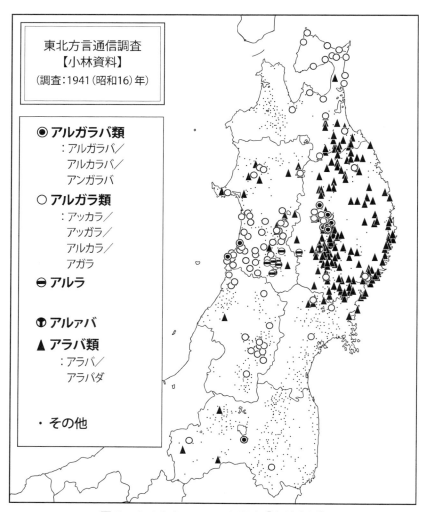

図3　あるなら・1941年調査【小林資料】

第9章　東北方言の認識的条件文 | 229

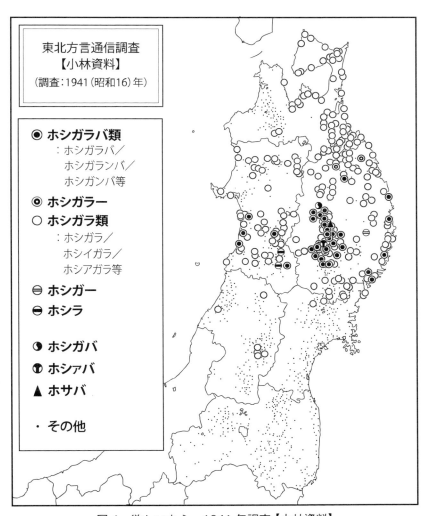

図4　欲しいなら・1941年調査【小林資料】

### 3.4 岩手県方言区画調査（1962–1966（昭和 37–41）年調査）

【小林資料】から約 20 年後に、岩手県の方言区画を論じた本堂 (1967) に、例文「もし、お前が行くなら私も行く。」の調査結果をまとめた手書きの方言地図（第 28 図　順接仮定条件「なら」）がある。

この図の方言地図と凡例について、地図はトレースして記号を置換したものを図 5 に示し、その次に原著での記号を省略した凡例を示した。なお、地図では、イガバ▲、イグガラバ◉のみを示し、その他の語形は区別せず示した。

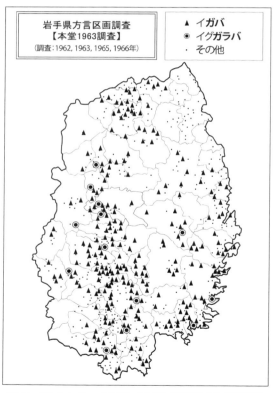

図 5　行くなら・1962–1965 年調査【本堂資料】

| イグゴッタバ | イグゴッタラ | イグゴッテ | イグゴッタンバ | |
|---|---|---|---|---|
| **イガバ** | イグバ | | | |
| イグンダバ | イグハンダラ | イグデーバ | イグダラバ | イグンダバ |
| **イグガラバ** | | | | |
| イゲバ | | | | |
| イグナラ | | | | |

　凡例をみると、配列は語形の整理に対応していると思われ、イグガラバ（カラバ形）とイガバ（aバ形）（太字で示した）があるが、配置が離れていることと、カラ形がないことが注目される。

　凡例を参照しつつ図5を確認すると、【小林資料】から20年後の岩手県においては、カラ形はないが、カラバ形が中央部から南の13地点に点在しており、aバ形がほぼ全域で濃厚に回答されていることがわかる。

### 3.5　方言文法全国地図（1979–1982（昭和54–57）年調査）

　【GAJ】の調査項目で認識的条件文に相当する例文は次のとおりである（冒頭の番号は地図番号）。

　　133　手紙を<u>書く</u>なら、字をきれいに書いてくれ。（五段動詞）

　　132　さきに<u>起きる</u>なら、飯を作っておいてくれ。（一段動詞）

　　134　家に<u>来る</u>なら、電話をしてから来てくれ。（カ変動詞）

　　135　<u>する</u>なら、早くしてくれ。（サ変動詞）

　　144　そんなに値段が<u>高い</u>なら、買わない。（形容詞）（次節図10参照）

　東北地方について図6～9に動詞項目の当該形式を抜き出し、併用回答を並べて示した。

　五段動詞（図6）では、岩手県を中心にカガバ（aバ形）が分布し、青森県下北半島と秋田県南部・山形県八幡町にカグガラ（カラ形）が回答されている。一段動詞（図7）では若干地点が減るが、岩手県を中心にオギラバ（ラバ形）、青森県むつ市・秋田県南部・山形県八幡町にオギルガラ（カラ形）が回答されている。カ変動詞（図8）とサ変動詞（図9）[21] もほぼ同様である。

---

21　サ変動詞について、④橘（1932: 16–17）にはサバがあり、活用表の「未然形」にも「さ」

232 | 竹田晃子

図6　書くなら・1980年頃【GAJ】

図7　起きるなら・1980年頃【GAJ】

図8　来るなら・1980年頃【GAJ】

図9　するなら・1980年頃【GAJ】

とある。サはスラ／シラが変化したもの（sura＞sua＞sa または sira＞ssja＞sa）で、サバは これにバが付いたもの、つまりラバ形であると考えられる。

aバ形の分布域は、図6（五段動詞）については図1【口語法】や図3【小林資料】と比べるとあまり変わらないものの、若干狭くなっている。ラバ形（図7・8・9）については、1980年頃には五段動詞（図6）と同様に分布していたことがわかった。

### 3.6　方言の形成過程解明のための全国方言調査（2010–2015（平成22–27）年）

【FPJD】で認識的条件文に相当する例文には次のものがある（記号と番号は【FPJD】の調査票の項目番号）。

> G51　手紙を書くならきれいに書いてくれ。（五段動詞）
>
> G54　そんなに値段が高いなら買わない。（形容詞）
>
> G52　（「二日前に手紙を出した」と聞いて）二日前に出したならそろそろ届くはずだ。（五段動詞・過去）[22]

G51とG54については、【GAJ】の図10（書くなら・高いなら）と同様の手法で、図11に五段動詞と形容詞の回答をまとめて示した。

図10の【GAJ】では、岩手県中北部にタガガラバ（カラバ形）が2地点あり、タゲガラ／タゲーガラ（カラ形）は青森県太平洋側・秋田県に分布し、岩手の南端にも1地点ある。

図11は図10から約20年後の【FPJD】であるが、カラバ形はなく、形容詞のカラ形が2地点、動詞のカラ形とaバ形が各1地点で、当該形式が急激に衰退したことがわかる。

特に当該形式が多い岩手県について図1〜5と比較すると、【口語法】から

---

22　G52については次のような事情で方言地図を作成しない。方言におけるNダラ類は過去の助動詞に前接するが（本書の日高論文と三井論文参照）、カラ形は不詳である。G52ではダシタカラ等が北海道・岩手・富山、ダシタンダカラ等が岩手・秋田・山形・福島・千葉・新潟・長野・愛媛・福岡で回答されている。秋田県由利本荘市を除くこれらの地点では、より基本的な用法のG51「書くなら」にカラ形が回答されておらず、衰退が顕著であるか、もともとカラ形が存在せず原因・理由表現の形式が回答されたと考えられる。G52のこれらの回答の注記には「原因理由の形しか得られなかった。（長野）」「仮定の意味であることが伝わらず。（福島）」などとあり、面接調査で認識的条件文の過去の表現形を得ることは全国的に困難であった様子がうかがえる。なお、岩手県沢内村のダシタガラについては、本章で扱った他の資料でカラ形が回答された地域であることから今後の確認が必要である。

【小林資料】まではカラ類が広く用いられ、【本堂資料】まではカラバ形とaバ形が回答されたが、【GAJ】ではカラ形がみられなくなり、【FPJD】の時期には東北全域で当該形式が激減していたことが明らかになった。

図10　書くなら・高いなら
1980年頃調査【GAJ】

図11　書くなら・高いなら
2010–2015年調査【FPJD】

## 4. 条件形の系統と成立

　ここまで、aバ形・ラバ形とカラ形・カラバ形について、記述資料の内容を検討した上で、明治以降の地理的分布の経年変化をみてきた。本節では、これらの資料にあらわれた語形を整理し、条件形の系統と成立を考察する。
　資料にあらわれた語形を中心に、想定される変化に沿うよう整理して表6

第 9 章　東北方言の認識的条件文　│　235

にまとめた[23]。以下、当該方言の音声的特徴[24] に即して各段階と系統を説明する。

表6　東北北部方言の条件形の生成過程

| 段階 - 系統 | 条件形 | 変　化 | 形容詞 タゲ（高い） | 五段動詞 カグ（書く） | 一段動詞 オギル（起きる） |
|---|---|---|---|---|---|
| 1 | グアラバ | 形容詞活用語尾ク＋アラバ | （タゲグアラバ） | | |
| 2 | ガラバ | 接辞化 | **タゲガラバ** | **カグガラバ** | （オギルガラバ） |
| 3-a1 | ガラー | | タゲガラー | （カグガラー） | （オギルガラー） |
| 3-a2 | ガラ | | **タゲガラ** | **カグガラ** | **オギルガラ** |
| 3-a3 | ガー | | タゲガー | （カグガラー） | （オギルガラー） |
| 3-a4 | ラ | | タゲラ | カグラ | （オギラ） |
| 3-b1 | ガーバ | | （タゲガーバ） | （カグガーバ） | （オギルガーバ） |
| 3-b2 | ガバ | | タゲガバ | （カグガバ） | （オギルガバ） |
| 3-b3 | アバ | | タゲガァバ | カグァバ | （オギルァバ） |
| 3-b4 | aバ／ラバ | 用言と一体化 | タガバ | **カガバ** | **オギラバ** |

　表6では、第1段階にグアラバ（形容詞活用語尾ク＋アラバ）を示した。タゲグアラバ／ホシグアラバなどの具体的な語例は本章で扱ったどの資料にも記されないため、この形は想定形である[25]。このグアラバは接辞化の前段

---

23　表6では、表2・表4の資料で報告された語形を元に、【GAJ】の調査語である「高い」「書く」「起きる」に合わせた代表語形を表示した。また、実際の発音に近い、無声子音kが有声化したgによるカグガラバ／カグガラなどの形を示した。用例数が多いカラバ形・カラ形・aバ形・ラバ形は太字で示し、語例が現段階で未確認だが想定される語形は丸括弧に入れて示した。

24　たとえば、有声音に挟まれた無声子音kが有声化する傾向があり、連母音は融合する傾向がある。また、いわゆるシラビーム方言であるため、長音は短音化する傾向がある。なお、東北南部方言に多いハシッガラ／オギッガラなどの促音形は省略する。

25　ただし、2.2で述べたように、表2の記述資料⑦⑭⑯⑱では、形容詞に付くカラバ／カラの由来としてクアラバなどが想定されている。

236 | 竹田晃子

階の形が形容詞に存在したと想定される活用語尾であり、動詞にはなかったと推測される。

第2段階では、グアラバ guaɾaba の連母音 ua が融合してガラバ gaɾaba が生じる。動詞のガラバ形の例があり、この段階で接辞化したと考えられる。

第3段階で枝分かれしたあとは変異形が増える[26]が、広く安定的に使われている形は、a 系列（3-a1 から 3-a4）ではカラ形、b 系列（3-b1 から 3-b4）では a バ形／ラバ形である。

a 系列では、3-a1 で子音 b が脱落してガラー gaɾaa が生じ、3-a2 では aa が短音化してガラ gaɾa となり、カラ形が成立する。さらに変化が進むと、3-a3 でガラ gaɾa の ɾ が脱落してガー gaa ができ、タゲガーが生じる。一方、ガラ gaɾa の ga が脱落するとラ ɾa ができ、3-a4 の段階では形容詞ではタゲラ、動詞ではカグラが生じることになる。

b 系列では、ガラバ gaɾaba の ɾ 子音が脱落して 3-b1 のガーバ gaaba が想定され、連母音 aa が短音化した 3-b2 のガバ gaba ができ、タゲガバが生じる。次の 3-b3 ではガバ gaba から g 子音が脱落してアバ aba ができ、形容詞にタゲァバ、動詞にカグァバが生じる。3-b4 では、連母音 ea ／ ua（形容詞 e ／動詞 u ＋ aba）が融合して a になり、用言と接辞が一体化した a バ形・ラバ形が成立する。形容詞でこの変化が進むとタガバが生じることになる。

このような生成過程を想定することによって、本章で扱ってきた当該形式がすべて形容詞活用語尾ク＋アラバに由来するという説明が可能になる。地理的分布資料（図3・図4）でもホシガラー、ホシラ／アルラ、ホシガバ、アルァバ、ホサバが回答されたが、これらの由来も統一的に説明できる。

表6の条件形にはさまざまな偏りが観察される。

一つには、動詞より形容詞に変異形が多く確認されることである。形容詞活用語尾に由来する接辞であるため形容詞で変異が生じやすい反面、動詞では形容詞で安定的な接辞に集中したと考えられる。

また、表6の3段階以降の地理的分布にも偏りがあり、背景には接辞化システムの地域差と同音衝突の回避があったと考えられる。

---

26 本章で扱った資料が時期的に第3段階をよくとらえていた可能性がある。

第 9 章　東北方言の認識的条件文　｜　237

　2 節・3 節でみたように、動詞では、青森・秋田・山形にはカラ形（a 系列）、岩手には a バ形（b 系列）が多いという地域差がある。形容詞活用語尾の接辞化が盛んな青森・秋田・山形は a 系列にとどまったとみられるが、それほど盛んでない岩手には a 系列を選ぶ積極的な理由がみあたらない。

　岩手県方言が b 系列へと進んだ背景には、同音衝突の回避があったと考えられる。東北北部方言の原因・理由表現にはサゲ（＜サカイニ）やハンデ（＜ホドニ）があり（竹田 2007）、認識的条件文のカラバ形と使い分けられていた。しかし、カラは、明治以降に浸透し始めた標準語と同様、岩手県旧伊達藩地域とそれに連続する宮城県では原因・理由表現の形式であった。a 系列による同音衝突を避けた結果、岩手ではカラバ形がより長く使われ続け[27]、接尾辞が直前の形式と一体化する b 系列へ進んだと考えられる。

## 5.　おわりに

　本章では、東北北部方言における認識的条件文に用いられる形式のうち、a バ形・ラバ形およびカラバ形・カラ形を取り上げ、過去の記述資料と地理的分布資料を分析することによって、これらの形式が形容詞活用語尾ク＋アラバを由来とする形であったと考えられることについて述べた。

　東北方言の認識的条件文について、本章で取り上げられなかったことがいくつかある。たとえば、認識的条件文には終止形相当の形にバが直接付いたとみられるカグバ（書くなら）／タゲバ（高いなら）などの形があるが本章では触れなかった。また、本章で取り上げた形式と地理的に相補分布をなす形式には東北南部方言のゴッタラ類があり、広い地域で使われている。この形式にはゴンタラ（バ）／ゴッテァ／ゴンパなど多くの変異形があり、用法差・地域差・年代差がみられる（竹田 2012）。いずれも今後の課題としたい。

**引用文献（表 2・表 4 にあげた文献を除く）**

大西拓一郎編（2016）『新日本言語地図：分布図で見渡す方言の世界』朝倉書店.（データは http://www2.ninjal.ac.jp/hogen/dp/fpjd/fpjd_index.html を参照）

---

27　【本堂資料】の段階で動詞にカラ形が回答されなかったとすると、カラバ形がより長く使われたことが背景にあると説明できる。

国立国語研究所編（1989）『方言文法全国地図解説 1 付 資料一覧』財務省印刷局.
国立国語研究所編（1993）『方言文法全国地図解説 3 付 資料一覧（活用編 I・II）』財務省印刷局.（データは http://www2.ninjal.ac.jp/hogen/dp/gaj_all/gaj_all.html を参照）
鈴木泰（2017）「古典日本語における認識的条件文」本書所収.
竹田晃子（2002）「小林好日氏による東北方言通信調査」『東北文化研究室紀要』44: 86–67. 東北大学文学部.
竹田晃子（2007）「東北方言における原因・理由表現形式の分布」方言文法研究会編『全国方言文法辞典《原因・理由表現編》』28–46（2004–2006 年度科学研究費基盤研究（C）「日本語諸方言の条件表現に関する対照研究」研究成果報告書）.
竹田晃子（2012）「山形県米沢市方言・山形市方言における条件表現の研究」『大正大学研究紀要：仏教学部・人間学部・文学部・表現学部』97: 126–119.
竹田晃子（2015）「国語調査委員会による音韻口語法取調の現代的価値：岩手県の第二次取調稿本の分析を事例として」『日本語の研究』11(2): 101–117.
日高水穂（2017）「認識的条件文の地理的変異の類型」本書所収.
三井はるみ（2017）「九州・四国方言の認識的条件文：認識的条件文の分化の背景に関する一考察」本書所収.

## 付記

　本研究は JSPS 科研費 JP26244024, JP25370538, JP25370507, JP20520430, JP19520403 の助成を受けた。

# 事項索引

## A〜Z

A型 185
B型 185
Counterfactual conditionals 7
Hypothetical conditionals 7
Indicative Conditionals（IC）7
Open conditionals 7
Subjunctive Conditionals（SC）7

## あ行

伊集院町方言 195, 206
一般的因果関係 4
意味の慣習化 148
エヴィデンシャル 96

## か行

外接モダリティ形式 147
格 143
確定条件 160
確定条件形 111
鹿児島県日置市伊集院町 186
仮説 160
仮説的用法 5
仮説的用法の典型 202
活用語以外にも接続する 28
活用語に接続するナラ 28
仮定条件 160
仮定性 4
仮定的 160
仮定的用法 5
完全時制節 12

完全時制節性 134
完了性 115, 116
聞き手の認識の変化 26
記述資料 215
既定が見込まれる 10, 18
既定が見込まれる未来 20
既定（狭義）18
既定性（settledness）6, 9
既定（見込み）18
機能語化 141
逆周圏論的分布 227
熊本県熊本市 186
熊本市方言 189, 201
繋辞 147
形式的な名詞 59, 79
形容詞活用語尾 218
形容詞活用語尾の接辞化 222
原因結果関係 86
原因・理由文 160
現代語 89, 160
後件 3
高知県高岡郡中土佐町 187
構文的意味 143
古代語 160
古典語 89
小林好日 220
個別的な関係 13
今昔物語集 89

## さ行

再分析 142

佐賀県武雄市 186
定まっている未来 20
時間性 118, 119
時間的先後関係 20
事実性 5
事実的条件文 14, 160, 189
事象時 9
事情推量 148
時制後退 7
時制節性 21
時制の対立 178
事態の未実現性 4
実情 24, 145
実情仮定 24, 152
習慣的・法則的な関係 13
周圏分布 166
周圏論的分布 227
主題を提示する用法 29
順接条件表現 160
準体句 124
準体形 94
準体形式 6, 34, 37, 167
準体助詞 59, 139
準体助詞ノ 135
状況仮定 24
条件帰結関係 86
条件的用法 5
条件表現共通調査項目 187
条件文 3
状態 12
情報の出所 18
推量表現 174
推量法 94
スコープの『のだ』 24
接辞化 235
設想 147

接続 143
絶対テンス 134
節の構造変化 128
前件 3
総称的条件文 13, 89, 160
総称的条件文（一般条件） 188
相対テンス 134

## た行

第3の基準時 15
対事的 40
対事的ムード 26
対人的 40
対人的ムード 26
武雄市方言 192, 204
橘正一 219
タラ用法 120
断定辞条件形 167
中立的なスタンス 7
直説法 94
地理的分布資料 215
提示法 104
低評価条件 73, 78, 80
テンス 129
東北南部方言 213
東北北部方言 213

## な行

中土佐町方言 197, 207
ナラ用法 120
認識的条件文（Epistemic conditionals）
　　　12, 59, 78, 80, 139, 160, 188
認識的条件文の専用形式の分化の類型
　　　185
認識的モダリティ形式 173
ノダ文 34, 168

ノナラタイプ 38
ノ文 41

## は行
パーフェクト 129
背後の事情 145
発話時 9
話し手の信念 4
話し手のスタンス（Epistemic Stance）
　　　7
話し手の認識の変化 26
反事実的条件文 12, 160, 188
反事実的用法 5, 123
判断推量 148
非仮定的 160
非完了性 115, 116
非既定的 9
非存在による不確定性 9
否定的なスタンス 7
非特定時 126
表現態度の変化 203
不確定 9
不完全時制節 11
ブラックボックス 86, 101
文法化 142
ポテンシャル 98
本堂寛 1967 224

## ま行
ムードの『のだ』24
無知による不確定性 9
名詞化 143
名詞性 6, 29

## や行
様態表現 175

予測的条件文（Predictive conditionals）
　　　11, 160, 187

## ら行
ラ行五段化 221
理由文 15
レアリティー 5
論理的判断に対する根拠 6

## わ行
話者志向の副詞 6

# 形式索引

## A〜Z
aバ形 213
eバ形 213
Nダラ形 213
-tei形 12

## か行
仮定形1 213
仮定形2 213
カラ形 213
カラバ形 213
ギー 192, 205
クアラバ 218
くらいなら 59
ゴッタラ類 237

## さ行
せっかく 6
φナラタイプ 37

## た行
タナイバ 200
タナラ 190, 191, 200
タラ 4
ト 4
どうせ 6

## な行
ナイバ 205
ナラ 4, 104, 189, 202
ナラ1 28

ナラ2 28
の 6
の（だ） 6
「のだ」相当形式 203
のなら 6

## は行
バ 197, 208
バ類 -aba形 168
バ類 -eba形 168
非活用語＋ナラ 28

## ま行
未然形＋バ 213

## ら行
ラバ形 213
レバ 4
レバ形 213

# 執筆者紹介 <small>（論文掲載順。*は編者）</small>

**有田節子（ありた　せつこ）*****
京都大学大学院文学研究科博士後期課程修了。博士（文学）。九州大学文学部助手、愛知教育大学教育学部助教授、大阪樟蔭女子大学学芸学部教授を経て、現在、立命館大学大学院言語教育情報研究科教授。著書・論文に『日本語条件文と時制節性』（くろしお出版、2007）、「複文研究の一視点—時制とモダリティの接点としての既定性—」（『日本語文法』12 巻 2 号、2012）などがある。

**江口　正（えぐち　ただし）**
九州大学大学院文学研究科博士後期課程単位取得退学。修士（文学）。愛知県立大学外国語学部講師、福岡大学人文学部助教授を経て、現在、福岡大学人文学部教授。論文に「集合操作表現の文法的性質」（『形式語研究論集』和泉書院、2013）、「主節の名詞句と関係づけられる従属節のタイプ」（『日本語複文構文の研究』ひつじ書房、2014）などがある。

**前田直子（まえだ　なおこ）**
大阪大学大学院文学研究科博士後期課程単位取得退学。博士（文学）。東京大学留学生センター講師・助教授を経て、現在、学習院大学文学部教授。著書に『「ように」の意味・用法』（笠間書院、2006）、『日本語の複文—条件文と原因・理由文の記述的研究—』（くろしお出版、2009）、『図解　日本語の語彙』（共編著、三省堂、2011）、『日本語複文構文の研究』（共編著、ひつじ書房、2014）などがある。

**鈴木　泰（すずき　たい）**
東京大学文学部国語学専攻修士課程修了。博士（文学）。東京大学大学院人文社会系研究科教授、専修大学文学部日本語学科教授を経て、現在、東京大学名誉教授。著書に『古代日本語の時間表現の形態論的研究』（ひつじ書房、2009）、『語形対照　古典日本語の時間表現』（笠間書院、2012）などがある。

**矢島正浩（やじま　まさひろ）**
東北大学大学院文学研究科博士後期課程単位取得退学。博士（文学）。愛知教育大学教育学部助手、同助教授・准教授を経て、現在、同教授。著書に『近世語研究のパースペクティブ—言語文化をどう捉えるか—』（共編著、笠間書院、2011）、『上方・大阪語における条件表現の史的展開』（笠間書院、2013）などがある。

## 青木博史（あおき　ひろふみ）

九州大学大学院文学研究科博士課程修了。博士（文学）。京都府立大学文学部講師・助教授・准教授を経て、現在、九州大学大学院人文科学研究院准教授、国立国語研究所客員教授。著書に『語形成から見た日本語文法史』（ひつじ書房、2010）、『日本語文法の歴史と変化』（編著、くろしお出版、2011）、『日本語歴史統語論序説』（ひつじ書房、2016）などがある。

## 日高水穂（ひだか　みずほ）

大阪大学大学院文学研究科博士後期課程修了。博士（文学）。秋田大学教育文化学部講師・助教授・准教授・教授を経て、現在、関西大学文学部教授。著書に『やさしい日本語のしくみ』（共著、くろしお出版、2003）、『授与動詞の対照方言学的研究』（ひつじ書房、2007）、『方言学入門』（共著、三省堂、2013）などがある。

## 三井はるみ（みつい　はるみ）

東北大学大学院文学研究科博士後期課程単位取得退学。文学修士。昭和女子大学文学部講師、国立国語研究所主任研究官、独立行政法人国立国語研究所主任研究員を経て、現在、大学共同利用機関法人人間文化研究機構国立国語研究所助教。著書・論文に『方言文法全国地図 3〜6』（共著、国立印刷局、1994〜2006）、『方言学入門』（共著、三省堂、2013）、「極限のとりたての地理的変異」（『日本語のとりたて』くろしお出版、2003）などがある。

## 竹田晃子（たけだ　こうこ）

東北大学大学院文学研究科博士課程後期 3 年の課程単位取得退学。博士（文学）。日本学術振興会特別研究員（PD）、独立行政法人国立国語研究所非常勤研究員、大学共同利用機関法人人間文化研究機構国立国語研究所プロジェクト非常勤研究員・特任助教、フェリス女学院大学非常勤講師などを経て、現在、立命館大学衣笠総合研究機構専門研究員。著書に『方言学入門』（共著、三省堂、2013）、『敬語は変わる―大規模調査からわかる百年の動き―』（共著、大修館書店、2017）などがある。

日本語条件文の諸相
―地理的変異と歴史的変遷―

発　行　　2017 年 11 月 25 日　　初版第 1 刷発行

編　者　　有田節子

発行人　　岡野秀夫
発行所　　株式会社　くろしお出版
　　　　　〒 113-0033　東京都文京区本郷 3-21-10
　　　　　TEL: 03-5684-3389　FAX: 03-5684-4762
　　　　　URL: http://www.9640.jp　e-mail: kurosio@9640.jp
印刷所　　株式会社　三秀舎
装　丁　　庄子結香(カレラ)

© Setsuko ARITA 2017　Printed in Japan
ISBN 978-4-87424-746-4　C3081

● 乱丁・落丁はおとりかえいたします。本書の無断転載・複製を禁じます。